Somos hoje uma nação dilacerada, e cabe aos cristãos curar as feridas em vez de abrir feridas novas. Em vez de zombar dos que se empenham pela justiça social, é preciso reconhecer que os ideólogos de esquerda distorceram o conceito, e há cristãos que, ingenuamente, embarcaram nessa distorção. Scott Allen propõe uma alternativa que é imprescindível debater. Eu mesmo sinto que há uma alternativa: as igrejas e as organizações devem promover e dar destaque a estratégias compassivas que ajudem as pessoas a sair da pobreza. É importante que saibamos distinguir, entre os bons programas, quais os que incentivam os antagonismos de classe, de raça e de cultura. Se não formos capazes de resgatar o sentido bíblico de justiça, não se fará justiça.

Marvin Olasky
Editor-chefe da revista *WORLD*

Scott Allen revela atentamente como a "justiça social ideológica" se tornou o novo substituto religioso para a cosmovisão judaico-cristã. Se permitirmos que seus engenheiros sociais sejam bem-sucedidos, a igreja e o mundo sofrerão imensamente. Os seres humanos não terão mais uma plataforma de direitos inalienáveis, de valor intrínseco e de liberdade para se desenvolverem. Somente a verdade bíblica é amor verdadeiro. Recomendo a leitura e o compartilhamento imediato deste livro com o maior número possível de pessoas!

Kelly Monroe Kullberg
Autora de *Finding God beyond Harvard: the quest for veritas*
Fundadora e ex-diretora executiva do Veritas Forum

O movimento moderno de justiça social é um cavalo de Troia que tem sido acolhido por muitos grupos evangélicos com um estardalhaço que faria corar os cidadãos de Troia. Com o pretexto de amar o próximo e de lutar pela justiça, as ideologias contrárias ao caminho de Cristo estão sendo usadas para impor programas à consciência dos evangélicos e formatá-las. Como se valem de termos bíblicos, cria-se uma presunção do que a Bíblia quer dizer, e esse pressuposto está destruindo o pensamento cristão sadio, bem como o viver cristão saudável. Scott Allen sabe disso e prestou um enorme serviço aos cristãos revelando o que está dentro do cavalo. Ao investigar a história das ideologias neomarxistas e pós-modernas que dão vida ao movimento de justiça social, Allen expõe sua pauta de desconstrução e seus métodos profanos. Mais importante ainda do que isso, ele oferece um panorama útil da justiça genuína conforme revelada pelo Deus justo nas Sagradas Escrituras. Há muito que precisávamos de um livro como esse. Todo cristão sério, principalmente os pastores, precisam lê-lo e guardar a sabedoria que ele traz.

Tom Ascol
Pastor sênior da Grace Baptist Church (Cape Coral, Flórida)
Presidente do Founders Ministries

O insight que Scott Allen nos dá a respeito da perigosa situação atual em que a igreja se encontra é extremamente necessário e não poderia ter vindo em melhor hora! O cristão não tem a opção de ficar em cima do muro enquanto o evangelho e a lei bíblica são corrompidos. É hora de os bereanos compararem o que estão ouvindo, inclusive de pastores, com a revelação divina. Allen distingue os pressupostos éticos por trás da teoria da justiça social e nos dá uma alternativa bíblica e cristã acompanhada de explicações. Leia o quanto antes!

Jon Harris
Apresentador, *Conversations that Matter*

O tom de vida ou morte que permeia esse livro tem uma boa razão de ser. Se a tendência atual não for revertida, as consequências não se limitarão a um "evangelicalismo" totalmente fraturado. Podemos estar diante de gulags, guilhotinas ou campos de morte do século 21. Exagero? Veja por você mesmo. Leia esse livro! Allen não apresenta apenas uma análise bem documentada e extremamente necessária. Ele está soando um alarme, não apenas porque explica a que se deve opor um seguidor de Cristo biblicamente informado, mas também pelo que ele deve lutar.

Christian Overman, PhD
Autor de *Assumptions that affect our lives* e *God's pleasure at work*

O livro de Scott Allen lida com a ideologia do movimento de justiça social. Muitos que compreendem a necessidade de justiça na sociedade subscreveram as políticas e as práticas desse movimento sem analisar o conjunto de ideias de onde ele parte. Outros se sentem desconfortáveis com os princípios do movimento, mas não entendem por quê. Os movimentos nascem de uma série de princípios, e a partir daí o paradigma e a vontade conduzem inevitavelmente a certas políticas e práticas. Todos os que têm interesse pela justiça ou pelo que acontece na sociedade fariam bem se lessem esse livro. Scott, que tem dedicado a vida a combater a pobreza, a fome e a injustiça, prestou-nos um serviço ao refletir sobre o conceito bíblico de justiça em comparação com a ideologia de justiça social.

Darrow L. Miller
Autor de *Discipling nations: the power of truth to transform culture*
Cofundador da Disciple Nations Alliance

Scott Allen faz uma distinção muito importante entre a justiça social secular e a justiça ensinada na Escritura. Ele mostra de que modo surgiu a justiça social, como é grande sua influência e como são devastadores seus efeitos sobre nossa sociedade. Ele demonstra de forma inequívoca que essa versão secular é estranha à justiça bíblica. Recomendo a presente obra para os que estão no ministério. Ela os ajudará a refletir profundamente sobre o que é a verdadeira justiça e como a justiça social secular nos desvia do evangelho.

Rev. Ernest B. Manges, PhD
Professor de teologia e de história da igreja,
Cebu Graduate School of Theology
Filipinas

Scott analisou profundamente essa questão crucial de um modo sensível, exaustivo e, no entanto, acessível ao público não acadêmico. Compartilharei esse livro com quem quer que se disponha a separar um tempo para lê-lo. É uma leitura urgente e obrigatória!

Bob Moffitt
Autor de *If Jesus were mayor: how your local church can transform your community*
Presidente da Harvest Foundation

POR QUE A JUSTIÇA SOCIAL NÃO É A JUSTIÇA BÍBLICA

Dados Internacionais de Catalogação na Publicação (CIP)
Angélica Ilacqua CRB-8/7057

Allen, Scott David
 Por que a justiça social não é a justiça bíblica: um apelo urgente aos cristãos em tempos de crise social / Scott David Allen; tradução de A. G. Mendes. — São Paulo: Vida Nova, 2022.
 272 p.

ISBN 978-65-5967-051-2

Título original: Why social justice is not biblical justice
1. Cristianismo e justiça 2. Justiça social - Doutrina bíblica 3. Teologia I. Título II. Mendes, A. G.

21-5018   CDD 261.8

Índices para catálogo sistemático

1. Cristianismo e justiça

SCOTT DAVID ALLEN

POR QUE A JUSTIÇA SOCIAL NÃO É A JUSTIÇA BÍBLICA

Um apelo urgente aos cristãos em tempos de crise social

Tradução
A. G. MENDES

©2020, Scott David Allen
Título do original: *Why social justice is not biblical justice*
edição publicada pela Credo House Publishers.

Todos os direitos em língua portuguesa reservados por
Sociedade Religiosa Edições Vida Nova
Rua Antônio Carlos Tacconi, 63, São Paulo, SP, 04810-020
vidanova.com.br | vidanova@vidanova.com.br

1.ª edição: 2022

Proibida a reprodução por quaisquer meios,
salvo em citações breves, com indicação da fonte.

Impresso no Brasil / *Printed in Brazil*

Todas as citações bíblicas sem indicação da versão foram extraídas da Almeida Século 21. As citações bíblicas com indicação da versão *in loco* foram traduzidas diretamente da English Standard Version (ESV) e da New International Version (NIV). Todo grifo nas citações bíblicas é de responsabilidade do autor.

Direção executiva
Kenneth Lee Davis

Coordenação editorial
Jonas Madureira

Edição de texto
Ubevaldo G. Sampaio

Preparação de texto
Rosa M. Ferreira

Revisão de provas
Abner Arrais

Coordenação de produção
Sérgio Siqueira Moura

Diagramação
Aldair Dutra de Assis

Capa
Wesley Mendonça

*O teu trono, ó Deus, subsiste pelos séculos dos séculos,
e o cetro do teu reino é cetro de equidade.
Amaste a justiça e odiaste o pecado.*

— Salmos 45.6-7

JUSTIÇA BÍBLICA

Conformidade com o padrão moral de Deus revelado nos Dez Mandamentos e na Regra Áurea: "Ama o teu próximo como a ti mesmo".

Justiça comunitária: viver em relacionamento correto com Deus e com os outros; dar às pessoas o que é seu por direito como portadoras que são da imagem de Deus.

Justiça distributiva: emissão imparcial de juízo, correção de transgressões e distribuição de penalidade pela violação da lei. Reservada a Deus e às autoridades por ele ordenadas, entre outras: os pais no lar, os presbíteros na igreja, professores na escola e autoridades civis no estado.

JUSTIÇA SOCIAL

Desconstrução dos sistemas e estruturas tradicionais tidas como opressoras e redistribuição de poder e de recursos dos opressores para suas vítimas na busca de igualdade de resultado.

SUMÁRIO

Agradecimentos 15

Introdução 17

Capítulo 1: Justiça estranha 29
Capítulo 2: Justiça bíblica 37
Capítulo 3: Justiça antes do juízo 55
Capítulo 4: Justiça redefinida 67
Capítulo 5: Princípios fundamentais da ideologia 81
Capítulo 6: Valores e desvalores da ideologia 131
Capítulo 7: Incursões na cultura... E na igreja 167
Capítulo 8: Expulsando uma cosmovisão ruim
e propondo outra melhor 217

Índice remissivo 247

Índice de referências bíblicas 267

AGRADECIMENTOS

À minha amada esposa, Kimberly, e a nossos filhos maravilhosos, Jenna, Luke, Isaac e Annelise, que passaram horas me ouvindo falar aleatoriamente sobre o conteúdo deste livro e que tanto me apoiaram, trocaram ideias comigo e me inspiraram. Obrigado a vocês do fundo do meu coração.

Aos meus amigos queridos, mentores e colegas da Disciple Nations Alliance: Darrow Miller, Bob Moffitt, Dwight Vogt, Jessie Christensen, Shawn Carson, Jeff Wright, Gary Brumbelow, John Bottimore, Jon Taylor, Eric Dalrymple, Blake Williams, Heather Hicks, Gary Paisley e Bob Evans. Sem a ajuda de vocês, sem o seu apoio, suas ideias, discussões e críticas, este livro jamais teria sido concluído. Sua parceria no ministério é tudo para mim. Obrigado.

Aos muitos amigos e colegas novos e antigos, entre eles Carolyn Beckett, Kelly Kullberg, Wayne Grudem, Marvin Olasky, Clay Howerton, Elizabeth Youmans e George Tingom, que me ajudaram de modo especial, me apoiaram e incentivaram na hora certa. Vocês são dádivas de Deus para mim. Obrigado.

Gostaria também de agradecer a Neil Shenvi, Os Guinness e Tom Ascol. Seus ensinamentos foram muito importantes durante minha incursão pela teoria crítica da sociedade e para compreender a ameaça que ela representa para a igreja. Embora muitos outros tenham me ajudado, vocês me inspiraram de modo especial com seu intelecto afiado, sua generosidade, coragem e paixão por Deus e por seu povo. Como vocês sabem, essa pode ser uma jornada difícil e desanimadora, mas é para mim grande fonte de encorajamento seguir o exemplo de vocês.

Aos artífices da palavra e editores extremamente profissionais e talentosos Stan Guthrie e Elizabeth Banks, obrigado pelo trabalho extraordinário. E a Tim Beals, editor da Credo House Publishing, cuja dedicação e entusiasmo pelo projeto, depois de muitas rejeições, foi uma verdadeira resposta à oração. Foi muito importante para mim. Obrigado.

Agradeço especialmente a Bob Osburn, diretor executivo da Wilberforce Academy, que foi um dos primeiros a acreditar na importância deste livro. Você acreditou que Deus estava me chamando para escrevê-lo quando nem mesmo eu acreditava. Sem o seu incentivo bondoso e persistente para que eu fosse em frente, este livro jamais teria sido escrito. É uma bênção muito grande para mim tê-lo como amigo e colega de trabalho no ministério. Obrigado do fundo do meu coração.

A Jesus, paixão da minha alma, meu Rei e Redentor. Graças te dou, para sempre, obrigado.

Soli Deo Gloria.

INTRODUÇÃO

De acordo com a cosmovisão bíblica, as pessoas "são filhas de Deus, conformes à sua imagem divina. [De acordo com] a justiça social, somos filhos da sociedade, conformes às suas construções sociais e à dinâmica de poder que mantêm".

JAMES A. LINDSAY E MIKE NAYNA
"A religião pós-moderna e a fé da justiça social"

Envolvimento cultural sem discernimento cultural leva ao cativeiro cultural.

KEN MEYERS

De alguns anos para cá, uma ideologia poderosa tem feito incursões significativas no âmago da igreja evangélica. Seus principais defensores a chamam de "justiça social", e ela está quase sempre associada a um compromisso de igualdade, diversidade e inclusão.

Cristãos de todos os matizes compartilham também de um profundo comprometimento com a justiça, bem como com a igualdade, a diversidade e a inclusão. Contudo, conforme gosta de dizer John Stonestreet, presidente do Colson Center for Christian Worldview [Centro Colson de cosmovisão cristã], "não é bom ter o mesmo vocabulário se estamos usando dicionários diferentes".[1]

---

[1] John Stonestreet, "What is freedom? Defining liberty is crucial to keeping it", CNSNews.com, October 4, 2018, https://www.cnsnews.com/commentary/john-stonestreet/what-freedom-defining-liberty-crucial-keeping-it.

É verdade. O que os defensores da justiça social querem dizer com essas palavras, conforme veremos, é completamente diferente de como elas são definidas na Escritura e de como foram compreendidas ao longo da história na cultura ocidental.

As palavras são importantes. Elas dão forma às nossas ideias e estruturam nossos sistemas de crença. Esses mesmos sistemas, por sua vez, impulsionam nossa cultura, que determina como pensamos e nos comportamos, para o bem ou para o mal. A maior parte das pessoas acolhe naturalmente as palavras. Nós as usamos, mas raramente paramos para pensar sobre elas, alheios ao seu incrível poder. Toda mudança cultural começa com uma mudança de linguagem. As mudanças na linguagem, palavras novas, novas definições, via de regra, podem ser rastreadas até líderes intelectuais poderosos que talvez tenham vivido centenas de anos antes.

Dallas Willard, filósofo cristão já falecido, escreveu: "As ideias dos economistas e dos filósofos políticos, quando estão certos e também quando estão errados, são mais poderosas do que comumente se pensa. De fato, bem poucas coisas, além dessas, governam o mundo".[2]

Deus levantou a igreja para fazer avançar seu reino de bondade, luz e beleza neste mundo caído. Uma das formas mais importantes para isso consiste em comunicar e incorporar as palavras poderosas de Deus, que dão vida, conforme registradas na Escritura — palavras como liberdade, amor, compaixão e *justiça*.

A Bíblia é muito mais do que uma mensagem de salvação, por mais decididamente vital que isso seja. Ela é uma cosmovisão

---

[2]Dallas Willard, *The divine conspiracy: rediscovering our hidden life in God* (San Francisco: HarperOne, 2009) [publicado por Mundo Cristão sob o título *A conspiração divina: o verdadeiro sentido do discipulado cristão: um roteiro para trilhar no caminho de Deus*].

INTRODUÇÃO

abrangente que define e modela todos os aspectos da realidade e da existência humana. Ela é a "História Transformadora" de Deus, mas, diferentemente de outras cosmovisões, ela é *verdadeira*. Ela está de acordo com a realidade, já que existe de fato e define para todos os tempos, para todos os povos, o que palavras tais como verdade, amor, justiça e igualdade realmente significam. Essas definições verdadeiras e bíblicas deram origem a culturas especificamente cristãs. Nas palavras do teólogo Robert Lewis Wilken, "a cultura vive da linguagem, e as opiniões, pensamentos e sentimentos de uma cultura cristã são formados e transportados pela linguagem das Escrituras".[3]

Portanto, não é nada desprezível quando a igreja evangélica, intencionalmente ou não, substitui a definição bíblica de uma palavra tão importante como *justiça* por uma falsificação.

As ideias têm consequências; no entanto, conforme nos lembra Os Guinness, elas têm também antecedentes — isto é, elas vêm de algum lugar. A verdadeira definição de justiça tem origem na Bíblia e foi expressa historicamente de modo que nações foram abençoadas. Hoje, porém, acolhemos todas essas coisas sem maiores questionamentos, entre elas o estado de direito e o devido processo legal.

A falsificação tem origem em "filosofias e sutilezas vazias" (Cl 2.8) surgidas na Europa nos anos 1700. Sua linhagem remonta a filósofos célebres e a ativistas como Immanuel Kant, Friedrich Nietzsche, Karl Marx, Antonio Gramsci e Michel Foucault. Suas ideias fincaram raízes profundas na cultura ocidental. Com o tempo, elas se transformaram e se fundiram numa escola de pensamento que os acadêmicos modernos chamam de *teoria crítica*. Ela também é conhecida como política identitária,

---

[3] Robert Lewis Wilken, "The Church as culture", First Things, April 2004, https://www.firstthings.com/article/2004/04/the-church-as-culture.

interseccionalidade ou marxismo cultural. Contudo, neste livro, vou me referir a ela como *justiça social ideológica*. Uso o modificador "ideológica" para indicar que estamos discutindo algo bem maior do que justiça. Trata-se, antes, de ideologia ampla, ou cosmovisão, que ajuda a explicar por que tem atraído tantos adeptos. Precisamos de cosmovisões para que nossa vida faça sentido. Elas nos ajudam a compreender nossa identidade e propósito. Em uma sociedade cada vez mais pós-cristã, um número crescente de pessoas não tem conhecimento da Bíblia e, no entanto, foi a cosmovisão bíblica que pautou o Ocidente durante séculos. Ela proporcionou os pressupostos básicos que deram a muitas gerações identidade e propósito, fossem ou não cristãs. Hoje, porém, quando a Bíblia e a cosmovisão bíblica estão em rápido declínio, a justiça social ideológica tem preenchido o vácuo.

Nossas cosmovisões determinam não apenas como pensamos, mas também como agimos. Elas direcionam as escolhas que fazemos. Comportam-se como raízes de uma árvore frutífera. As raízes determinam o fruto. Ao falar de falsos mestres e de ideologias enganosas, Jesus disse: "Pelos frutos os conhecereis" (Mt 7.16). Conforme veremos neste livro, a justiça social ideológica se dá a conhecer por seu fruto amargo. As vidas e as culturas por ela influenciadas são marcadas pela inimizade, pela hostilidade, pela suspeita, pela reivindicação de direitos e pelo ressentimento.

Tragicamente, essa falsa cosmovisão tem feito incursões profundas na igreja evangélica, que corre o sério perigo de abandonar a verdadeira justiça por uma justiça impostora.

Creio que essa substituição esteja acontecendo sobretudo de forma não intencional. A justiça social ideológica transbordou das universidades para o espectro mais amplo da cultura com tal velocidade e força no decorrer dos últimos trinta anos que todos fomos afetados de uma forma ou de outra. Hoje é a visão de mundo

INTRODUÇÃO

dominante, espalhando-se e dando forma a vastas esferas da cultura. Dez anos atrás, estava em grande medida confinada aos programas de humanidades das universidades. Agora é a cosmovisão dominante em praticamente todos os aspectos da educação, tanto nos ensinos fundamental e médio quanto no ensino superior. Ela domina as grandes empresas, as mídias, o entretenimento, a alta tecnologia e boa parte do nosso governo, e até mesmo nossos sistemas de justiça. Nas palavras do ensaísta e crítico cultural Andrew Sullivan, "hoje estamos todos vivendo num campus".[4]

O cristão certamente não está imune a essas ideias contundentes que influenciam as instituições de que todos compartilhamos. Muitos cristãos absorveram em larga medida os pressupostos da justiça social ideológica sem perceber. Afinal de contas, ela recorre a termos da Bíblia e a conceitos como justiça, opressão, antirracismo e igualdade, embora os redefina a todos furtivamente.

Para reconhecer uma falsificação, é preciso primeiramente conhecer o artigo genuíno. Portanto, começarei este livro explicando o que é a justiça bíblica antes de analisar a justiça social ideológica. Vou compará-las colocando-as lado a lado na esperança de que o cotejo de suas principais diferenças promova a clareza em meio a toda a confusão que parece reinar entre os evangélicos.

Esse assunto me apaixona desde que Deus me chamou para o ministério vocacional de tempo integral, quando cursava o último ano da faculdade, em 1988. Naquele ano, fui trabalhar como obreiro de promoção comunitária transcultural na Food for the Hungry, organização cristã internacional de socorro e desenvolvimento.

---

[4]Andrew Sullivan, "We all live on campus now", New York Intelligencer, February 9, 2018, https://nymag.com/intelligencer/2018/02/we-all-live--on-campus-now.html.

Em 1988, a igreja evangélica estava drasticamente dividida no tocante à justiça, que, na época, era comumente entendida como cuidado com os pobres e os marginalizados. De um lado dessa divisão, havia quem professasse uma teologia conservadora que apoiava uma interpretação mais literal da Escritura e para quem o objetivo das missões cristãs era a proclamação do evangelho e a plantação de igrejas. Viam com suspeita o ministério com os pobres por causa de sua associação no passado com o herético "evangelho social".

Do outro lado, havia um grupo menor de ativistas evangélicos que se preocupavam profundamente com a pobreza e com a injustiça. Um de seus líderes mais destacados, Ron Sider, do Eastern Theological Seminary da Filadélfia, publicou em 1978 seu influente livro *Rich Christians in an age of hunger* [Cristãos ricos numa era de fome], tendo fundado posteriormente a associação Evangélicos pela Ação Social. Outro líder, Jim Wallis, fundou o Sojourners, em 1971. Pessoalmente, sentia-me atraído por esses homens e pelo seu movimento.

Nos vinte anos que trabalhei na Food for the Hungry, estive nas nações mais pobres do mundo. Durante esse tempo, aprofundei meu conhecimento acerca das causas e das soluções para a pobreza e, quanto mais aprendia, menos entusiasmado ficava com minhas crenças anteriores.

No início da minha carreira na Food for the Hungry, eu tinha acabado de me formar em uma das bem conhecidas universidades de ciências humanas do Oregon. Não me identificava como marxista, mas havia absorvido uma boa dose de ideologia marxista dos meus professores e colegas. Estava em grande medida convencido de que a riqueza e os recursos de um eram o prejuízo do outro, e vice-versa (o que se chama de soma zero, em que a vitória de um lado deve corresponder necessariamente a derrota do outro), e seus detentores os haviam conquistado de forma ilegítima, à custa dos que foram privados deles. As nações ricas se enriqueceram pelo colonialismo, pela ganância e pelo capitalismo voraz. Elas haviam manipulado o sistema à custa dos pobres. Foram necessários muitos anos, graças à ajuda de alguns mentores admiráveis e piedosos, para que eu me desse conta completamente de que meus pressupostos sobre riqueza e pobreza estavam mais bem enraizados no *Manifesto Comunista* do que na Bíblia.

Em última análise, tive de fazer a mim mesmo a seguinte pergunta: eu estava mais interessado nas disparidades da riqueza e da redistribuição de renda ou em fazer o que comprovadamente dá resultado e capacita as pessoas, permitindo-lhes que saiam da pobreza?

Com o tempo, percebi que os pressupostos da cosmovisão marxista mais prejudicam do que ajudam os pobres. Ela não os via como totalmente humanos, criados à imagem de Deus, com dignidade, responsabilidade e com a capacidade de criar riqueza nova e novas oportunidades. Em minha visão de mundo antes influenciada pelo marxismo, eles eram em grande medida vítimas indefesas, dependentes de ações de ocidentais benevolentes para vencer a pobreza. Isso gerava um sentimento destrutivo de paternalismo e de culpa de um lado e, do outro, um sentimento nocivo de dependência e de direitos individuais.

Olhando em retrospectiva a história e nossa herança cristã, descobri que, às vezes, Deus operava através da igreja para tirar nações inteiras da pobreza. Antes da Reforma, por exemplo, as nações do norte da Europa eram tão pobres quanto as nações africanas de hoje. Depois da Reforma, começaram a prosperar. Essa transformação não se deu por causa da redistribuição de riqueza, do esclarecimento proporcionado pela visão humana ou pelo *know-how* científico ou técnico. Aconteceu porque as pessoas começaram a ler a Bíblia, a compreender a realidade, inclusive sua própria identidade e propósito, de maneiras novas e que mudaram a vida delas. Foi o poder da verdade bíblica — da cosmovisão bíblica — que tirou as pessoas da pobreza e permitiu que se edificassem nações livres e prósperas.

O desejo de compartilhar esse insight me levou, bem como a meus amigos Darrow Miller e Bob Moffitt, a lançar a Disciple Nations Alliance, em 1997. Nossa missão consistia em catalisar um movimento cristão que chamasse a igreja de volta a uma ampla cosmovisão bíblica, proclamando e demonstrando o poder da verdade bíblica por meios que resultassem numa mudança positiva, particularmente entre os pobres.

Para a ala conservadora da igreja evangélica, nossa mensagem era a seguinte: sua paixão pelo evangelho é boa e digna de louvor! Contudo, a proclamação do evangelho é apenas o começo da missão cristã genuína, e não o fim. Uma vez salvo, é preciso que o cristão seja criteriosamente discipulado para que identifique e substitua falsos pressupostos culturais pela cosmovisão bíblica, e assim leve a verdade, a bondade e a beleza do reino de Deus a todas as esferas de nossas nações arruinadas. O plano de redenção de Deus não se limita à salvação das almas. Ele compreende também a reconciliação de todas as formas de relacionamentos fraturados: com Deus, com nós mesmos, com os outros seres humanos e com a própria criação. Não deveria haver divisão alguma entre proclamação do evangelho, discipulado, plantação de igrejas e transformação social e cultural. Esses são aspectos essenciais de nossa missão em sua inteireza. "Missão holística" ou "ministério holístico" se tornaram senhas e rótulos sucintos que usávamos para descrever essa visão ampliada do ministério cristão.

Para a ala da justiça social da igreja evangélica, nossa mensagem era a seguinte: se você quiser realmente capacitar o pobre para que ele prospere, a ferramenta mais poderosa à sua disposição é a verdade e a compaixão bíblicas.⁵ Em última análise, a pobreza não está enraizada em sistemas injustos, mas no ardil satânico situado no plano da cultura. A estratégia cristã de mudança social deve se ocupar em dar testemunho da verdade em todos os reinos da existência humana. Quando ricos e pobres começarem a substituir as mentiras culturais pela verdade bíblica, virá a transformação. Essa transformação nunca é completa, ou uniforme, ou indefinida, mas é real, poderosa, dignifica a Deus e é importante.

Nos últimos vinte e três anos, ao compartilharmos ensinos semelhantes, vimos muitos sinais de mudanças positivas. Do lado conservador, vimos uma forte adoção de uma estratégia missionária holística. Entre esses grupos e organizações cristãs trabalhando para que o pobre melhore de vida, observamos uma receptividade genuína à ideia de que o discipulado, na cosmovisão bíblica, é a coisa mais poderosa que podemos fazer para melhorar a vida de comunidades empobrecidas.

À medida que os dois lados começavam a mudar, aumentava nossa esperança de que o antigo fosso evangélico pudesse ser preenchido, forjando-se assim uma nova unidade que honrasse a Deus. Havia muitos sinais encorajadores de que isso estava acontecendo de fato.

Foi então que, aparentemente do nada, os pressupostos marxistas voltaram com tudo, influenciando uma nova geração de líderes evangélicos sob novo disfarce e ameaçando destruir uma unidade que era cada vez maior. Nos círculos evangélicos, falava-se por toda parte em "justiça social". No entanto, diferentemente da década de 1980, enfatizava-se menos a pobreza e mais a raça, o sexo, o gênero e a orientação sexual. Em 2010, um jovem pastor dinâmico do Oregon, Ken Wytsma, lançou a

---

⁵Meu colega Darrow Miller, juntamente comigo e Gary Brumbelow, escrevemos um livro sobre o assunto intitulado *Social justice: restoring biblical compassion* (Seattle: YWAM, 2015).

Justice Conference, cuja influência sobre os *millennials* evangélicos foi tremenda. Com base no que li no livro de Ken, *The myth of equality* (O mito da igualdade), e ouvi de palestrantes em suas conferências, ele parecia estar oferecendo um coquetel potente com duas medidas de teologia bíblica e uma medida de teoria crítica acadêmica.

O alarme soou mais alto para mim quando vi esse mesmo sincretismo se espalhando no núcleo do evangelicalismo tradicional.

Tudo isso se tornou muito pessoal em 2018, no momento em que alguns colegas evangélicos próximos, a quem respeito, começaram a me desafiar: será que eu não me dava conta do racismo estrutural e da opressão disseminada nos Estados Unidos? Não reconhecia minha culpa nessa opressão? Não tinha lidado ainda com meu privilégio inerente e com o racismo inconsciente?

O QUE ESTAVA ACONTECENDO?

Este é um momento perigoso. A persistirem as tendências atuais, a igreja evangélica sucumbirá rapidamente a um sincretismo profundamente destrutivo e a uma ideologia não bíblica que causarão um mal incalculável a sua missão e seu testemunho neste mundo.

Justiça é uma das palavras mais importantes na Bíblia. É um dos conceitos mais importantes em qualquer cultura. Se a igreja que crê na Bíblia abandonar a justiça genuína em favor de uma falsidade cultural destrutiva, quem sobrará para resistir e defender a verdade? Os riscos são altos demais.

Minha oração fervorosa é que este livro possa servir como sinal de alerta aos meus irmãos e irmãs evangélicos. Isto é o que lhes peço: identifiquem e rejeitem a falsidade. Lembrem-se do que é a verdadeira justiça. Apeguem-se a essa verdade, por mais impopular que seja. Falem dela abertamente. Mostrem a verdade. Sejam o sal e a luz que Jesus nos ordena que sejamos.

INTRODUÇÃO

É tarefa de toda uma geração de cristãos sustentar e defender a verdade e comunicá-la às gerações futuras, inclusive a verdade acerca da justiça. Esta é minha tentativa modesta e imperfeita de fazê-lo.

Uma última palavra antes de entrarmos no assunto. Ao pesquisar o material deste livro, li muita coisa na tentativa de compreender melhor a teoria crítica, e muitas vezes recorri aos seus divulgadores influentes. Tive inúmeras discussões produtivas (do tipo "ferro que afia o ferro") com pessoas que discordam fortemente das posições que defendo no livro, quase todas elas amigas, irmãos e irmãs em Cristo. A você, gostaria de dizer o seguinte: valorizo profundamente sua amizade. Compartilho de sua profunda paixão e do seu comprometimento com a justiça, do seu desejo de ser uma voz para os que não têm voz e defender a causa do pobre e do oprimido. Embora tenha desenvolvido fortes convicções acerca desses tópicos, tenho muito a aprender e, sem dúvida, tenho perspectivas não bíblicas que precisam ser corrigidas. Por esse motivo, preciso de sua amizade mais do que nunca.

Por favor, não entenda nossas discordâncias como hostilidade ou condenação da minha parte. Embora eu deteste ideias falsas e destrutivas, quero amar e demonstrar respeito pelas pessoas que as sustentam. Já tive (e ainda tenho) uma cota enorme de falsas crenças e sou eternamente grato por aqueles que me amam o suficiente para me ajudar a identificá-las. Quero fazer o mesmo pelos outros. Tenho traves em meus olhos que precisam ser removidas. Preciso de sua ajuda para apontá-las. Quero também ser o tipo de pessoa que ama os outros o suficiente para ajudá-los a tirar a trave dos seus olhos também. Este é o meu desejo mais profundo.

Scott Allen
Julho de 2020

CAPÍTULO 1

JUSTIÇA ESTRANHA

Quase no final do segundo discurso do ex-presidente Trump sobre o Estado da União, em fevereiro de 2019, ele tocou na questão do aborto, desafiando os americanos a "trabalharem juntos para construir uma cultura que promova a vida inocente" e "reafirmem uma verdade fundamental: todas as crianças, nascidas ou não, foram criadas à santa imagem de Deus".[1]

Stacey Abrams, ex-candidata ao governo da Geórgia, respondeu no Twitter defendendo o direito ao aborto legal: "Os Estados Unidos atingiram um padrão de justiça reprodutiva com *Roe vs. Wade*".[2] O que ela quis dizer exatamente com "justiça reprodutiva"?

A expressão não era de Abrams. Ela foi cunhada originalmente em 1994 por um grupo chamado "Mulheres de Origem Africana pela Justiça Reprodutiva" que defendia a expressão da seguinte forma: "O direito humano de preservar a autonomia física pessoal, ter filhos, não ter filhos e criar os filhos que temos em comunidades seguras e sustentáveis".[3]

---

[1] Matthew Bunson, "The state of the union: 'let us build a culture that cherishes innocent life'", *National Catholic Register*, February 6, 2019, http://www.ncregister.com/blog/mbunson/the-state-of-the-union-let-us-build-a--culture-that-cherishes-innocent-life.

[2] ABC News Politics Twitter feed, February 5, 2019, https://twitter.com/ABCPolitics/status/1092997836252209157.

[3] "Reproductive justice", SisterSong, https://www.sistersong.net/reproductive-justice.

O conceito de "autonomia física pessoal" é um desdobramento do pós-modernismo, para o qual a autoridade final não é atribuída a Deus, ou à ciência, mas ao indivíduo autônomo e soberano. E quanto à frase "o direito [...] de não ter filhos?". Isso significaria o direito de não participar da atividade que leva à procriação? Dificilmente. "O direito ao aborto dos filhos não nascidos" seria uma expressão de significado muito mais preciso. Em outras palavras, "justiça reprodutiva" é a afirmação de que uma mãe tem o "direito humano" de tirar a vida de seu filho não nascido se ela assim o desejar.

A ironia aqui é dolorosa. No tempo da escravidão, o argumento moral era mais ou menos o seguinte: os negros escravizados não são totalmente humanos, e sim propriedade impotente e sem voz de poderosos donos de escravos, que deles podem dispor como lhes aprouver. Chame-se a isso de "justiça de propriedade", se quiser. O argumento moral favorável ao aborto é idêntico. Na "justiça reprodutiva", o nascituro não é completamente humano; antes, ele é a propriedade impotente e sem voz da mãe. De acordo com as Mulheres de Origem Africana pela Justiça Reprodutiva, as mulheres têm o direito de exercer sua "autonomia física pessoal" ao dispor de seus nascituros como lhes aprouver.

Numa ironia terrível, esse argumento moral fez com que o aborto se tornasse a principal causa de morte de vidas negras nos Estados Unidos atualmente.[4] Todos os anos, *mais de duzentos e cinquenta mil* nascituros negros morrem em abortos.[5] Na cidade

---

[4] Allyson Hunter, "Study shows the leading cause of death is abortion", Texas Right to Life, August 3, 2018, https://www.texasrighttolife.com/study-shows-the-leading-cause-of-death-is-abortion/.
[5] Jason L. Riley, "Let's talk about the black abortion rate", *The Wall Street Journal*, July 10, 2018, https://www.wsj.com/articles/lets-talk-about-the-black--abortion-rate-1531263697.

de Nova York, o número de bebês negros abortados é maior do que o de bebês nascidos com vida.[6] *Isso é justiça?* Nos últimos duzentos anos, o Ocidente separou a ideia de justiça de Deus e de sua Lei, levando ao caos moral que vemos hoje. Em vez de confiar num padrão de justiça seguro e imutável, mudamos constantemente de padrões. O que era considerado moral há cinco anos não é apenas considerado imoral hoje: também é penalizado por leis. O que era considerado imoral há cinco anos — e era, com frequência, ilegal — hoje é considerado moral e legal. Tudo isso abriu as portas a uma injustiça terrível em nome da justiça.

SURGE UMA NOVA IDEOLOGIA

Nossa confusão talvez nunca tenha sido maior, tanto na igreja quanto na cultura em geral. Surgiu uma nova ideologia que distorce a forma como os americanos — entre eles os cristãos — entendem a justiça. O crítico cultural Wesley Yang a chama de "a ideologia sucedânea" à antiga cosmovisão judaico-cristã que plasmou o Ocidente e os Estados Unidos durante séculos. De acordo com Ross Douthat, editorialista do *New York Times*, essa ideologia é "rudimentar e formulada pela metade e, por vezes, é contraditória internamente, sendo definida mais por seu distanciamento de antigas ideias liberais do que por uma cosmovisão unificada".[7] Noah Rothman afirma que "ela influencia como as empresas se estruturam. Ela está modificando como empregadores e empregados se relacionam uns com os outros e transformou

---

[6] Ryan Scott Bomberger, "The Democrat party: not enough african-americans aborted", The Radiance Foundation, February 1, 2019, http://www.theradiancefoundation.org/blackhistorymonth/.

[7] Ross Douthat, "The tom cotton op-ed and the cultural revolution", *New York Times*, June 12, 2020, https://www.nytimes.com/2020/06/12/opinion/nyt-tom-cotton-oped-liberalism.html.

totalmente o ambiente acadêmico. [Além disso], está transformando nossa política com uma rapidez alarmante".[8] Seus milhões de devotos sinalizam lealdade à ideologia falando orgulhosamente de seu compromisso com a "justiça social".

Muitos cristãos têm apenas uma vaga ideia dessa ideologia e, consequentemente, não enxergam o perigo. Quando ouvem "justiça social", supõem que não haja diferença em relação à justiça bíblica. É claro que a justiça é uma ideia profundamente bíblica, porém essa nova ideologia está longe de ser bíblica. Trata-se, na verdade, de uma visão ampla radicada em pressupostos marxistas e pós-modernos que compete com a cosmovisão bíblica. Os defensores atuais da justiça social normalmente negam as raízes marxistas de sua visão de mundo (um ensaísta da *Salon* repudiou o marxismo cultural, rotulando-o de "falso conceito").[9] É preciso reconhecer, porém, que, na melhor das hipóteses, muitos deles provavelmente nem sequer se dão conta da conexão. Contudo, uma análise criteriosa da justiça social e do neomarxismo revela que são retalhos do mesmo tecido ideológico.

As ideias têm consequências. As ideias verdadeiras, assim como a justiça bíblica, são blocos de construção essenciais para as nações livres, prósperas e de sucesso. Ideias ruins, como a da justiça social ideológica, são terrivelmente destrutivas, esgarçando o tecido social, exacerbando a hostilidade e, em última análise, destruindo os relacionamentos. É imperativo que os seguidores de Cristo, chamados a ser ministros da reconciliação

---

[8]Graham Hillard, "The social-justice movement's unjust crusade", *National Review*, March 7, 2019, https://www.nationalreview.com/magazine/2019/03/25/the-social-justice-movements-unjust-crusade/.

[9]Nancy Pearcey, "Midterms bring out the marxists", *American Thinker*, November 5, 2018, https://www.americanthinker.com/articles/2018/11/midterms_bring_out_the_marxists.html.

(2Co 5.17-20), identifiquem claramente a diferença entre justiça bíblica e a ideologia da justiça social. Ambas usam o termo "justiça", mas têm em vista coisas completamente diferentes. Infelizmente, esse tipo de discernimento sábio e criterioso é difícil de encontrar. Em vez disso, estamos testemunhando uma tendência crescente entre destacadas vozes cristãs que promovem, intencionalmente ou não, a justiça social ideológica dentro da igreja, semeando assim confusão ao igualá-la à justiça da Bíblia.

A primeira vez que me dei conta dessa tendência preocupante foi no final de 2015, quando a célebre conferência de missões Urbana, da InterVarsity Christian Fellowship, em St. Louis, convidou Michelle Higgins para a palestra principal. Ela aproveitou a oportunidade para incentivar os jovens evangélicos preocupados com missões a darem seu apoio ao movimento Black Lives Matter.[10] Higgins fez mais do que promover uma mensagem segundo a qual racismo é pecado. Ela colocou o Black Lives Matter no mesmo plano da missão divina ao dizer que se tratava de "um movimento missionário pela verdade de Deus".[11]

O Black Lives Matter foi fundado por três mulheres impregnadas da ideologia de justiça social neomarxista. Uma delas, Alicia Garza, descreve a si mesma como uma "mulher negra *queer*", para quem "é preciso entender a epidemia [de violência contra os negros] pela lente da raça, gênero, orientação sexual e identidade de gênero".[12] A outra, Opal Tometi, se apre-

---

[10]Ed Stetzer, "InterVarsity, #BlackLivesMatter, criticism, and three suggestions for the future", *Christianity Today*, January 4, 2016, https://www.christianitytoday.com/edstetzer/2016/january/intervarsity-race-criticism-and-future.html.
[11]Tobin Grant, "InterVarsity Backs #BlackLivesMatters [sic] at Urbana 15", Religion News Service, December 29, 2015, https://religionnews.com/2015/12/29/intervarsity-backs-blacklivesmatters-at-urbana-15/.
[12]Black Lives Matter, https://blacklivesmatter.com/our-co-founders/.

senta como "feminista transnacional" e "estudante da teologia da libertação".[13] A declaração de missão do Black Lives Matter inclui o compromisso de "subverter a estrutura da família nuclear prescrita pelo Ocidente [...], amparando umas às outras como famílias e 'vilas' ampliadas que se importam, coletivamente, umas com as outras, especialmente com nossos filhos".[14]

É claro que as vidas negras são importantes. Todas as vidas são importantes, porque todas foram criadas à imagem santa de Deus. Se fosse essa a abrangência da mensagem que a InterVarsity estava tentando passar, muito bem. Mas, por que, por extensão, defender um movimento fundamentado em ideias tão profundamente contrárias à Bíblia no palco principal da conferência missionária evangélica mais importante do país?

Depois da conferência, a *Sojourners*, organização evangélica de tendência esquerdista, escreveu uma carta aberta a InterVarsity aplaudindo a organização pela coragem de promover o Black Lives Matter. Essa carta, escrita pelo dr. Lawrence A. Q. Burnley, vice-presidente associado para Diversidade, Equidade e Inclusão da Universidade Whitworth, trazia a seguinte declaração:

> Michelle Higgins [...] revelou uma grande mentira em curso na igreja [...] na palestra principal que coube a ela fazer no Urbana15. A mentira é a seguinte: os brancos foram criados para governar e todos os demais foram criados para ser governados. Essa mentira é o fundamento sobre o qual se erguem as estruturas, os sistemas e as políticas injustas dos Estados Unidos.[15]

---

[13]Ibidem.
[14]Black Lives Matter, https://blacklivesmatter.com/what-we-believe/.
[15]Veja Lisa Sharon Harper, "Open letter to the leadership of #Urbana15 and InterVarsity Christian Fellowship", *Sojourners*, January 5, 2016, https://sojo.net/articles/open-letter-leadership-urbana15-and-intervarsity-christian--fellowship.

Nos meus 35 anos de trabalho com líderes de igrejas do mundo todo, em mais de 75 países, jamais encontrei alguém que, de algum modo, endossasse a ideia de que "os brancos haviam sido criados para governar sobre todos os demais". Contudo, de acordo com tal declaração, essa é a "principal mentira em curso na igreja".

Não é de surpreender que essa declaração seja endossada por evangélicos progressistas de destaque, como Jim Wallis, Shane Claiborne e Jen Hatmaker. Contudo, fiquei surpreso ao ver que ela também foi assinada por evangélicos mais tradicionais, como Steve Bauman, presidente e CEO da World Relief, Lynne Hybels, da famosa Willow Creek Community Church, de Chicago, e David Neff, ex-editor-chefe da *Christianity Today*.

Desde 1995, a justiça social ideológica vem ganhando impulso ininterrupto na cultura de modo geral e dentro da igreja. Quando comecei a estudar essa cosmovisão com alguma profundidade — de onde veio, seus contornos básicos, de que maneira ela compreende a realidade e a natureza humana, a fonte do mal e sua solução —, meu interesse só aumentou. Se a igreja que crê na Bíblia persistir nessa trajetória de confundir a justiça bíblica com a justiça social ideológica, de confundir a cosmovisão bíblica com essa "ideologia sucedânea", como haveremos de ser uma voz potente a favor da verdadeira justiça nesses tempos moralmente confusos?

As incursões que a justiça social ideológica tem feito na igreja evangélica têm de ser identificadas e expostas para o bem dela e para o bem da sociedade em geral que a igreja existe para servir. A justiça bíblica é importante demais para ficar indefesa diante desse ataque furtivo de uma cosmovisão não bíblica que se disfarça com palavras e com um linguajar bíblico. Este livro quer nos lembrar, como seguidores de Jesus Cristo que somos, o que é a justiça bíblica e como ela difere da justiça social. Mais importante ainda do que isso, quero fazer um contraste objetivo entre os pressupostos de uma cosmovisão bíblica que reforça a justiça bíblica e os pressupostos que dão sustentação à justiça social ideológica, e como dão origem a um conceito de justiça que é alheio às Escritura Sagradas e à história cristã.

Antes de analisarmos essa falsificação, vamos passar algum tempo refletindo sobre o sentido original incomparável, poderoso e glorioso de justiça que brota das páginas da Escritura.

CAPÍTULO 2

JUSTIÇA BÍBLICA

A palavra latina *justus*, de acordo com o *Webster's Dictionary of the American Language*,[1] de 1828, significa "reto ou próximo". Como um fio de prumo, *justus* remete a um padrão ou a uma base para a *moralidade*. A justiça se alinha a um padrão de bondade. Na verdade, bondade, ou retidão, é sinônimo de justiça. Os antônimos são injustiça ou mal. Pode-se dizer que uma ação é injusta quando ela não está alinhada com um padrão moral.[2]

O padrão moral é comumente associado a uma lei, razão pela qual a justiça é equiparada à guarda da lei ou à legalidade, e a injustiça à quebra da lei ou à ilegalidade. Para muitos de nós, "lei" traz à mente códigos legais promulgados por políticos e confirmados por autoridades civis. A justiça, porém, não consiste apenas em obedecer a leis feitas por homens. Na verdade, às vezes a justiça exige que *desobedeçamos* às leis criadas pelos

---

[1] http://webstersdictionary1828.com/.
[2] Dicionário Webster de 1828: "Justiça: virtude que consiste em dar a alguém o que lhe é devido; conformidade prática com as leis e os princípios de retidão nas tratativas dos homens uns com os outros; honestidade; integridade no comércio ou na relação mútua. A justiça é distributiva ou comutativa. A justiça distributiva cabe aos magistrados ou soberanos e consiste na distribuição a todo homem daquele direito ou equidade que as leis e os princípios da equidade requerem; ou na decisão de controvérsias segundo as leis e os princípios da equidade. A justiça comutativa consiste na negociação limpa no comércio e na mútua relação entre um homem e outro".

homens. Os nazistas tinham uma lei que proibia ajudar ou dar abrigo a judeus que estavam sendo capturados e exterminados. Se obedecêssemos a essa lei, seríamos cúmplices de uma injustiça terrível.

Isso suscita uma indagação importante: como determinamos *quais* leis humanas são justas e quais não são? Existe um padrão moral ou legal que transcende as leis humanas? Martin Luther King Jr. acreditava que sim. O mais famoso líder dos direitos civis dos Estados Unidos foi detido e encarcerado em 1963 por violar uma ordem do tribunal que o proibia de protestar contra a injustiça racial em Birmingham, no Alabama. Em sua célebre *Carta de uma prisão em Birmingham*, King escreveu a outros clérigos que haviam criticado sua "disposição de quebrar leis".

Alguém poderia muito bem perguntar: "Como você pode defender a desobediência a algumas leis e à obediência a outras?". A resposta está no fato de que há dois tipos de leis: há leis justas e leis injustas. Concordo com Santo Agostinho quando ele diz que "uma lei injusta não é lei de jeito nenhum".

Bem, qual a diferença entre as duas? Como é que alguém determina quando uma lei é justa ou injusta? *Uma lei justa é um código criado pelo homem que está de acordo com a lei moral, ou a lei de Deus.* Uma lei injusta é um código em descompasso com a lei moral. Parafraseando Santo Tomás de Aquino, uma lei injusta é uma lei humana que não está enraizada na lei eterna e natural (grifo do autor).[3]

Martin Luther King acreditava que havia uma lei superior, "a lei de Deus". O apologista cristão Greg Koukl chama essa lei de

---

[3] http://web.cn.edu/kwheeler/documents/letter_birmingham_jail.pdf.

"Lei sobre tudo e todos".⁴ Portanto, justiça é conformidade com essa lei superior. Nesse sentido, justiça é o mesmo que verdade. Ela requer um ponto fixo de referência cuja existência se dá à parte das leis humanas e das nossas crenças sobre o que é bom e certo, um padrão diante do qual até os mais poderosos têm de prestar contas. Sem essa lei superior, a justiça se torna arbitrária e muda conforme quem esteja no poder.

De que maneira seres humanos finitos e falíveis descobrem esse padrão moral transcendente? Nós o encontramos em Deus, o Criador do universo, cujo caráter é bondade, retidão e santidade (ou perfeição moral). Como disse João Calvino, a lei revela o caráter de Deus.⁵ *Ele* é o fio de prumo moral que determina o que é bom e certo para todos os povos de todas as eras. E, como Deus não muda, o padrão não muda. Deus é a "Rocha" imóvel cuja "obra é perfeita, porque todos os seus caminhos são de justiça. Um Deus de fidelidade e sem iniquidade, ele é justo e reto" (Dt 32.4, ESV).

Isso exclui o Alá do islã que, em última análise, é incognoscível. "Alá é um ser distante e remoto que revela sua vontade, mas não a si mesmo", diz Daniel Janosik, da Columbia International University. "É impossível conhecê-lo de modo pessoal. Em sua unicidade absoluta há unidade, mas não trindade, e, em razão dessa falta de relacionamento, não há ênfase no amor."⁶ Alá não é o Deus pessoal, amoroso e santo da Bíblia. Como o Deus pessoal e triúno de Gênesis 1.1 existe, e como seu caráter é bom, o universo é pessoal e moral. Existe um "bem" verdadeiro, eterno e transcendente que permeia o

---
⁴Gregory Koukl, *The story of reality* (Grand Rapids: Zondervan Publishing House, 2017), p. 76.
⁵Cf. discussão em R. C. Sproul's "Which laws apply?", Ligonier Ministries, https://www.ligonier.org/learn/articles/which-lawsapply/.
⁶Daniel Janosik, "Is Allah of Islam the same as Yahweh of Christianity?", Columbia International University, http://www.ciu.edu/content/allah-islam--same-yahweh-christianity.

cosmo. E, apesar disso, há tanta injustiça! Como trazer à tona a verdadeira justiça num mundo injusto? Vamos à Palavra de Deus, o fio de prumo inerrante.

Na Bíblia, traduzimos os termos hebraicos *tsedek* e *mishpat* por "retidão" ou "justiça", dependendo do contexto. A Bíblia tem mais de trinta exemplos em que "retidão" e "justiça" são usados de modo intercambiável. Por exemplo: "Ando pelo caminho da retidão, em meio às veredas da justiça" (Pv 8.20), ou: "O Senhor age com retidão, faz justiça a todos os oprimidos" (Sl 103.6, NIV).[7] Notamos a semelhança dessas palavras e sua centralidade para a natureza de Deus na imagem vívida do nosso grande Deus que está "entronizado" como Rei dos Reis e Senhor dos Senhores. Ele é o único Juiz verdadeiro e justo. Sua justiça, portanto, enraizada em seu caráter, não é estranha.

O Senhor reina, regozije-se a terra; alegrem-se as numerosas ilhas. Nuvens e escuridão o rodeiam, *justiça e retidão são a base do seu trono* (Sl 97.1,2).

Deus é a um só tempo reto e justo. Se não fosse reto, não seria justo. Se não fosse justo, não seria reto. Mas ele é as duas coisas! E ele, e não o consenso mutável da opinião da elite, é o fio de prumo pela qual medimos todas as demandas de justiça.

O QUE NÃO PODEMOS *NÃO* SABER

Eu disse que Deus e sua lei nos dão o fio de prumo pelo qual podemos decidir o mérito de quaisquer demandas de justiça. Mas será que podemos realmente conhecê-lo e à sua lei? Trata-se de uma questão urgente, que nos permitirá responder corretamente ao caos moral à nossa volta (e em nosso coração).

---

[7] Ken Wytsma, *Pursuing justice* (Nashville: Thomas Nelson, 2013), p. 89.

É preciso reconhecer que tal padrão moral transcendente existe, mas não haveria consequência alguma se não soubéssemos de sua existência. Deus, porém, o revelou a nós. Como? Em primeiro lugar, ele o comunica a nós *interiormente*. Como portadores que somos de sua imagem, todos têm um sentido interior dessa lei "impressa em seu coração", por assim dizer. C. S. Lewis, em sua obra clássica de apologética *Cristianismo puro e simples*, chama a esse código natural inato de "uma pista do sentido do universo". Ele diz que "os seres humanos, no mundo todo, têm essa curiosa ideia de que devem se comportar de certa maneira, e não podemos nos livrar disso".[8]

O apóstolo Paulo escreveu a esse respeito em sua epístola aos Romanos: "Porque, quando os gentios, que não têm lei, praticam as coisas da lei por natureza, [...] demonstrando que *o que a lei exige está escrito no coração deles*, tendo ainda o testemunho de sua *consciência* e dos seus pensamentos, que ora os acusam, ora os defendem" (Rm 2.14,15). A teoria da lei natural diz que os seres humanos podem apreender a lei moral de Deus por meio da razão que Deus lhes deu.[9]

Paulo declara ousadamente que *todos*, não apenas os judeus, sabem tacitamente qual é o padrão moral de Deus, porque "praticam as coisas da lei por natureza". Eles mostram que Deus escreveu a lei "no coração deles" porque sua consciência os convence de suas transgressões.

Pense um pouco como isso é importante. Como seriam as relações humanas se não tivéssemos um sentido interior de certo e errado, uma consciência que nos guiasse? E se nenhum de nós sentisse culpa ou vergonha pelo que fazemos de errado? Chamamos de sociopata o indivíduo que não sente remorso algum

---

[8]C. S. Lewis, *Mere Christianity* (New York: Macmillan, 1952), p. 21 [publicado por Martins Fontes sob o título *Cristianismo puro e simples*].
[9]"Natural law", New Advent, http://www.newadvent.org/cathen/09076a.htm.

por seu comportamento injustificado. John Wayne Gacy, Ted Bundy e Jeffrey Dahmer eram sociopatas. Num mundo repleto desse tipo de gente, o mal corre descontroladamente. Contudo, em sua graça, Deus providenciou uma forte barreira a tudo isso ao escrever seu código moral eterno em nosso coração. É isso o que a justiça faz — ela inibe a disseminação da perversidade ao determinar, afirmar e sustentar o que é bom.

Em segundo lugar, quando Paulo diz que os gentios (os não judeus) "não têm lei", ele está se referindo à *outra* maneira pela qual Deus nos dá a conhecer sua lei transcendente, isto é, por meio dos Dez Mandamentos, o código legal comunicado por Deus à humanidade há 3.500 anos. Os Dez Mandamentos foram "[escritos] pelo dedo de Deus" (Êx 31.18), entregues a Moisés e ao povo judeu e, por meio deles, a nós todos. Esse resumo da lei moral de Deus é uma de suas grandes dádivas à humanidade porque proporciona o único fundamento verdadeiro e imutável para a justiça na história humana. É por isso que a imagem das tábuas de pedra está gravada no vértice do edifício da Suprema Corte dos Estados Unidos.

JUSTIÇA NA VIDA COTIDIANA

É claro que justiça significa muito mais do que dar baixa numa lista de regras. Significa viver um relacionamento correto com os outros, com Deus e com os seres humanos criados à sua imagem. Ela define como *devemos* tratar os demais, que tipo de comportamento é bom e correto e qual não é. Conforme diz Miqueias 6.8:

> Ó homem, ele te declarou o que é bom.
> Por acaso o Senhor exige de ti alguma coisa além disto:
> que pratiques a justiça, ames a misericórdia
> e andes em humildade com o teu Deus?

Gary Breshears, professor de teologia do Western Seminary de Portland, Oregon, explica o que o termo hebraico *tsedek* (traduzido por "justiça") significa: "Uma vida em que todos os relacionamentos — de um ser humano com outro, do homem com Deus e do homem com a criação são bem ordenados e harmoniosos".[10] Justiça, nesse sentido, é semelhante a *shalom*, a paz e a harmonia profundas resultantes de relacionamentos em sintonia com o padrão moral perfeito de Deus.

Na prática, justiça significa "seguir o estado de direito, demonstrando imparcialidade, pagando o que se prometeu, em vez de roubar, de fraudar, de aceitar suborno, sem tirar vantagem do fraco porque é muito mal informado ou alienado para impedir você de agir", conforme diz o pastor Kevin DeYoung.[11]

Esse tipo de justiça cotidiana era a mensagem principal que João Batista pregava às multidões nas margens do rio Jordão. Ele advertia as pessoas quanto ao juízo vindouro de Deus. Em resposta, as pessoas indagavam o que poderiam fazer para evitar a ira divina. João respondia da seguinte forma: "Quem tem duas túnicas, reparta com o que não tem nenhuma, e quem tem alimento, faça o mesmo" (Lc 3.11). Quando os coletores de impostos lhe fizeram a mesma pergunta, João respondeu: "Não cobreis mais do que o prescrito" (Lc 3.13). Quando os soldados o questionaram, ele disse: "De ninguém tomeis nada à força, nem façais denúncia falsa; e contentai-vos com o vosso salário" (Lc 3.14).

Em suma, justiça é viver os Dez Mandamentos em nossos relacionamentos diários.

---

[10] Cf. citado em Wytsma, p. 95.
[11] Kevin DeYoung, "Is social justice a gospel issue?", The Gospel Coalition, September 11, 2018, https://www.thegospelcoalition.org/blogs/kevin-deyoung/social-justice-gospel-issue/.

"Fazemos justiça quando damos aos seres humanos o que lhes é devido como criações de Deus", diz Tim Keller[12] parafraseando Aristóteles. A última parte dessa frase é fundamental: "como criações de Deus". Justiça requer que se admita o que significa ser humano, isto é, que todos possuímos dignidade e valor inerentes, com (nas palavras imortais da Declaração de Independência) "direitos inalienáveis".[13] "Fazer justiça" é tratar os outros como seres de valor incomparável e respeitar os direitos que lhes foram dados por Deus. É amar o próximo como a si mesmo.[14] Isso é chamado às vezes de *justiça comunitária*, e é dever de todo ser humano.

JUSTIÇA COMO JULGAMENTO JUSTO E IMPARCIAL

Existe, porém, outro tipo de justiça. A *justiça distributiva* é reservada para as autoridades ordenadas por Deus, entre elas os pais no lar, o pastor na igreja e as autoridades civis do estado. A justiça distributiva exige que as autoridades julguem imparcialmente, tratando a todos igualmente perante a lei, porque é assim que Deus, a autoridade suprema do universo, nos trata. Ele de forma imparcial recompensa o bem e pune o mal. Ele não ignora os pecados de ninguém. Não aceita suborno (Dt 10.17).

A justiça exige que a injustiça seja punida. Se o mal permanece impune, a injustiça se multiplica. "Justiça significa exigir o pagamento apropriado por um crime", diz Koukl. "Se não há pagamento, não há justiça."[15] Costumamos dizer que os crimes dos transgressores têm de ser "creditados" a eles, o que nos traz à

---

[12]Tim Keller, "What is biblical justice?" *Relevant*, August 23, 2012, https://relevantmagazine.com/god/practical-faith/what-biblical-justice.
[13]http://www.ushistory.org/declaration/document/.
[14]Veja, por exemplo, Deuteronômio 6.4,5; Marcos 12.30,31.
[15]Koukl, p. 97.

mente conceitos contábeis como dívidas, pagamentos e balanços patrimoniais. A contabilidade correta requer que os livros estejam com as contas equilibradas. A justiça também. Uma imagem antiga (e ainda comum) que representa a justiça é a de uma mulher vendada com uma balança na mão. A venda nos olhos representa a imparcialidade perante a lei indispensável a uma decisão justa. A balança representa o equilíbrio exigido pela justiça. Os que cometem injustiça incorrem em *dívida* para com suas vítimas, por isso a balança fica em desequilíbrio. Essa dívida pode ser uma propriedade roubada, ou a liberdade, a inocência ou a reputação ou até mesmo a vida tirada de alguém. A justiça exige que a balança fique novamente equilibrada, a dívida tem de ser paga.

> **Justiça**: Conformidade com o padrão moral de Deus, em particular conforme revelado nos Dez Mandamentos e na regra áurea: "Amarás o teu próximo como a ti mesmo" (Tg 2.8). Há dois tipos de justiça. (1) *Justiça comunitária* significa viver num relacionamento correto com Deus e com os demais. É dar às pessoas o que lhes cabe como portadoras que são da imagem de Deus. (2) *Justiça distributiva* é julgar com imparcialidade, corrigindo os erros e distribuindo o castigo pela violação da lei. A justiça distributiva está reservada a Deus e às autoridades por ele ordenadas, entre elas os pais no lar, o pastor na igreja e as autoridades civis do estado.

As autoridades são responsáveis pela busca cuidadosa da verdade para a realização de um julgamento justo. As declarações de transgressão devem ser amparadas por evidências que as corroborem, e sua apresentação deve ser regida pela verdade. O depoimento das testemunhas deverá primar pela precisão.

O falso testemunho é uma injustiça grave, uma violação do nono mandamento: "Não darás falso testemunho contra o teu próximo" (Êx 20.16, ESV). Em outras palavras, *a justiça requer a verdade*. Nas palavras do apologista cristão Ravi Zacharias, "a justiça é criada da verdade, e, quando a verdade morre, a justiça é sepultada com ela".[16]

A INJUSTIÇA E A QUEDA

Se justiça significa tratar os outros em conformidade com o padrão moral perfeito de Deus, é preciso então que admitamos que a *injustiça* permeia nosso mundo decaído. Sim, temos uma consciência que nos guie no comportamento correto. No entanto, como criaturas caídas, temos também uma inclinação inata para violar a lei. Em nossa natureza caída, queremos ser *autônomos* — lei para nós mesmos. Dadas as circunstâncias corretas, descobrimos que é fácil demais ocultar a verdade, trapacear, roubar, caluniar, abusar, atacar ou coisa pior, tudo por motivos egoístas. Não bastasse isso, não precisamos de nenhum preparo especial para justificar o mau comportamento. Culpar os outros é uma coisa que fazemos com naturalidade. Não só em geral tratamos as pessoas de um jeito que não deveríamos tratar, como também, o que é mais importante, fazemos o mesmo com Deus. Ignoramos e rejeitamos aquele que nos criou e que nos sustenta, substituindo-o pelos ídolos do dinheiro, do sucesso, da aprovação, do sexo ou do conforto.

Devido à nossa natureza caída, ficamos indecisos diante da justiça. Clamamos por justiça quando nós, nossos amigos ou nossos queridos são maltratados, mas ela se torna inconveniente

---

[16]Ravi Zacharias, *Jesus among other gods* e *Deliver us from evil* (os dois em um só volume) (Nashville: Thomas Nelson, 2009), p. 84 [publicado por Vida Nova sob o título *Jesus entre outros deuses*].

para nós quando somos nós os que maltratamos. Inventamos desculpas para o nosso mau comportamento, ou o repelimos como coisa de pouca importância. Juramos inocência diante das provas. Certa vez, depois de visitar uma prisão, o evangelista D. L. Moody disse, em tom de brincadeira: "Olhe, nunca vi tanta gente inocente junta em toda a minha vida".[17]

Veja novamente o que dizem os Dez Mandamentos (e a ampliação que Jesus fez deles no Sermão do Monte).[18] Você tem certeza de que está à altura do padrão perfeito de justiça de Deus? Seguem-se algumas indagações propostas por Gregory Koukl para nossa reflexão:

- Você já colocou alguma coisa antes ou acima de Deus em sua vida?
- Você já desobedeceu ou desonrou seus pais?
- Você já enganou alguém ou distorceu de algum modo a verdade?
- Você já se apossou de alguma coisa que não era sua?
- Você já teve intimidades sexuais com alguém que, na época, não era seu cônjuge?
- Você já flertou com essa ideia?[19]

Simplesmente não há como negar. Somos todos culpados de injustiça pelo único padrão que realmente importa. Somos todos delinquentes. "O mal que há no mundo não está do lado de fora dele", diz Koukl. "Ele está em nós. Simplificando: somos culpados, e sabemos disso."[20]

---

[17]"Anecdotes and illustrations—Dwight L. Moody", Precept Austin, https://www.preceptaustin.org/anecdotes_and_illustrations-moody.
[18]Êxodo 20; Mateus 5—7, respectivamente.
[19]Koukl, p. 79.
[20]Koukl, p. 78.

Mas a coisa fica pior. Não procedemos errado com outras pessoas apenas. Procedemos errado com Deus. Nós *pecamos*. Pecar é violar a lei de Deus. Como Deus é o padrão por excelência da bondade, em última análise ele é a parte ofendida. "Pequei contra ti, e contra ti somente, e fiz o que é mau diante dos teus olhos; por isso tua sentença é justa, e teu julgamento é puro", disse o rei Davi em Salmos 51.4. Davi foi culpado do mais vil dos males: usou seu poder para adulterar com Bate-Seba e tentou encobrir o que fizera mandando matar Urias, marido dela. Davi, porém, reconheceu no final que havia pecado contra Deus ao escarnecer de seu padrão eterno de justiça. É possível que suas transgressões não sejam tão graves quanto as de Davi, mas isso não tira sua responsabilidade.

Não há justo, nem um sequer [...] porque todos pecaram e estão destituídos da glória de Deus (Rm 3.10,23).

Deus não é indiferente à injustiça. Ele a abomina. "Pois a ira de Deus se revela do céu contra toda impiedade e injustiça dos homens" (Rm 1.18). Hoje, os cristãos não se sentem à vontade para falar sobre a ira de Deus. Preferimos nos deter em seu amor, sua misericórdia e perdão. Essas qualidades são todas maravilhosamente verdadeiras, mas, se optamos por não tratar do ódio que Deus tem pela injustiça, nossa imagem dele fica incompleta, e até mesmo falsa. Por causa de sua bondade moral, Deus não pode tolerar a injustiça. Você gostaria de que ele tolerasse? Ele não seria bom se fizesse pouco do mal. Pelo contrário, seria cúmplice dele, o que não corresponde *em tempo algum* à verdade divina. Sua natureza santa, fonte de toda justiça, impede que seja assim.

A compaixão divina desperta em Deus o ódio pela injustiça. Ele olha com bondade suas vítimas, vê suas lágrimas e as guarda num odre (Sl 56.8).

Porque ele livra o necessitado que clama, e também o aflito e o que não tem quem o ajude. Ele se compadece do pobre e do necessitado; salva a vida dos que estão em necessidade. Ele os liberta da opressão e da violência; a vida deles é preciosa aos seus olhos (Sl 72.12-14).

Deus se levanta em sua ira contra os que oprimem os fracos, os marginalizados e os pobres. Todo opressor será responsabilizado. Deus está totalmente empenhado em lidar com o mal e com a injustiça. Nenhuma injustiça será negligenciada, nem a sua, nem a minha ou a de quem quer que seja. Todo ato fora da lei será contabilizado. A Bíblia, de Gênesis 3 até Apocalipse, conta o drama arrebatador do plano histórico divino de restaurar a justiça num mundo decaído e repleto de injustiça e de mal. Deus provê um meio de escapar ao castigo e à ira de que nossa rebelião nos tornou merecedores, que é um modo de manifestar a glória divina em seu radiante esplendor.

O GRANDE DILEMA

A justiça divina está vinculada, a exemplo de todos os seus atributos, à sua bondade ou retidão. Contudo, sua bondade se revela também em outras qualidades, como em seu amor e misericórdia. Essas qualidades se fundem numa das passagens mais importantes da Escritura, Êxodo 34.6,7, quando Deus aparece a Moisés no monte Sinai e proclama seu nome.

Tendo o Senhor passado diante de Moisés, proclamou: Senhor, Senhor, Deus misericordioso e compassivo, tardio em irar-se e cheio de bondade e de fidelidade; que usa de bondade com milhares; que perdoa a maldade, a transgressão e o pecado; que de maneira alguma considera inocente quem é culpado; que castiga o pecado dos pais nos filhos e nos filhos dos filhos, até a terceira e quarta geração.

Observe como o amor, a misericórdia e a justiça são fundamentais para o caráter de Deus. Ele é "misericordioso, compassivo, cheio de bondade e de fidelidade". E, contudo, ele "de maneira alguma considera inocente quem é culpado". Isto constitui um aparente dilema, porque a misericórdia é o ato de reter o castigo justamente merecido.

E se Deus fosse justo, mas não fosse misericordioso? Ainda assim ele seria bom? Não. Ele seria parecido com o infame inspetor Javert, de *Les misérables*, de Victor Hugo, um homem impiedoso empenhado em fazer justiça, mas sem um pingo sequer de misericórdia. E se ele fosse misericordioso, mas não fosse justo? Se Deus ignorasse o mal, também não seria bom. Seria um Deus culpado pela proliferação do mal. Deus é misericordioso *e* justo, e nós, que buscamos justiça, mas que precisamos de misericórdia, deveríamos ficar contentes com isso. Nas maravilhosas palavras de Salmos 85.10: "O amor e a fidelidade se encontraram; a justiça e a paz se beijaram". Que modelo apresenta essa grande justaposição na vida real?

Vamos encontrá-lo no ápice da história extraordinária da redenção divina: a vida, a morte e a ressurreição de Jesus Cristo. Deus encarnado, em ato de puro amor, tomou sobre si o castigo que merecíamos por nossas transgressões, a fim de demonstrar para conosco uma misericórdia da qual jamais poderíamos ser dignos. Os autores do Novo Testamento expressaram sua admiração por isso inúmeras vezes:

> Não há diferença entre judeu e gentio, porque todos pecaram e carecem da glória de Deus, sendo justificados gratuitamente

JUSTIÇA BÍBLICA 51

por sua graça, por meio da redenção que há em Cristo Jesus. Deus ofereceu a Cristo como um sacrifício de expiação, pelo derramamento do seu sangue, por meio da fé. Ele fez isso para demonstrar sua justiça [...] *para ele ser justo e aquele que justifica os que têm fé em Jesus* (Rm 3.22-26, NIV).

Daquele que não tinha pecado Deus fez um sacrifício pelo pecado em nosso favor, para que nele fôssemos feitos justiça de Deus (2Co 5.21).

Porque também Cristo morreu uma única vez pelos pecados, o justo pelos injustos, para levar-nos a Deus (1Pe 3.18).

Talvez a imagem mais clara dessa grande operação tenha sido registrada pelo profeta Isaías cerca de setecentos anos antes do nascimento de Jesus:

> Verdadeiramente ele tomou sobre si as nossas enfermidades
>   e levou sobre si as nossas dores;
> e nós o consideramos aflito, ferido por Deus
>   e oprimido.
> Mas ele foi ferido por causa das nossas transgressões
>   e esmagado por causa das nossas maldades;
> o castigo que nos traz a paz estava sobre ele,
>   e por seus ferimentos fomos sarados.
> Todos nós andávamos desgarrados como ovelhas,
>   cada um se desviava pelo seu caminho;
> mas o Senhor fez cair a maldade
>   de todos nós sobre ele (Is 53.4-6).

Essa é a boa-nova no âmago da história da redenção bíblica. A misericórdia e a justiça de Deus se encontram na cruz. Essa dádiva indescritível do perdão em Jesus Cristo está disponível para todos, não importa a dimensão dos nossos pecados. É trágico que muitos rejeitem essa dádiva. Alguns rejeitarão Jesus, recusando-se a crer que ele era quem disse ser. Outros rejeitarão a Deus como se fosse um conto de fadas supersticioso, negando a existência de uma lei moral objetiva e transcendente. Outros ainda vão preferir "conquistar" sua salvação, achando que suas boas ações alcançarão o mérito do favor divino. Contudo, não é assim que funciona. Todo pensamento, palavra ou ato que viola o padrão moral perfeito de Deus incorre em dívida, e essa dívida tem de ser paga. Se rejeitarmos o pagamento que Cristo fez em nosso favor, teremos de pagá-la por conta própria. De uma forma ou de outra, o preço tem de ser pago, porque, no fim, a justiça perfeita prevalecerá.

JUSTIÇA E MISERICÓRDIA À SOMBRA DA CRUZ

A cruz é a solução decisiva de Deus para lidar com o mal e com a injustiça neste mundo. O Calvário permitiu que esse objetivo fosse alcançado, mas que só se realizará plenamente quando Jesus voltar. Deus demora, por enquanto, em realizar o julgamento final, sabendo bem que o mal e a injustiça persistirão. Ele o retarda, não porque seja impotente diante do mal, nem porque lhe falte compaixão pelas vítimas do mal. Ele o retarda por amor à misericórdia, porque Deus é "paciente [...] e não quer que ninguém pereça, mas que todos venham a se arrepender" (2Pe 3.9).

Sua paciência, porém, não durará para sempre. Quando Jesus voltar, ele será o Juiz. Nesse dia se fará justiça perfeita. O mal será punido, as feridas serão saradas, as lágrimas serão enxutas e o mundo se endireitará novamente.[21]

---

[21] Parafraseado de Koukl, p. 154.

JUSTIÇA BÍBLICA 53

Vi também um grande trono branco e o que estava assentado sobre ele; a terra e o céu fugiram de sua presença, e não foi achado lugar para eles. Vi os mortos, grandes e pequenos, em pé diante do trono, e abriram-se alguns livros. Então, abriu-se outro livro, o livro da vida, e os mortos foram julgados pelas coisas que estavam escritas nos livros [...] E eles foram julgados, cada um segundo as suas obras. [...] E todo aquele que não se achou inscrito no livro da vida foi jogado no lago de fogo (Ap 20.11-15).

Todos se apresentarão diante do trono do juízo, e os livros serão abertos. Em um deles haverá o registro de tudo o que fizemos. Todos os nossos pensamentos e ações serão julgados tendo como pano de fundo o padrão moral perfeito de Deus. Nada ficará oculto. Não haverá para onde escapar.

Felizmente, porém, existe outro livro — o Livro da Vida. Ele também contém um registro. Nele estão os nomes dos que, embora culpados, alcançaram misericórdia simplesmente por que pediram por ela. Como? O castigo por sua transgressão foi pago na cruz. Nesse julgamento no último dia, não importará se você é homem ou mulher, negro ou branco, rico ou pobre. O único fosso que importará será o que se acha entre os "pobres de espírito" que suplicam por misericórdia e os orgulhosos que não o fazem.

Tão certo quanto o sol se levanta, esse dia virá. Mas até então a igreja terá trabalho pela frente. Faremos com que o mundo saiba que a misericórdia e o perdão estão disponíveis por meio da obra concluída de Cristo. Daremos ao nosso próximo um aperitivo do reino vindouro introduzindo a justiça em nossos relacionamentos e combatendo a injustiça onde quer que ela se manifeste. Analisaremos a obra desse reino no próximo capítulo.

CAPÍTULO 3

JUSTIÇA ANTES DO JUÍZO

Quando a ginasta Rachael Denhollander, ainda adolescente, participava da equipe olímpica dos Estados Unidos, ela foi vítima de repetidos abusos sexuais pelo médico da equipe, o doutor Larry Nassar, que abusou seguidas vezes de mais de 260 jovens atletas do sexo feminino. Em 2016, Denhollander registrou queixa na polícia, o que resultou na condenação de Nassar a uma pena de 40 a 175 anos. Durante o julgamento, o juiz deu a Denhollander permissão para falar diretamente com Nassar. Seu testemunho revelou uma sabedoria profunda sobre justiça e misericórdia à sombra da cruz. Essa destemida esposa, mãe e advogada cristã falou sobre o mal terrível praticado por Nassar: "Você se tornou um homem governado por desejos egoístas e pervertidos [...] Preferiu seguir sua impiedade sem se importar com o custo que teria para os outros". Ela lembrou a Nassar que, além do julgamento terreno, ele enfrentaria também um julgamento celestial futuro em que "a ira divina e o terror eterno de Deus serão despejados sobre homens como você".[1]

---

[1] Citado em: Murray Campbell, "Rachael Denhollander and her extraordinary speech", The Gospel Coalition, January 25, 2018, https://au.thegospelcoalition.org/article/rachael-denhollander-extraordinary-speech/. As demais citações de Denhollander no texto que se segue também foram extraídas deste artigo.

Não se trata, porém, apenas de justiça. Há também misericórdia, e foi sobre isso que Denhollander falou em seguida: "Se algum dia você chegar de fato a pensar no que fez, o sentimento de culpa será esmagador. Mas é isso que torna o evangelho de Cristo tão doce: ele estende a graça, a esperança e a misericórdia a situações nas quais não se espera nada disso e, no entanto, o evangelho aí está à sua espera".

Em seguida, Denhollander fez uma coisa miraculosa. Ela ofereceu a Nassar seu perdão. "Oro para que você experimente o peso esmagador da culpa em sua alma, para que um dia você possa experimentar o verdadeiro arrependimento e, com isso, o verdadeiro perdão de Deus, do qual você precisa mais do que o meu, embora eu o estenda a você também".

Ao perpetrar essa injustiça terrível, Nassar contraiu uma dívida com Denhollander e com suas outras vítimas. Ele também contraiu uma dívida com Deus por quebrar seu padrão moral eterno. Para que haja justiça, é preciso que a dívida seja paga. Fez-se justiça parcialmente no tribunal terreno de Michigan em 24 de janeiro de 2018, mas haverá justiça perfeita se um Nassar perdoado for levado à sala do trono celestial divino e seus pecados forem perdoados pelo sacrifício perfeito de Cristo.

Contudo, se Nassar endurecer o coração e morrer sem Cristo, terá de enfrentar a ira divina. Nas palavras do apóstolo Paulo: "Mas, segundo tua teimosia e teu coração que não se arrepende, acumulas ira sobre ti no dia da ira e da revelação do justo julgamento de Deus" (Rm 2.5). Contudo, como felizmente nos lembra Denhollander, se Nassar, tomado de remorso, se arrepender, parafraseando Colossenses 2.14, podemos dizer que Deus "cancelará a acusação que sua dívida legal lhe impõe, que consta contra ele e o condena, *removendo-a e cravando-a na cruz*". Nassar não merecerá isso, de forma alguma. Trata-se de um presente. *É maravilhosa graça.*

JUSTIÇA ANTES DO JUÍZO

Por causa da cruz, Denhollander perdoou Nassar. É impossível, humanamente falando, perdoar alguém que lhe infligiu tamanho trauma. Com Deus, porém, todas as coisas são possíveis (Mt 19.26). Denhollander é capaz de perdoar porque sabe que foi perdoada e também é indigna da misericórdia divina. Ela perdoa sabendo que haverá um acerto de contas no futuro, por isso deixa a dispensação da justiça nas mãos capazes de Deus. Conforme exorta o apóstolo Paulo em Romanos 12.19: "Amados, não vos vingueis a vós mesmos, mas dai lugar à ira de Deus, pois está escrito: "A vingança é minha; eu retribuirei, diz o Senhor". Não nos cabe extirpar todo mal do mundo. Pelo contrário, somos chamados a amar nosso próximo e também nossos inimigos, sabendo que Deus lidará de uma vez por todas com o mal quando ele voltar.

Com que se parece esse tipo de amor? Romanos 12.20,21 nos dá algumas pistas interessantes.

Se o teu inimigo tiver fome, dá-lhe de comer; se tiver sede, dá-lhe de beber; porque, se fizeres isso, amontoarás brasas sobre a cabeça dele. Não te deixes vencer pelo mal, mas vence o mal com o bem.

Para o pastor John Piper, isso significa que não devemos permitir que a hostilidade do inimigo produza hostilidade em nós. Piper afirma: "Não se deixe vencer pelo mal *dele*. Não permita que o mal de outra pessoa o torne mau".[2] Por causa da cruz, Denhollander está vencendo o mal com o bem diante de um homem que a feriu e que feriu muitas outras.

---

[2] John Piper, "Christ overcame evil with good—do the same", Desiring God, March 20, 2005, https://www.desiringgod.org/messages/christ-overcame-evil-with-good-do-the-same.

Num mundo repleto de injustiças, grandes e pequenas, a cruz de Cristo nos incentiva a vencer o mal com o bem enquanto aguardamos a justiça perfeita de Deus no juízo final, quando todas as balanças ficarão em perfeito equilíbrio. Nesse ínterim, somos chamados a trabalhar pela justiça e pela misericórdia em nossa vida cotidiana e no mundo.

UMA CULTURA ERIGIDA SOBRE A JUSTIÇA E A MISERICÓRDIA

"A justiça, meu caro, é o principal interesse das pessoas no mundo", disse Daniel Webster. "Ela é o ligamento que mantém os seres e as nações civilizadas coesos".[3] Webster tinha razão. Sem justiça, a prosperidade humana é impossível.

Aqueles dentre nós que crescemos em culturas profundamente marcadas por uma cosmovisão judaico-cristã com frequência deixamos de valorizar o legado incomparável de nossas sociedades relativamente justas. Para nós é muito natural que os seres humanos tenham direitos inalienáveis e mereçam respeito e que aqueles acusados de fazer o mal sejam submetidos ao devido processo legal. Esquecemos que, durante boa parte da história, as sociedades relativamente justas são a exceção, e não a regra.

Antes do retorno de Cristo, não haverá nenhuma sociedade justa, mas haverá algumas mais justas do que outras. Quais são as características que distinguem essas sociedades?

---

[3] Veja "It is the ligament", LawMuseum, http://www.duhaime.org/LawMuseum/LawArticle-558/It-Is-The-Ligament.aspx.

Reconhecimento de que há um legislador transcendente

As sociedades justas reconhecem uma lei moral superior a elas mesmas e um legislador supremo a quem até mesmo os mais poderosos têm de prestar contas. Os fundadores dos Estados Unidos admitiram as duas coisas na primeira frase da Declaração de Independência:

> Quando, no Curso dos acontecimentos humanos, se torna necessário a um povo dissolver os laços políticos que o ligavam a outro e assumir, entre os poderes da Terra, posição igual e separada, a que lhe dão direito as *Leis da Natureza e as do Deus da Natureza*, o respeito digno para com as opiniões dos homens exige que se declarem as causas que os levam a essa separação (grifo do autor).

Isso foi intencional. A menos que a justiça esteja erigida sobre uma base de justiça transcendente e objetiva, ela estará necessariamente erigida sobre a moralidade criada pelo homem, imposta por quem esteja no poder.

Respeito pelo estado de direito

As sociedades justas são erigidas sobre o estado de direito, em que a lei se aplica igualmente a todos. Segundo o estado de direito, os que criam leis e administram a justiça estão sob a lei e devem aderir a ela. Não são livres para mudá-la ou adaptá-la para que produza um resultado da sua preferência que favoreça seus interesses ou prejudique seus adversários. As sociedades injustas, diferentemente disso, são governadas pelo estado de domínio do homem, que não reconhece nenhuma lei transcendente.

Dignidade humana e direitos humanos concedidos por Deus

As sociedades justas são erigidas sobre a verdade de que o ser humano é portador da imagem de Deus e, como tal, tem igual dignidade, valor incalculável e direitos que não podem ser tirados dele. "Todos os homens são criados iguais, [e] (...) dotados pelo Criador de certos Direitos inalienáveis." As sociedades justas concordam com C. S. Lewis, que disse: "Não há pessoas comuns. Ninguém nunca conversou com um mero mortal [...] Juntamente com o Sagrado Sacramento, nosso próximo é o objeto mais santo apresentado aos nossos sentidos".[4]

Sarah Irving-Stonebraker foi criada na Austrália num meio secularista bem-intencionado. Ela jamais havia analisado as implicações de sua cosmovisão. Isso começou a mudar depois que ela assistiu a três preleções na Universidade de Oxford proferidas pelo filósofo ateu Peter Singer. Ela se deu conta de que o ateísmo não proporcionava razão alguma para o valor e a igualdade humanas.

> Lembro-me de sair das preleções de Singer com uma estranha vertigem intelectual. Cria piamente que o valor humano universal era mais do que um mero conceito bem intencionado do liberalismo. No entanto, sabia, com base em minha pesquisa sobre a história dos impérios europeus e seus encontros com as culturas nativas, que as sociedades sempre tiveram conceitos diferentes do valor humano, ou mesmo manifestaram a falta dele. A premissa da igualdade humana não é uma verdade evidente por si mesma: ela é em grande medida historicamente contingente. Comecei a perceber que as implicações do meu

---

[4]C. S. Lewis, *The weight of glory* (San Francisco: HarperOne, 2001), p. 45,6 [publicado por Editora Vida sob o título *O peso de glória*].

ateísmo eram incompatíveis com quase todos os valores que eu tanto prezava.[5]

Irving-Stonebraker se deu conta de que o ateísmo não tem base alguma para a dignidade humana, e sem dignidade e igualdade humanas, não há justiça. É por isso que as sociedades justas preservam uma visão elevada de toda a vida humana. As sociedades justas sustentam a dignidade inerente a todas as pessoas a despeito de seu sexo, cor de pele, comportamento sexual, etnicidade ou religião, da concepção à morte natural. As sociedades injustas decorrem da desumanização de certos grupos. No início, para muita gente nos Estados Unidos, os escravos eram menos do que plenamente humanos. O mesmo se pensa dos nascituros atualmente. Como o racismo e o antissemitismo persistem, a mesma ideia se aplica também aos afro-americanos e aos judeus.

A justiça social ideológica se baseia na crença de que o mal e a injustiça são produto de grupos dominantes que criam sistemas e estruturas que marginalizam os demais e promovem seus próprios interesses. Ironicamente, essa crença pode ser usada para marginalizar e desumanizar pessoas que se acham num grupo cultural dominante, constituído, por exemplo, de homens, brancos e heterossexuais. Veja-se o caso da contratação pelo *New York Times* de Sarah Jeong, apesar de seu histórico de tuítes racistas e contrários aos brancos.[6] Quando o ser

---
[5] Sarah Irving-Stonebraker, "How Oxford and Peter Singer drove me from atheism to Jesus", Solas, May 6, 2019, https://www.solas-cpc.org/how-oxford-and-peter-singer-drove-me-from-atheism-to-jesus/?fbclid=IwAR1TaXvR4LLGyMJlXhGiYNPMGJk_KasEYaVY4by7H-4lZ9APM_kmqfiTsjo.
[6] Brian Flood, "*New York Times* stands by new tech writer Sarah Jeong after racist tweets surface", Fox News, August 2, 2018, https://www.foxnews.com/entertainment/new-york-times-stands-bynew-tech-writer-sarah-jeong-after--racist-tweets-surface.

humano é tratado como menos do que humano, o resultado é um mal indescritível.

Barrando a corrupção

Uma das piores pragas em qualquer nação é a corrupção — o abuso de poder com vistas ao favorecimento pessoal (geralmente financeiro). O Índice de Percepção de Corrupção da Transparência Internacional[7] revela que, com raras exceções, os países com os menores níveis de corrupção nasceram de uma estrutura judaico-cristã. Os que não tiveram essa vantagem tendem a ter níveis mais elevados de corrupção no setor público, de acordo com especialistas e pessoas ligadas a empresas.

A razão é evidente. As sociedades são construídas à imagem de Deus, ou deuses, que elas adoram coletivamente. Se os deuses são ciumentos, caprichosos e imprevisíveis — se podem ser subornados para que dispensem tratamento especial —, a cultura apresentará níveis elevados de suborno e corrupção. Contudo, se a cultura for marcada e formada pela adoração do Deus verdadeiro e vivo que "ama a justiça e odeia o pecado" (Sl 45.7, NIV) e "não é parcial, não aceita subornos" (Dt 10.17, ESV), a corrupção diminuirá drasticamente.

Um pastor do Quênia que conversava com meu colega Darrow Miller teve um momento de epifania nesse sentido quando lhe perguntou:

— Então, você está me dizendo que subornar é um ato de adoração?

— Sim — respondeu Darrow —, mas não ao Deus vivo. Se você suborna alguém, terá de confessar que não está adorando o Deus verdadeiro, e sim um deus pagão.

Então aquele pastor teve um insight:

---

[7]https://www.transparency.org/research/cpi/overview.

— Isso quer dizer que fazer justiça é um ato de adoração ao Deus vivo.
— Sim — respondeu Darrow. — É isso mesmo.

A constituição do devido processo

O devido processo é chamado de *devido* porque descreve o tipo de tratamento respeitoso que o acusado deve ter como portador que é da imagem de Deus. O devido processo implica certos elementos definíveis que são aplicados imparcialmente. São os seguintes, entre outros: (1) o direito a um julgamento em tempo hábil por um juiz e um júri imparciais; (2) a presunção de inocência até prova em contrário, conforme o testemunho de várias testemunhas, além da apresentação de evidências comprobatórias; (3) o direito do acusado de ser informado das acusações contra ele; (4) o direito do acusado de confrontar seus acusadores e de interrogar testemunhas de lados opostos; (5) o direito do acusado de ser representado por assessoria jurídica; e (6) o direito do acusado de se defender e, inclusive, de convocar testemunhas.[8]

O devido processo legal é outro fruto da civilização judaico-cristã. Suas raízes bíblicas remontam a passagens como Deuteronômio 19.15, em que se lê: "Uma testemunha não poderá se levantar sozinha contra alguém por alguma maldade ou algum pecado, qualquer que seja o pecado cometido. O fato se estabelecerá pela palavra de duas ou três testemunhas". De igual modo, o Novo Testamento descreve Deus como alguém que "julga segundo as obras de cada um, sem discriminação de pessoas" (1Pe 1.17). Portanto, os juízes deste mundo devem ser justos e imparciais, porque sua autoridade para julgar vem de

---

[8]Para mais informações sobre esse tópico, veja "The elements of due process", Legal Information Institute, https://www.law.cornell.edu/constitution--conan/amendment-14/section-1/the-elements-of-due-process.

Deus (Rm 13.1). Esses princípios foram transmitidos de geração para geração e foram codificados na Carta Magna e na Constituição americana. As sociedades justas valorizam, protegem e preservam o devido processo.

Confiando o julgamento final a Deus

As sociedades justas sabem que nem tudo o que está errado será corrigido na primeira vinda de Cristo. Elas se lembram de que a justiça final será dispensada de modo total e perfeito pelo Filho de Deus, Jesus Cristo (Jo 5.22), e que haverá um dia de prestação de contas final. Conforme disse Paulo do alto do Areópago aos filósofos pagãos da Roma antiga:

> Deus não levou em conta os tempos da ignorância, mas agora ordena que todos os homens, em todos os lugares, se arrependam, pois determinou um dia em que julgará o mundo com justiça, por meio do homem que estabeleceu com esse propósito. E ele garantiu isso a todos ao ressuscitá-lo dentre os mortos" (At 17.30,31).

Como esse julgamento futuro não se dará forçosamente no presente, o cristão tem espaço para estender a graça e a misericórdia em face do mal do mundo no momento em que, sempre que possível, procura reparar a injustiça. Embora a história da igreja esteja, tragicamente, permeada de episódios terríveis de inquisição por homens que, tolamente, quiseram tomar nas próprias mãos o juízo divino, a trajetória da fé judaico-cristã produziu sobretudo civilizações que preservam os princípios de justiça e são capazes de criticar, e com frequência de maneira correta, as violações dessa justiça.

Não é o caso daqueles que negam Deus e o juízo final, que repudiam a religião como o "ópio do povo". Como não creem no

JUSTIÇA ANTES DO JUÍZO

Juiz absoluto que fará a separação entre ovelhas e bodes, incumbem-se a si mesmos de distribuir a justiça perfeita. Creem que todo ressentimento moral deva ser imediatamente reparado até que tenhamos uma sociedade perfeita. As dezenas de milhões de pessoas que morreram de fome, que foram executadas, presas e abortadas no comunismo testificam da dura realidade desse tipo de juízo humano. Tais visões utópicas não têm base alguma para a graça ou para a misericórdia.

Apesar de ser bastante conhecido o registro de horrores produzidos por esse tipo de mentalidade ateia, assistimos ao seu retorno sob a forma de uma "justiça" redefinida que atende pelo nome de "justiça social". Conforme veremos, ela não é justa de modo algum.

CAPÍTULO 4

JUSTIÇA REDEFINIDA

Um Criador santo e justo teceu profundamente no cosmo a justiça, e nossos corações sabem disso. Quando há uma tragédia aparentemente sem sentido, o cristão naturalmente indagará: "Por quê?" [...] e até mesmo os ateus se revoltarão contra Deus.

Mesmo que neguemos a existência de Deus, não podemos viver como se a justiça não existisse. Não podemos aceitar um universo que seja insensível ao mal ou que seja indiferente a ele. Pelo contrário, se negarmos a Deus, criaremos um código de moralidade próprio, isto é, nossos próprios padrões de justiça. Se abandonarmos o fio de prumo transcendente que distingue o bem do mal, só nos restará aceitar o padrão criado pelo homem. É claro que um padrão desse tipo estará sempre sujeito a mudanças, será arbitrário e sujeito aos caprichos dos que detêm o poder.

> **Justiça Redefinida:** Caracteriza-se pelo esfacelamento das estruturas e sistemas tradicionais considerados opressores e pela redistribuição de poder e de recursos dos opressores às vítimas em busca de igualdade de renda.

Hoje, uma ideologia (e o movimento que a acompanha) descrita por seus adeptos como "justiça social" redefiniu de forma radical o que se entende comumente por justiça. Em contraste com a antiga compreensão que se tinha da justiça com base na revelação judaico-cristã, essa nova ideologia se caracteriza:

- pela obsessão com o poder, a opressão e a vitimização — para ela, o mundo está dividido entre opressores maus e vítimas inocentes, numa disputa pelo poder de soma zero; não existe coisa alguma fora dessas categorias;
- pelo uso de táticas que lembram a Revolução Cultural de Mao e uma metodologia segundo a qual "os fins justificam os meios";
- pela fixação na classe, raça, gênero e orientação sexual como características definidoras da identidade pessoal; os indivíduos são "representantes indefinidos de sua classe taxonômica";[1]
- pela hostilidade à religião judaico-cristã, particularmente por suas crenças a respeito da família e da sexualidade;
- pela antipatia em relação à família natural e, especificamente, pela autoridade dos pais sobre os filhos e pela autoridade do marido no lar;
- pela fixação na redistribuição de riqueza e de poder por um estado cada vez maior.

Essa ideologia altamente influente é demasiado séria. Trata-se sobretudo de uma espécie de ácido cultural que corrói os pilares centrais de uma sociedade livre, justa e aberta. É por nossa própria conta e risco que a ignoramos.

---

[1] Noah Rothman, citado em: Graham Hillard, "The social-justice movement's unjust crusade", *National Review*, March 25, 2019, https://www.nationalreview.com/magazine/2019/03/25/the-social-justice-movements--unjust-crusade/.

MUDANDO AS COSMOVISÕES

Para compreender de que maneira a ideologia de justiça social sobrepujou o que a Bíblia entende por justiça, precisamos primeiramente analisar duas mudanças de cosmovisão extremamente importantes no Ocidente que começaram no início do século 18. No âmago de qualquer cultura há um "culto", um sistema de fé no qual se acredita piamente. Uma cosmovisão requer a substituição de um "culto", de uma moralidade e de um sistema de justiça por outro.

A primeira mudança ocorreu durante o Iluminismo, quando a cosmovisão que chamarei de pré-modernismo foi substituída pelo modernismo. Os sistemas de fé pré-modernos reconhecem uma realidade espiritual que transcende o universo. Embora sejam sistemas extremamente complexos e sofisticados que deram origem a civilizações duradouras, as grandes religiões monoteístas, o judaísmo, o cristianismo e o islamismo, são todas pré-modernas. A autoridade final está entregue a Deus e à sua vontade revelada. O modernismo, porém, dispensou Deus e o reino espiritual, definindo a realidade exclusivamente em termos materiais. Para o homem, moderno, a ciência é o árbitro final da verdade.

Assim, a partir de meados dos anos 1900, o modernismo começou a dar espaço ao pós-modernismo, que, por sua vez, tem como fundamento da realidade não Deus, nem o universo material, mas o próprio homem, o indivíduo soberano e autônomo. A "verdade" agora é interna, pessoal e subjetiva, um produto da imaginação humana. Enquanto o modernismo nos deixou com um mundo sem propósito, em que há matéria e movimento, o profeta pós-modernista Friedrich Nietzsche introduziu o *Übermensch*, o super-homem, que imporia corajosamente sua vontade sobre a realidade.

Três mudanças significativas nas cosmovisões ocidentais[2]

Cosmovisão	Datas	Realidade	Autoridade suprema
Pré-moderna	Antes do século 17	Espiritual e material	Deus e sua Palavra (p. ex., os Dez Mandamentos)
Moderna	Séculos 18 a 20	Material apenas	Ciência
Pós-moderna	Século 20 até os dias de hoje	A mente humana	O eu autônomo e soberano

Para o pós-modernismo, o ser humano é um agente autônomo e autodeterminado. O termo "autônomo" deriva de duas palavras gregas, *autos*, que significa "a própria pessoa", e *nomos*, que significa "lei". Ser autônomo significa ser lei para si mesmo. Foi-se toda ideia de lei transcendente, objetiva e moral, ou mesmo de leis naturais da modernidade. A realidade agora é subjetiva, produto da mente humana.

Como o pós-modernismo vê toda a realidade como algo subjetivo, não temos mais uma base para os direitos humanos. A vida e a liberdade foram substituídas por um direito humano amplo: "O direito de definir o conceito que o indivíduo tem da existência, do sentido, do universo e do mistério da vida humana", conforme definição celebrizada por Anthony Kennedy, ministro da Suprema Corte.[3] O homem pós-moderno é a fonte e o definidor da realidade.

---

[2]Devo estes insights a Everett Piper, ex-reitor da Oklahoma Wesleyan University.
[3]*Planned Parenthood v. Casey*, United States Supreme Court, 505 US 833; 112 S.Ct. 2791; 120 L.Ed. 2d. 674 (1992), https://web.utk.edu/~scheb/decisions/Casey.htm.

CAOS SOCIAL

Há, porém, um problema óbvio. Se todos forem lei para si mesmos, com base em que se ordenará a sociedade? Quem tem a autoridade final quando somos todos pequenos deuses para nós mesmos? A fundamentação da realidade no indivíduo autônomo e soberano, conforme o faz o pós-modernismo, revela-se impraticável. Seu desfecho é o caos social, quando toda ideia (exceto o teísmo judaico-cristão) tem um lugar de honra no espaço público, quando as pessoas não têm mais certeza do seu sexo, quando o ódio cruel está fartamente exposto nas mídias sociais, nas ruas e na política, quando a norma consiste em diferenças irreconciliáveis.

Durante milênios, a cosmovisão judaico-cristã deu ao Ocidente uma narrativa ampla, uma estrutura e uma base para a justiça, além de fundamento suficiente para a dignidade humana. Hoje, tudo isso foi posto de lado, à medida que se abandonou aquilo que antes instaurava ordem na sociedade e sentido e propósito para o indivíduo. O vácuo da visão de mundo não se estendeu por muito tempo, é claro. O teórico social alemão Karl Marx (1818-1883) criou uma nova narrativa, *uma nova cosmovisão* — na verdade, uma nova religião — para substituir a cosmovisão judaico-cristã como o novo "culto" do Ocidente.

A religião de Marx se baseia em pressupostos modernos e ateus, mas é, não obstante, compatível com as categorias de pensamento pós-modernas, permitindo que essas duas visões de mundo coexistam muito bem no Ocidente pós-cristão moderno. Tanto o pós-modernismo quanto o marxismo remontam ao romantismo e ao idealismo europeu, a filósofos como Kant, Hegel e Nietzsche. Não é de surpreender que os teóricos pós-modernos mais influentes, Michel Foucault (1926-1984) e Jacques Derrida (1930-2004), tenham sido grandemente influenciados pelo marxismo, sendo que Foucault pertenceu durante algum tempo ao Partido Comunista Francês.[4] Ao longo do século 20, a metanarrativa religiosa de Marx foi posta à prova no Ocidente, primeiramente na Rússia, com Lênin e Stálin, depois na China, com Mao, e, mais tarde, na Coreia do Norte, no Vietnã, no Camboja e em Cuba. Essas experiências sociais extraordinárias resultaram em desastres absolutos, produzindo estados-prisões, gulags e genocidas que mataram centenas de milhões.

E, a despeito desse histórico infeliz, o marxismo continua conosco. Ainda que de outra forma, a teoria fatal de Marx se tornou, por incrível que pareça, a cosmovisão mais influente do Ocidente. À medida que os estados comunistas começaram a ruir, em meados do século 20, uma nova geração de teóricos marxistas surgiu na Europa para socorrer o movimento. Foram eles, entre outros, Antonio Gramsci (1891-1937), Herbert Marcuse (1898-1979) e Max Horkheimer (1895-1973). Sua rede informal ficou conhecida como Escola de Frankfurt,[5] e o novo impulso que deram ao marxismo (chamado às vezes de "neomarxismo" ou "marxismo cultural") foi gestado em universidades dos Estados Unidos e da Europa sob o rótulo genérico de "teoria social crítica".

A cosmovisão marxista se baseia na ideia de que o mundo pode ser dividido em duas categorias básicas: opressores malignos

---

[4]Para uma análise em profundidade dessa importante história, recomendo, de Nancy Pearcey, *Finding truth: 5 principles for unmasking atheism, secularism, and other God substitutes* (Colorado Springs: David C. Cook, 2015) [publicado por Cultura Cristã sob o título *A busca da verdade*]. Veja também Peggy Kamuf, "When Derrida discovered Marx", Salon, April 28, 2013, https://www.salon.com/2013/04/28/grappling_with_specters_of_marx_partner/.

[5]Para mais sobre o tema, veja Nicki Lisa Cole, PhD, "The Frankfurt School of critical theory: an overview of people and theory", ThoughtCo., January 11, 2019, https://www.thoughtco.com/frankfurt-school-3026079.

e vítimas inocentes. Os opressores exercem seus poderes e sua dominação (sua "hegemonia", segundo Gramsci) por meio do estabelecimento e da manutenção de uma rede de instituições sociais, estruturas e sistemas, com frequência furtivos, que fazem com que eles sejam favorecidos (ou, em linguagem comum, "privilegiados") de diversas maneiras. Marx restringiu sua atenção às estruturas e aos sistemas que resultaram em *desigualdade econômica* entre as *classes*.

Marxismo 1.0

Bem	Mal	
Vítimas oprimidas (moralmente inocentes)	Sistemas e estruturas opressivos	Opressores (moralmente culpados)
Classe trabalhadora (proletariado)	Capitalismo	Donos de propriedades e capitalistas (burguesia)

Os teóricos sociais da Escola de Frankfurt expandiram a estrutura econômica e baseada em classes de Marx para que fossem incluídas nela as desigualdades entre outros grupos, entre eles os grupos étnicos, os sexos e os grupos identitários de gênero (LGBTQ+). O resultado é o mesmo. Conforme explica Nancy Pearcey, "assim como no marxismo clássico, a solução proposta consiste em despertar a consciência (conscientizar o indivíduo de que pertence a um grupo oprimido) para, em seguida, erguer-se contra o opressor".[6]

---

[6]Pearcey, "Midterms bring out the marxists".

Marxismo 2.0
(Marxismo cultural ou justiça social)[7]

Bem	Mal	
Vítimas oprimidas (moralmente inocentes)	Sistemas e estruturas opressivos	Opressores (moralmente culpados)
Classe – a classe trabalhadora (proletariado)	Capitalismo	Donos de propriedades (burguesia)
Raça – Minorias étnicas (pessoas de cor)	Supremacia branca ("branquitude")	Brancos
Sexo – Feminino	Patriarcado	Masculino
Gênero – LGBTQ+	Moralidade judaico-cristã	Cristãos ortodoxos, judeus e outros tradicionalistas sexuais

Ao utilizar uma estratégia cultural que alguns chamaram de "a longa marcha através das instituições",[8] os teóricos sociais da Escola de Frankfurt e seus aliados alcançaram um sucesso surpreendente ao introduzir seus pressupostos na educação pública, no ambiente acadêmico, nos meios de comunicação, no entretenimento, nas grandes empresas e na política ocidental. Atualmente, a justiça social ideológica domina os altos postos de controle da cultura ocidental, tendo feito incursões significativas no evangelicalismo tradicional.

---

[7]Um diagrama bastante semelhante encontra-se em Sensoy e DiAngelo, *Is everyone really equal? An introduction to key concepts in social justice education*, Figura 5.1, ou em Adams, *Teaching for diversity and social justice*, Figura 3.2 ou Apêndice C.

[8]Veja Paul Austin Murphy, "Antonio Gramsci: take over the institutions!", *American Thinker*, April 26, 2014, https://www.americanthinker.com/articles/2014/04/antonio_gramsci_take_over_the_institutions.html.

"A história se repete", teria dito Karl Marx, "primeiramente como tragédia, depois como farsa". Vejamos como a teoria de Karl Marx está se repetindo tomando como exemplo a feminista radical Shulamith Firestone, que já na década de 1970 aplicava a estrutura neomarxista aos relacionamentos homem-mulher:

Assim como a eliminação das classes econômicas requer que as classes subalternas (o proletariado) se revolte e, por meio de uma ditadura temporária, assuma os meios de *produção*, assim também para garantir a eliminação das classes sexuais é preciso que a classe subalterna (as mulheres) se revolte e assuma o controle da *reprodução*: não apenas pela restauração plena da posse dos seus corpos, mas também pela posse (temporária) do controle da fertilidade humana, da nova biologia populacional e também de todas as instituições sociais associadas ao parto e à educação dos filhos. E, assim como o objetivo final da revolução socialista não era apenas a eliminação do *privilégio* da classe econômica, mas da própria *distinção* de classe, assim também o objetivo final da revolução feminina deve ser, diferentemente do que foi o objetivo do primeiro movimento feminista, não apenas a eliminação do privilégio masculino, mas o da própria *distinção* de sexo: diferenças genitais entre seres humanos não importam mais culturalmente.[9]

Como interpretar o sucesso avassalador do Marxismo 2.0 na cultura ocidental? Embora o secularismo tenha corroído severamente o cristianismo na Europa e nas Américas, ele não foi capaz de proporcionar uma alternativa religiosa convincente que

---

[9]Shulamith Firestone, "The dialectic of sex" (capítulo 1 reimpr. do livro de mesmo nome; London, UK: The Women's Press, 1979), https://www.marxists.org/subject/women/authors/firestone-shulamith/dialectic-sex.htm, grifo do autor da citação.

preencha o vácuo deixado e atenda à necessidade humana inata de moralidade e de propósito. A justiça social ideológica talvez possa ser mais bem compreendida como uma alternativa religiosa pós-moderna (uma "ideologia sucedânea") ao cristianismo. O ensaísta Andrew Sullivan explica seu fascínio:

> Para muitos, especialmente os jovens, descobrir um novo sentido [para a vida] [...] é emocionante. A ideologia de justiça social faz tudo o que uma religião deveria fazer. Ela oferece uma narrativa do todo: mostra que a vida humana e a sociedade [...] devem ser entendidos integralmente como uma função das estruturas sociais de poder, em que muitos grupos exauriram a existência humana oprimindo outros grupos; também proporciona um conjunto de princípios capaz de resistir e de reverter essa teia entrelaçada de opressão.[10]

Muita gente chegou à conclusão de que lutar pela justiça social é o novo propósito de sua vida.

O PODER DAS COSMOVISÕES

Antes de analisar um pouco mais a justiça social, vale a pena explicar sucintamente o que são cosmovisões e por que são tão importantes.

Uma cosmovisão "é a janela [mental] pela qual observamos o mundo e decidimos, muitas vezes de forma subconsciente, o que é real e importante, ou o que é irreal e sem importância",[11] diz Phillip Johnson em seu prefácio ao influente livro

---

[10]Citado em: Al Mohler, "Why religion, if not based in truth, is grounded in nothing more than moral aspirations", *The briefing*, December 19, 2018, https://albertmohler.com/2018/12/19/briefing-12-19-18/.

[11]Nancy Pearcey, *Total truth: liberating Christianity from its cultural captivity* (Wheaton, IL: Crossway Books, 2004), p. 11 [publicado por CPAD sob

JUSTIÇA REDEFINIDA

de Nancy Pearcey *Total truth*. De igual modo, observa Dallas Willard: Nossa "cosmovisão [...] consiste nos pressupostos mais gerais e básicos acerca do que é real e do que é bom — inclusive nossos pressupostos a respeito de quem somos e do que deveríamos fazer".[12] Esses "pressupostos gerais e básicos" chegam a cada de um nós a partir da cultura que nos rodeia. Nós os recebemos de nossa família, professores, amigos e, em última análise, da cultura em geral por meio de filmes, da televisão e das mídias sociais. Como seres sociais, somos profundamente marcados pela cultura à nossa volta. Todos temos uma cosmovisão. Ninguém pode dizer que não tem. Willard explica então que nossas cosmovisões "estão fora de nossa consciência [...] incrustadas em nosso corpo e em seu ambiente social, o que inclui nossa história, língua e cultura. [Nossas cosmovisões] se irradiam por toda a nossa vida como pressupostos que trazemos como pano de fundo". Johnson concorda: "Nossa cosmovisão governa nosso pensamento mesmo quando, ou especialmente quando, não temos consciência disso".

O termo "governar" é muito importante aqui. Nossa cosmovisão não é simplesmente um conjunto de ideias que flutuam pela nossa cabeça, sem influência alguma sobre o resto da nossa vida. Pelo contrário, ela determina como nos comportamos — como funcionamos dentro da nossa família, no nosso local de trabalho e na comunidade de modo geral. Ela determina o tipo de sociedade que você cria com os outros. Willard diz que "não há nada mais prático do que nossa cosmovisão, porque ela determina a orientação de tudo o mais que pensamos e fazemos

---

o título *Verdade absoluta*].

[12]Dallas Willard, *Knowing Christ today* (New York: HarperCollins, 2009) [publicado por Ichtus sob o título *Conhecendo a Cristo hoje*].

[...] O que supomos ser real e o que supomos ser útil governará nossas atitudes e ações. Ponto final".

Como as cosmovisões são constituídas de pressupostos anteriores, muitos dos quais não temos consciência, às vezes fica difícil saber qual é nossa cosmovisão. Contudo, as cosmovisões ficam claras, com o tempo, graças às nossas ações, às escolhas que fazemos e ao modo como vivemos. Elas são comprovadas por nossas ações mais do que por nossas palavras. Podemos pensar nelas como as raízes de uma árvore frutífera. Não podemos ver as raízes. Elas existem abaixo da superfície. No entanto, determinam o tipo de fruto que a árvore produzirá, e o fruto *pode* ser visto. Jesus disse: "Pelos frutos os conhecereis" (Mt 7.15-20).

A verdade objetiva está registrada nas páginas da Escritura, foi revelada na criação e se dá a conhecer, em parte, pelo uso adequado da razão humana e da lógica. Contudo, Jesus nos adverte de que as mentiras também existem, e elas muitas vezes são sutis e difíceis de identificar. Elas chegam por meio de "falsos profetas" que "vêm a vós disfarçados em pele de ovelha, mas interiormente são lobos devoradores" (Mt 7.15).

Como seguidores de Jesus Cristo, o apóstolo Paulo nos exorta a estarmos atentos a essas mentiras e aos falsos pressupostos culturais: "Tende cuidado para que ninguém vos tome por presa, por meio de filosofias e sutilezas vazias, segundo a tradição dos homens, conforme os espíritos elementares do mundo, e não de acordo com Cristo" (Cl 2.8). Não devemos mais "[nos amoldar] ao esquema deste mundo, mas [sermos] transformados pela renovação da [nossa] mente" (Rm 12.2). Em suma, somos chamados a refletir e a agir de outra maneira, e não de acordo com as normas, atitudes e comportamentos aceitos pela cultura à nossa volta, mas de acordo com a realidade conforme apresentada na Palavra de Deus.

Essa troca de pressupostos de cosmovisões falsas por pressupostos verdadeiros e bíblicos não acontece automaticamente quando recebemos Cristo como Salvador. É um processo que leva a vida toda, e não é fácil nem simples. Temos de agir intencionalmente para que os pressupostos que cultivamos de modo inconsciente sejam revelados e expostos à luz da Escritura. Em outras palavras, temos de estar dispostos a "[levar] cativo todo pensamento para que obedeça a Cristo" (2Co 10.5). Isso é uma disciplina. Temos de desenvolver o hábito e a prática de pensar "conforme uma cosmovisão". Contudo, não nos falta um auxílio poderoso nesse esforço. Deus provê tudo de que precisamos para sermos bem-sucedidos. Ele nos enche com o Espírito Santo, o Espírito da Verdade que nos guia a toda a verdade (Jo 16.13). Ele nos dá sua Palavra preciosa e divinamente poderosa que nos revela a verdade e serve de lâmpada para os nossos pés e luz para o nosso caminho (Sl 119.105). Ao sustentarmos a Palavra de Deus, nossa autoridade mais elevada, e permitirmos que ela penetre em todos os cantos da nossa mente e se manifeste em todos os aspectos da nossa vida, à medida que estudamos a Escritura de Gênesis a Apocalipse — não como uma série de histórias e de ensinos isolados e desconectados, mas como um livro com uma cosmovisão única e abrangente —, aí então nossa mente é constantemente transformada.

Uma mente transformada levará naturalmente a uma transformação em nosso comportamento e, em última análise, em toda a nossa vida. Conforme diz John Stott, "se quisermos viver corretamente, temos de pensar corretamente. Se quisermos pensar corretamente, temos de ter mentes renovadas".[13] Não é um

---

[13] John Stott, *Issues facing Christians today*, 4. ed. (Grand Rapids: Zondervan, 2006) [publicado por Thomas Nelson sob o título *O cristão em uma sociedade não-cristã: como posicionar-se biblicamente diante dos desafios contemporâneos*].

exercício acadêmico. É a essência do discipulado cristão. É parte essencial do processo contínuo e permanente de santificação. É necessário para que sejamos "sal e luz" do mundo (Mt 5.13-16). Para o crente, não há nada mais importante do que a integridade de uma vida conforme a verdade revelada de Deus.

UMA COSMOVISÃO ABRANGENTE

Depois desse breve histórico sobre as cosmovisões, vamos voltar à nossa análise da justiça social ideológica. Para compreendê-la corretamente, é preciso vê-la pelo que é: uma cosmovisão abrangente. O apologista cristão Neil Shenvi diz muito corretamente: "Receio que haja muita gente tentando combinar o cristianismo e a teoria crítica. No fim das contas, não vai dar certo. Seremos constantemente forçados a escolher entre valores, prioridades e ética propostos pelos dois. À medida que absorvermos os pressupostos da teoria crítica, veremos que eles erodirão inevitavelmente as verdades bíblicas fundamentais".[14] Estou plenamente de acordo.

No próximo capítulo, analisarei os pressupostos fundamentais que animam a cosmovisão da justiça social ideológica. Vou contrastá-los com os da cosmovisão bíblica e, em seguida, avaliá-los um a um.

---

[14] Neil Shenvi, "Social justice, critical theory, and Christianity: are they compatible?— parte 3", https://shenviapologetics.com/social-justice-critical--theory-and-christianity-are-theycompatible-part-3-2/.

CAPÍTULO 5

PRINCÍPIOS FUNDAMENTAIS DA IDEOLOGIA

Todas as cosmovisões têm, em seu âmago, uma série de "dados" ou pressupostos que servem de enquadramento para todas as coisas. Esses pressupostos respondem geralmente às "grandes questões". O que é a realidade última? Quem somos nós? Qual é nosso problema fundamental como seres humanos? Qual é a solução para esse problema? Qual é nosso propósito na vida?

A justiça social ideológica dá respostas a cada uma dessas indagações e a muitas outras, dando forma assim a uma cosmovisão abrangente.

Reconheço que muitos cristãos sinceros são apaixonados pela justiça — eu sou um deles — e deram a vida pelo combate à injustiça e pela defesa dos oprimidos em nome da "justiça social". Se for esse o seu caso, saiba que não estou de modo algum dizendo com isso que você segue os pressupostos da justiça social ideológica que estou expondo aqui. Meu objetivo é ajudar os cristãos a compreenderem primeiramente que a expressão "justiça social" é atualmente o rótulo ou marca consagrada na cultura de modo geral para toda uma cosmovisão e, em segundo lugar, expor seus pressupostos básicos.

	Justiça social ideológica	Cosmovisão bíblica
O que é a realidade última?	A *mente humana* define o que é a realidade última?	O Deus de Gênesis 1.1 define a realidade última: "No princípio, criou Deus os céus e a terra".
Quem somos nós?	Criaturas cuja identidade é determinada *inteiramente* de modo social. Somos produto de nossa raça, sexo e identidade de gênero.	Criações e portadores da imagem de um Deus bom, santo e amoroso, com dignidade inerente e valor imensurável.
Qual é o nosso problema fundamental como seres humanos?	A opressão: Machos brancos, heteronormativos, estabeleceram e mantêm estruturas de poder hegemônicas para oprimir e subjugar as mulheres, pessoas de cor, minorias sexuais (LGBTQ+) e outros.	Rebelião: *Todos pecaram* e estão destituídos da glória de Deus. Nossa rebelião contra Deus resultou em *relacionamentos arruinados* – entre Deus e o homem, entre o homem e seu semelhante e entre o homem e a criação.
Qual é a solução para o nosso problema?	Revolução: Vítimas oprimidas e seus aliados devem se unir para desmascarar, desconstruir e derrubar essas estruturas de poder, instituições e sistemas opressivos.	O evangelho: Na cruz, Deus encarnado tomou sobre si o castigo que merecíamos por nossa rebelião pecaminosa para nos mostrar uma misericórdia que jamais poderíamos merecer. Sua morte na cruz e sua ressurreição abriram caminho para a reconciliação de todos os nossos relacionamentos corrompidos.

PRINCÍPIOS FUNDAMENTAIS DA IDEOLOGIA

	Justiça social ideológica	Cosmovisão bíblica
Como podemos ser salvos?	As vítimas são moralmente inocentes e não precisam de salvação. Os opressores não podem ser jamais totalmente perdoados, mas podem ser parcialmente salvos se confessarem sua cumplicidade na opressão e apoiarem a revolução.	"Porque, se com a tua boca confessares Jesus como Senhor, e em teu coração creres que Deus o ressuscitou dentre os mortos, serás salvo [...] Todo aquele que invocar o nome do Senhor será salvo" (Rm 10.9,13).
Qual é nosso dever moral básico?	Ser solidários com os oprimidos, protegê-los e defendê-los: mulheres, pessoas de cor, minorias sexuais (LGBTQ+) etc.	Amar a Deus com todo o nosso coração, alma, mente e força (o que significa viver em obediência a tudo o que Cristo ordenou) e amar ao nosso próximo como a nós mesmos.
Como sabemos o que é verdadeiro?	As ideias de verdade objetiva, razão, lógica, evidência e argumento são ferramentas suspeitas que os opressores empregam para preservar sua hegemonia. O conhecimento da "verdade" vem por meio das vítimas, as quais, com base em sua experiência de opressão, têm percepções mais profundas do que os opressores. É isso que se chama de Epistemologia do Ponto de Vista.	Pela revelação divina: (1) a Palavra escrita de Deus (2Tm 3.13); (2) "a lei [...] escrit[a] no coração" ou a consciência humana (Rm 2.15); e a revelação de Deus na criação (Rm 1.20). Para isso, temos de aplicar nossa capacidade de raciocínio, lógica, discussão e debate que nos foi dada por Deus para reunir e pesar evidências na busca da verdade.

	Justiça social ideológica	Cosmovisão bíblica
Quem tem a autoridade final?	As vítimas são a autoridade final. As declarações das vítimas baseadas em sua experiência vivida e subjetiva são tomadas como verdadeiras sem nenhum questionamento.	Deus (e sua Palavra revelada na Escritura) é a autoridade final.
Haverá um juízo final no futuro?	Não. Não existe nenhum deus que voltará para punir os ímpios e recompensar os justos. Pelo contrário, a injustiça será extirpada aqui e agora pelos que detêm o poder para fazê-lo.	Sim, Jesus voltará e fará justiça perfeita. Ele preservará tudo o que for bom e libertará o mundo de tudo o que é mau. Até lá, ele estende sua misericórdia e seu perdão aos pecadores.

Neil Shenvi tem toda razão quando diz que essas são duas cosmovisões distintas e incompatíveis. O fato de que tantos evangélicos tenham assimilado muitos dos pressupostos da justiça social ideológica é um problema enorme para a igreja. Shenvi observa que a justiça social ideológica e o cristianismo estão em conflito no que diz respeito a questões básicas de epistemologia, identidade, moralidade e autoridade. Os princípios fundamentais de cada um são diametralmente opostos.

Vamos examinar mais detalhadamente cada um dos pressupostos dessas cosmovisões antagônicas.

O QUE É A REALIDADE ÚLTIMA?

A justiça social ideológica não fundamenta a realidade no Deus bíblico de Gênesis 1.1, nem tampouco na realidade do universo material e das leis naturais. Pelo contrário, a realidade está fundamentada na mente humana. Essa visão

PRINCÍPIOS FUNDAMENTAIS DA IDEOLOGIA 85

pós-moderna da realidade deifica essencialmente a percepção humana subjetiva.

Essa visão da realidade última foi captada de forma contundente pelo teórico social americano Jeremy Rifkin:

> Já não nos sentimos mais como se fôssemos convidados à casa de alguém e tivéssemos de adequar nosso comportamento a um conjunto de regras cósmicas preexistentes. Nós é que estabelecemos os parâmetros da realidade. Criamos o mundo e, por causa disso, não nos sentimos devedores a forças externas. Não temos mais de justificar nosso comportamento, porque agora somos nós os arquitetos do universo. Não somos responsáveis por nada fora de nós mesmos, porque nós somos o reino, o poder e a glória para sempre.

Rifkin usa linguagem religiosa para descrever essa visão pós-moderna da realidade. Não há Deus a quem tenhamos de prestar contas. Não há leis naturais às quais devamos nos conformar. Nós criamos a realidade. *Nós* somos Deus. Lindsay e Mike Nayna, em seu artigo "Postmodern religion and the faith of social justice" ["A religião pós-moderna e a fé da justiça social"],[1] descrevem a justiça social ideológica como "pós-modernismo na prática".

A cosmovisão bíblica, por sua vez, fundamenta a realidade no Deus que criou os céus e a terra. Nada existe ou faz sentido à parte dele.

> Porque nele foram criadas todas as coisas nos céus e na terra, as visíveis e as invisíveis, sejam tronos, sejam dominações, sejam

---

[1] James A. Lindsay e Mike Nayna, "Postmodern religion and the faith of social justice", *Areo*, December 18, 2018, https://areomagazine.com/2018/12/18/postmodern-religion-and-the-faith-of-social-justice/.

principados, sejam poderes; tudo foi criado por ele e para ele. Ele existe antes de todas as coisas, e nele tudo subsiste (Cl 1.16,17).

Esses dois pontos de partida diferentes resultam em duas cosmovisões diferentes e efetivamente irreconciliáveis. O que Francis Schaeffer disse a respeito do conflito entre uma cosmovisão bíblica e um materialismo secular em 1981 se aplica igualmente hoje ao conflito entre a cosmovisão bíblica e a justiça social ideológica:

> Essas duas cosmovisões representam dois conjuntos em completa antítese um com o outro em conteúdo e também em seus resultados naturais, bem como seus resultados sociológicos e governamentais, incluindo-se especificamente aí a lei [...] Não que essas duas cosmovisões sejam diferentes apenas no modo como compreendem a natureza da realidade e da existência. Elas também produzem inevitavelmente resultados totalmente distintos. O termo operativo aqui é *inevitavelmente*. Não se trata apenas de que possam produzir resultados diferentes, mas o fato é que é absolutamente inevitável que produzam resultados diferentes.[2]

QUEM SOMOS NÓS?

A cosmovisão bíblica afirma que o ser humano é criação de um Deus santo, bom e amoroso, e que nós, homens e mulheres, fomos feitos à sua "imagem" e "semelhança" (Gn 1.26-28). Como tais, todos temos uma mesma natureza humana. Temos uma dignidade e um valor intrínsecos, bem como direitos imutáveis à vida e à liberdade.

---

[2] Francis A. Schaeffer, *A Christian manifesto* (Wheaton: Crossway Books, 1981), p. 18 [publicado em português por Refúgio sob o título *Manifesto cristão*].

A justiça social ideológica, por sua vez, vê o ser humano como criatura cuja identidade é *totalmente* determinada pela afiliação a grupos, particularmente os que se baseiam em raça, sexo e na chamada "identidade de gênero" (LGBTQ+). Não existe nenhuma "natureza humana" partilhada. E, mais radical ainda do que isso, não existe essa coisa de "indivíduo". Pelo contrário, nossa identidade é toda ela construída socialmente. Em seu livro *Finding truth*, Nancy Pearcey explica a antropologia da justiça social: "As ideias de todos são [...] meras construções sociais costuradas por forças culturais. Os indivíduos são pouco mais do que porta-vozes para comunidades baseadas na raça, classe, gênero, etnicidade e identidade sexual".[3] É o que pensa também Jordan Peterson: a justiça social ideológica "nega a existência do indivíduo [...] [ela diz que] somos um avatar dos interesses de nosso grupo". As ramificações dessa ideia são profundas. Na prática, ela reduz "o indivíduo a um boneco das forças sociais [...], impotente para se elevar acima da comunidade a que pertence".[4]

Isso ajuda a explicar por que para os indivíduos LGBTQ+, sua atividade sexual não é entendida como escolha ou comportamento, mas como *identidade*. Não é o que eu faço, *é quem eu sou*. Se você se opõe à homossexualidade de alguém com base nessa perspectiva, estará negando sua própria humanidade, tal como um nazista que desumaniza um judeu ou um proprietário de escravos que desumaniza um escravo. Não há perdão para essa pessoa.

---

[3]Nancy Pearcey, *Finding truth* (Colorado Springs: David C. Cook, 2015), p. 118 [publicado em português por Cultura Cristã sob o título *A busca pela verdade*].

[4]Jordan Peterson, "On claiming belief in God: commentary and discussion with Dennis Prager", *The Jordan B. Peterson podcast*, July 7, 2019, https://www.jordanbpeterson.com/podcast/s2-e16-on-claiming-belief-in-god-commentary-discussion-with-dennis-prager/.

É provável que não haja uma crença mais profunda para a justiça social ideológica do que sua negação do indivíduo. Com base nesse pressuposto radical, sua história pessoal, suas experiências de vida, suas escolhas e aquilo em que você crê mais profundamente, *nada disso importa*. As *únicas coisas* que importam para definir quem você é são suas afiliações a grupos. A liberdade, a responsabilidade e a prestação de contas que cabem ao indivíduo são todas vítimas dessa crença profundamente destrutiva e desumanizadora.

A Bíblia, por sua vez, afirma a importância de todos os indivíduos. Tudo o que vive importa! Deus suscita indivíduos tais como Abraão, Moisés, Rute, Elias, Jesus e Pedro, Wilberforce, você e eu, para mudar o curso da história. Nossas escolhas importam! Deus nos considera individualmente responsáveis por nossas crenças e ações (veja Mt 25.31-46 e Hb 4.13). No juízo final, não seremos desculpados porque pertencíamos a um grupo de vítimas. Jesus advertiu alguns de seus oponentes de que sua identificação como judeus não os salvaria: "Não fiqueis dizendo a vós mesmos: Abraão é nosso pai! Eu vos digo que até dessas pedras Deus pode dar filhos a Abraão" (Mt 3.9).

Como portadores da imagem de Deus, temos agência moral, e com nossas escolhas morais vêm a responsabilidade e a prestação de contas. A justiça social ideológica nega todas essas coisas. Isso não é apenas desumanizador, é atomístico. As pessoas não têm mais uma humanidade compartilhada. Não podemos mais esperar, como o fez Martin Luther King Jr., que "todos os filhos de Deus" darão as mãos e cantarão a uma só voz.

Esse pressuposto acerca da natureza humana foi exposto em um famigerado vídeo hoje infame do YouTube que registrou uma confrontação inflamada entre um grupo de estudantes da Universidade de Yale, em 2015, e o professor Nicholas Christakis. Em um dado momento da disputa, Christakis diz a seus interlocutores: "Tenho uma visão de nós, como povo, como seres humanos, que privilegia efetivamente nossa humanidade comum [...] que não está interessada no que é diferente em nosso meio, mas no que temos de igual". Em resposta, um estudante negro o confrontou dizendo-lhe: "Olhe bem nos meus olhos. Olhe para mim! Sua experiência jamais chegará perto da minha".[5]

O estudante está falando com base no pressuposto de que a raça define a identidade. Como Christakis é branco, sua experiência "jamais chegará perto" da experiência do estudante negro. Se assim for, haverá lugar para o debate?

O cristão pode concordar com os defensores da justiça social em um ponto: o ser humano é profundamente marcado pelos grupos. A Bíblia afirma que não somos meramente indivíduos, mas seres sociais feitos para se relacionarem ("Não é bom que o homem esteja só" [Gn 2.18]). Pertencemos a grupos (famílias, igrejas, etnias) que marcam profundamente quem somos. Nós nos deixamos assimilar culturalmente por esses grupos ao compartilharmos a mesma língua, valores, hábitos e histórias.

Contudo, negamos decididamente que a identidade humana possa ser reduzida à identidade de grupo. Os grupos a que pertencemos nos *moldam*. Eles não nos *definem*. O fundamento da identidade humana se encontra em nossa criação comum (somos todos criados à imagem e semelhança de Deus, com igual valor e dignidade) e na porta graciosamente aberta por Deus para a redenção. Somos todos rebeldes, porém Deus abriu um caminho para que todos se salvem. Quando nosso relacionamento com Deus é restaurado pela fé em Cristo, recuperamos nossa

---

[5]Veja Elianna Johnson, "The road to Yale's free-speech crisis", *National Review*, July 5, 2016, https://www.nationalreview.com/2016/07/yale-free-speech/.

verdadeira identidade, uma identidade que transcende as identidades de grupo:

Pois todos sois filhos de Deus pela fé em Cristo Jesus. Porque todos vós que em Cristo fostes batizados vos revestistes de Cristo. Não há judeu nem grego, não há escravo nem livre, não há homem nem mulher, porque todos vós sois um em Cristo Jesus (Gl 3.26-28).

Ao negar a existência do indivíduo e ao dizer que nossa identidade é totalmente definida pelos grupos a que pertencemos, a justiça social ideológica repudia a ideia básica que serve de fundamento à civilização ocidental. Se essa ideia desumanizadora e perigosa vingar, as consequências culturais serão muito mais devastadoras do que podemos imaginar. A cosmovisão judaico-cristã que caracterizou a civilização ocidental está baseada fundamentalmente na ideia de que temos uma natureza humana partilhada e comum; ao mesmo tempo, a individualidade humana é extremamente importante, porque cada um é uma criação especial e única de Deus, e traz consigo sua santa imagem.

Essa ideia bíblica criou o Ocidente, e nenhum de nós é capaz de imaginar em sua totalidade a distopia que se seguiria se a descartássemos em favor da ideia desumanizadora de que o indivíduo não existe e de que as pessoas estão reduzidas a porta-vozes, drones ou avatares dos grupos que as definem. Neste momento cultural tenso, temos de enfatizar o que nos une, e não o que nos divide. Sigamos os exemplos de Martin Luther King Jr. e de Nelson Mandela, que foram líderes de movimentos restauradores capazes de unir nações feridas. Eles procuraram unir as pessoas em torno de nossa humanidade comum.

A justiça social ideológica só pode dividir porque não tem base para a unidade. Só pode nos segregar em tribos concorrentes, contrapondo-nos uns aos outros em uma luta sem fim pelo poder.

QUAL É O NOSSO PROBLEMA FUNDAMENTAL COMO SERES HUMANOS?

Para quem crê na justiça social, a resposta pode ser expressa numa palavra: "Opressão".

Nessa visão de mundo, o mal não se origina no coração humano. Não há nenhuma doutrina da Queda ou da depravação humana. Pelo contrário, busca-se o mal fora do homem, especificamente nas estruturas sociais, nos sistemas, instituições, leis e normas culturais que perpetuam desigualdades e concedem a um grupo poder e privilégios à custa de outros.

Acabamos de ver como a justiça social ideológica define as pessoas totalmente de acordo com os grupos a que pertencem. Em seguida, ela afirma que todos os diversos grupos são confrontados uns com os outros numa espécie de competição hobbesiana, de soma zero, pelo poder. Nesse embate, a supremacia atualmente é de um grupo: dos homens brancos heteronormativos. Isso eles conseguiram no decorrer de séculos pela constituição de uma teia complexa de estruturas societárias, sistemas, instituições, leis e normas que os deixam "em vantagem" à custa de todos os demais, particularmente das "pessoas de cor", mulheres e "minorias sexuais" (LGBTQ+). Essas teias de opressão sistêmica que se entrelaçam têm muitos rótulos: "supremacia branca", "masculinidade tóxica" e "patriarcado", só para citar alguns.

Para o influente ensaísta da *Atlantic*, Ta-Nehisi Coates, nosso problema humano fundamental é a "branquitude", que ele descreve como "um perigo existencial para o país e para o mundo". Citando seu herói, o crítico cultural James Baldwin, ele diz de modo preocupante que "os brancos levaram a humanidade para a beira do esquecimento". De acordo com Coates, "o poder de dominação e de exclusão é fundamental para a crença de ser branco e, sem ela, os 'brancos' deixariam de existir por falta de motivos".[6]

A perspectiva de Coates não pode ser descartada como algo "periférico" ou estranho à corrente predominante. Ele escreve para uma revista digna de admiração e respeito. Ele é constantemente elogiado por vultos públicos renomados, tais como o ex-presidente Barack Obama. Carlos Lozada, do *Washington Post*, chegou inclusive a chamá-lo de "intelectual público mais destacado dos Estados Unidos".[7] Para pastores evangélicos como Ken Wytsma, fundador da Justice Conference, os escritos de Coates são "obrigatórios".

Tim Gill, expoente da tecnologia do Vale do Silício e ativista LGBTQ+, remete o mal deste mundo à ética sexual judaico-cristã. Ele usa sua enorme fortuna para impulsionar os direitos LGBTQ+ na nação e descreve da seguinte forma sua cruzada: "Vamos aos estados mais empedernidos do país. Vamos [trabalhar para aprovar projetos de lei sobre orientação sexual e identidade de gênero] *para punir os perversos*" (grifo do autor).[8]

Quem são os opressores "perversos"? Aqueles, principalmente os conservadores religiosos, que defendem o casamento entre homem e mulher e a família natural.

---

[6]Ta-Nehisi Coates, "The first white president", *The Atlantic*, October 2017, https://www.theatlantic.com/magazine/archive/2017/10/the-first-white-president-ta-nehisi-coates/537909/.

[7]Carlos Lozada, "The radical chic of Ta-Nehisi Coates", *The Washington Post*, July 16, 2015, https://www.washingtonpost.com/news/book-party/wp/2015/07/16/the-radical-chic-of-ta-nehisi-coates/.

[8]Bradford Richardson, "Gay megadonor on going after Christians", *Washington Times*, July 19, 2017, https://www.washingtontimes.com/news/2017/jul/19/gay-megadonor-going-after-christians-punish-wicked/.

Há também aqueles como o ensaísta e ativista feminista Philippe Leonard Fradet, para quem a origem do mal está na masculinidade e no "patriarcado". Diz ele:

> Tudo isso se resume ao simples fato de que a masculinidade gerada e possibilitada pelo patriarcado é extremamente tóxica. Ela torna tudo pior [...] para os que estão sujeitos a toda a sua negatividade, ódio, subordinação e opressão.[9]

Essa divisão do mundo em opressores e vítimas deu origem ao conceito de *interseccionalidade*. Alan Jacobs o descreve da seguinte forma: a interseccionalidade ocorre quando "alguém que pertence a mais de um grupo oprimido ou marginalizado — uma negra lésbica, por exemplo — experimenta tal opressão ou marginalização de um modo particularmente intenso em razão da 'intersecção' dessas forças sociais".[10] Em suma, quanto mais itens de vitimização você assinalar, maior será sua experiência de opressão.

As ideologias que traçam a linha do bem em oposição ao mal entre diferentes grupos não estão apenas erradas: elas constituem também um perigo. Se este grupo for bom, e aquele outro, mau, fica muito fácil desumanizar o grupo "mau". Foi o que aconteceu na Alemanha nazista com os judeus e nos países comunistas com os "capitalistas". Aconteceu em Ruanda, em 1994, quando o governo sob liderança hutu, alimentado por uma ideologia de ódio, deflagrou um genocídio que matou um milhão de tutsis em apenas cem dias.

---

[9]Philippe Leonard Fradet, "7 reasons why patriarchy is bad (and feminism is good) for men", *Everyday Feminism Magazine*, November 14, 2016, https://everydayfeminism.com/2016/11/patriarchy-bad-for-men/.
[10]Cf. citado em: Stephen Miller, "Intersectionality for dummies", *The Weekly Standard*, January 19, 2018, https://www.weeklystandard.com/stephen-miller/intersectionality-for-dummies.

Os seguidores de Jesus Cristo não devem jamais ser cúmplices de uma ideologia que incentiva a desumanização do próximo, particularmente quando essa desumanização se baseia numa característica imutável, como, por exemplo, a cor da pele.

Stella Morabito, ex-analista de informações, observa:

> Atacar um [grupo] inteiro de pessoas [...] significa, em última análise, rejeitar todos os indivíduos daquela suposta categoria, a despeito das experiências pessoais ou dos sofrimentos que quaisquer deles tenham suportado enquanto indivíduos...
> Trata-se de um efeito abominável, porque é exatamente esse equilíbrio que torna possível as relações humanas...
> Por que uma característica imutável de alguém haveria de eliminar toda a sua experiência de ser humano individual? Não é essa a essência do fanatismo? Isso não é prejulgar e desumanizar alguém?[11]

Em uma de suas declarações mais controversas, Ta-Nehisi Coates descreve para o filho sua reação ao ver a polícia e os bombeiros da cidade de Nova York entrando às pressas nos prédios do World Trade Center em 11 de setembro. *"Para mim, eles não eram humanos.* Negros, brancos, ou de que cor fossem, eles eram ameaças da natureza; eram o fogo, o cometa, a tempestade que poderia, sem nenhuma justificativa, destruir meu corpo"[12] (grifo

---

[11] Stella Morabito, "*The New York Times* has embraced the bigotry of identity politics", *The Federalist*, August 16, 2018, https://thefederalist.com/2018/08/06/the-new-york-times-embraces-bigoted-identity-politics-in-jeong-hire/.

[12] Michiko Kakutani, "Review: in 'Between the world and me', Ta-Nehisi Coates delivers a searing dispatch to his son", *The New York Times*, July 9, 2015, https://www.nytimes.com/2015/07/10/books/review-in-between-the-world-and-me-ta-nehisi-coates-delivers-a-desperate-dispatch-to-his-son.html.

do autor). Aqui se observa não apenas a incapacidade de Coates de ver as pessoas como indivíduos, como outros seres humanos. Sua cosmovisão os reduz a representantes sub-humanos dos grupos de opressão.

Apesar das melhores intenções dos seus adeptos — e muitos têm *realmente* boas intenções —, a justiça social ideológica destrói a sociedade civil e urbana, substituindo-as pelo ódio, pela divisão e pelo tribalismo. A menos que despertemos para seus perigos, a justiça social nos destruirá — e o fará em nome da "justiça".

Como tudo isso é tão diferente da cosmovisão bíblica. Qual o nosso principal problema enquanto seres humanos? Não é a opressão sistêmica por homens brancos heterossexuais. Nossa resposta sucinta, em uma palavra só, não é "opressão", e sim "rebelião". "Porque todos pecaram e estão destituídos da glória de Deus" (Rm 3.23). Nosso principal problema é que nós — *todos nós* — estamos num estado de franca rebelião contra nosso Criador. Romanos, capítulo um, apresenta o principal problema do homem em termos precisos:

> Porque, mesmo tendo [a humanidade] conhecido a Deus, não o glorificaram como Deus, nem lhe deram graças; pelo contrário, tornaram-se fúteis nas suas especulações, e o seu coração insensato se obscureceu. Dizendo-se sábios, tornaram-se loucos e substituíram a glória do Deus incorruptível por imagens semelhantes ao homem corruptível, às aves, aos quadrúpedes e aos répteis. [...]
> Assim, por haver rejeitado o conhecimento de Deus, foram entregues pelo próprio Deus a uma mentalidade condenável para fazerem coisas que não convêm; cheios de toda forma de injustiça, malícia, cobiça, maldade, inveja, homicídio, discórdia, engano, depravação; sendo intrometidos, caluniadores, inimigos

de Deus, insolentes, orgulhosos, arrogantes, inventores de males, desobedientes aos pais; insensatos, indignos de confiança, sem afeto natural, sem misericórdia (Rm 1.21-23,28-31).

Paulo não poderia ser mais claro. Nosso principal problema não é "externo", não está nas estruturas opressoras da sociedade. Nosso problema está "bem aqui", em nossos corações tolos e obscurecidos. Todos nós estamos envolvidos. O mal provém do coração humano rebelde de onde flui todo tipo de injustiça e de mal. Nas palavras imortais de Aleksander Soljenítsin, "a linha que separa o bem do mal não passa pelos países, nem pelas classes, nem pelos partidos políticos, *ela passa diretamente pelo coração humano*" (grifo do autor).[13]

Todos pecamos e nos rebelamos contra o nosso Criador. Todos os problemas que enfrentamos: relacionamentos desfeitos, famílias e casamentos arruinados, ódio, inveja, violência, guerra e, sim, opressão sistêmica, tudo procede de uma fonte mais profunda: nossa rebelião contra o Deus de quem nos alienamos.

QUAL É A SOLUÇÃO PARA O NOSSO PROBLEMA?

"Revolução" é a resposta que a justiça social ideológica nos dá. As vítimas oprimidas e seus aliados devem se unir numa coalizão interseccional para desmascarar, desconstruir e, em última análise, derrubar as estruturas de poder opressoras.

Por ocasião do banquete de premiação da Campanha de Direitos Humanos de 2018, Anne Hathaway, atriz de Hollywood, expressou com muita ousadia esse pensamento em seu discurso

---

[13] Justin Taylor, "Aleksandr Solzhenitsyn: 'Bless you, prison!'", The Gospel Coalition, October 14, 2011, https://www.thegospelcoalition.org/blogs/justin-taylor/aleksandr-solzhenitsyn-bless-you-prison/.

ao receber o Prêmio da Igualdade Nacional. Com lágrimas nos olhos, ela falou sobre "o mito de se fundar a realidade em torno da branquitude":

> Meu nascimento, e tudo o mais à sua volta, é importante que se diga, faz parte do núcleo predominante de um mito nocivo e amplamente aceito, exceto, é claro, para quem é homem cisgênero.
>
> Refiro-me ao mito de que a homossexualidade orbita em torno da heterossexualidade, o transgênero orbita em torno do cisgênero e todas as raças orbitam em torno da branquitude. [...] Juntos, não apenas questionaremos esse mito, *nós vamos destruí-lo*.
> [...] *Vamos destruir esse mundo e construir outro melhor* (grifo do autor).[14]

Com muita frequência, os defensores da justiça social não estão em busca de uma transformação social pacífica que comece interiormente com um arrependimento humilde e com a regeneração de mentes e corações pecadores. A exemplo de Hathaway, o que eles querem é simplesmente uma revolução. E a revolução que defendem se baseia em padrões definidos pelas revoluções francesa, russa e chinesa. As ideias e tradições da civilização ocidental têm de ser "destruídas" e, assim, abrir caminho para a nova.

Karl Marx, é claro, foi um revolucionário fervoroso. Seu grande objetivo era pôr abaixo o sistema capitalista opressor e erigir sua utopia comunista. A ideologia de justiça social dá um

---

[14]Nikki Schwab, "Anne Hathaway denounces white privilege in award speech", *New York Post*, September 16, 2018, https://nypost.com/2018/09/16/anne-hathaway-denounces-white-privilege-in-award-speech/.

passo adiante — ou melhor, vários passos! Ela quer derrubar a supremacia branca sistêmica, o patriarcado e a moralidade judaico-cristã. Esse zelo revolucionário impele um dos lados de nossa guerra cultural persistente. Embora muitos defensores da justiça social, como Hathaway, digam que querem construir um mundo melhor, eles parecem muito mais animados com a ideia de pôr abaixo o que já existe.

De acordo com Ron Dreher, a revolução da justiça social "sabe muito bem derrubar o que temos [...] [mas não] oferece muita coisa em seu lugar". Ele cita, em seguida, o teórico político Augusto Del Noce: "O novo totalitarismo [neomarxista] [...] domina por meio da desintegração".[15] Os revolucionários da justiça social falam constantemente em "subverter", "desmantelar" ou "desconstruir" todo tipo de sistema cultural, econômico, institucional ou instituições que, segundo eles, propagariam a opressão.

A tática dos revolucionários da justiça social consiste geralmente em exercícios de poder em estado bruto que lembram a Revolução Cultural de Mao ou o romance distópico de George Orwell, *1984*. Embora, naturalmente, haja exceções (particularmente entre os de filiação evangélica), a tática de justiça social tradicional requer, entre outras coisas, reeducação e doutrinação (chamada com frequência de "treinamento da sensibilidade"), insinuações, desprezo, ameaças, humilhações, silenciamento e ações conjuntas combinadas.

Tendo rejeitado os fundamentos judaico-cristãos da sociedade, os defensores da justiça social não têm base para tratar com respeito seus adversários ideológicos como portadores da

---

[15] Rod Dreher, "Beating the cultural revolution", *The American Conservative*, March 8, 2019, https://www.theamericanconservative.com/dreher/beating-the-cultural-revolution/.

imagem de Deus. De acordo com Peggy Noonan, atualmente, nos Estados Unidos,

a atmosfera está repleta de acusações e de humilhação. Vimos bem esse espírito principalmente nos campi, onde os estudantes protestam de modo hostil, às vezes até violento, contra perspectivas que querem sufocar. Nas mídias sociais, pululam multidões impregnadas de política e de ideologia. Num curioso distanciamento da tradição democrática, [os revolucionários da justiça social] não estão tentando ganhar o outro lado. Eles apenas o condenam e procuram silenciá-lo.[16]

O politicamente correto (PC) talvez seja a tática mais conhecida dos revolucionários da justiça social. O PC é a chave para códigos de discurso (escritos ou não) de que se valem para silenciar os pontos de vista contrários e para intimidar ou humilhar os que os defendem. O politicamente correto, supostamente uma maneira de proteger os oprimidos, é usado para impor penalidades aos violadores — difamação pública, humilhação, multas, perda do emprego ou da reputação e reeducação obrigatória (sob o disfarce de treinamento da sensibilidade). Tudo isso é simplesmente uma etapa anterior a políticas e leis que banem os pontos de vista inaceitáveis e qualquer um que ouse defendê-los.

No mundo de soma zero da luta pelo poder da justiça social, não há tolerância do tipo "viva e deixe viver". Não há ganhos para os dois lados, ou mesmo compromisso entre as duas partes. Não há lugar para o perdão ou para a graça. Não existe isso de "amar o inimigo". Não há introspecção do tipo "tira primeiro a trave

---

[16]Peggy Noonan, "Get ready for the struggle session", *The Wall Street Journal*, March 7, 2019, https://www.wsj.com/articles/get-ready-for-the-struggle--session-11552003346.

do teu olho". Só há lugar para o ressentimento, a condenação e a retribuição. Fanáticos, gente que só sabe odiar e opressores têm de ser destruídos.

Os que sustentam a cosmovisão bíblica concordam em um ponto com os revolucionários da justiça social: nossas sociedades estão fraturadas e têm de mudar! Com toda a injustiça do mundo, todo sofrimento, dor e mágoa, precisamos de transformação cultural. O *status quo* é inaceitável. Sim, há estruturas, instituições e sistemas opressores. Não podemos aguardar passivamente enquanto essas coisas continuam a destruir as pessoas e a saquear a magnífica criação divina. Como disse um dos profetas numa época muito parecida com a nossa: "Corra porém a justiça como as águas, e a retidão, como o ribeiro perene" (Am 5.24).

Nossas diferenças, porém, são irreconciliáveis no que diz respeito ao modo pelo qual a mudança deve ocorrer.

Que solução a Bíblia oferece para nosso problema humano fundamental? Refiro-me aos relacionamentos interrompidos e, principalmente, à alienação em relação ao nosso Criador — sendo essa a fonte de toda destruição que há no mundo. Até que se lide com esse problema fundamental, não há nenhuma possibilidade de mudança social duradoura.

Há boas novas, e elas são fantásticas: existe esperança de perdão e de reconciliação com Deus! O próprio Deus tomou a iniciativa de se reconciliar com seus filhos rebeldes. A solução gloriosa para nosso problema humano fundamental é o evangelho:

> Porque Deus amou tanto o mundo, que deu o seu Filho unigênito, para que todo aquele que nele crê não pereça, mas tenha a vida eterna. Pois Deus enviou o seu Filho ao mundo, não para que julgasse o mundo, mas para que o mundo fosse salvo por meio dele (Jo 3.16,17).

Na cruz, Deus encarnado tomou sobre si o castigo que merecíamos por nossa rebelião pecadora para demonstrar para conosco uma misericórdia que jamais poderíamos merecer. A cruz e a ressurreição abriram a porta para que nos reconciliássemos com Deus e, assim, tivéssemos nosso relacionamento com ele restaurado, bem como nossos demais relacionamentos.

Uma razão muito importante para nossas estratégias distintas, conforme pudemos ver, é que a ideologia da justiça social procura o mal nas estruturas sociais. Nós, porém, a encontramos no coração humano e em suas forças demoníacas. Para eles, o mal é social. Para nós, é pessoal. Pessoas injustas criam, sustentam e perpetuam sistemas e estruturas injustas para fins egoístas.

No fim das contas, a injustiça não é um problema social. É um problema moral. A injustiça existe porque somos todos caídos, pecadores e egoístas. A única solução é uma transformação pessoal, no coração, não apenas para um grupo específico dos chamados "opressores", mas para todos. A transformação bíblica compreende tanto o interior quanto o exterior, o pessoal e o social, a regeneração dos corações e das mentes decaídas e a reforma da sociedade.

A mudança social bíblica é um processo *de dentro para fora* que começa com uma transformação interna. O texto de 1João 1.9 diz que, "se confessarmos nossos pecados, ele é fiel e justo para nos perdoar os pecados e nos purificar de toda injustiça". À medida que respondemos à orientação do Espírito Santo e aceitamos a dádiva gratuita do perdão em Cristo, Deus opera o milagre prenunciado pelo profeta Ezequiel: "Também vos darei um coração novo e porei um espírito novo dentro de vós; tirarei de vós o coração de pedra e vos darei um coração de carne" (Ez 36.26). É aí que o processo de transformação social genuína começa.

Esse ato divino de regeneração do coração é seguido pela obra divina de santificação, resultando na transformação do caráter. Toda essa transformação interna e pessoal transborda então para as esferas sociais: casamento, relacionamentos familiares, amigos íntimos, áreas vocacionais, reforma institucional e, por fim, países.

A mudança social genuína jamais pode negligenciar a transformação do coração e da mente. Certamente, males institucionais como a escravidão, o aborto, a corrupção, a pornografia e o tráfico sexual são reais e devem ser contestados. Contudo, não temos esperança de mudança social duradoura à parte do evangelho e da vida nova em Cristo. Como disse sabiamente Dallas Willard, a revolução de Jesus é

> uma revolução do coração ou do espírito humano. Ela não se deu e não se dá pela formação de instituições e de leis sociais [...] Pelo contrário, trata-se de uma revolução do caráter, que começa pela mudança das pessoas a partir de dentro e prossegue por meio de um relacionamento pessoal com Deus em Cristo e uns com os outros. Ela muda as ideias do indivíduo, suas crenças, sentimentos e hábitos preferidos, bem como suas [...] relações sociais [...] A partir dessas profundezas divinamente renovadas da pessoa, as estruturas sociais naturalmente se transformarão, de tal modo que "corra [...] a justiça como as águas, e a retidão, como o ribeiro perene" (Am 5.24).[17]

Sim, queremos muito ver a cura de nossas sociedades fragmentadas, empobrecidas e sofridas. Contudo, as soluções propostas

---

[17]Dallas Willard, *Renovation of the heart: putting on the character of Christ* (Colorado Springs: NavPress, 2012), p. 15 [publicado em português por Mundo Cristão sob o título *A renovação do coração: assuma o caráter de Cristo*].

pelos defensores da justiça social apenas tornam piores as coisas ao fazerem um diagnóstico equivocado do problema, que não é o patriarcado ou a "branquitude", e certamente não é a moralidade sexual bíblica. Os sistemas, as estruturas, as instituições e as leis humanas injustas e opressivas são os sintomas, e não a doença. A doença é o pecado. É a alienação de Deus e as alienações daí resultantes: alienação de nós mesmos, de nosso próximo e da própria criação. A solução é a transformação interna do coração e da mente que leva à transformação externa da sociedade.

"Nosso meio principal de transformação do mundo se dá pela proclamação do evangelho", diz o pastor Grover Gunn. "Não devemos questionar jamais, nos dias de hoje, a eficácia da mensagem do evangelho como vanguarda da mudança social positiva."[18] É o que pensa também John Stott: "A evangelização é o principal instrumento de mudança social. Isso porque o evangelho muda as pessoas, e pessoas transformadas podem mudar a sociedade".[19]

A ética cristã da humildade, da responsabilidade pessoal, do amor e do perdão promove a reconciliação. A ética da justiça social se baseia no ressentimento e no desejo de culpar os outros pelos problemas do mundo. Isso me traz à mente o seguinte insight de C. S. Lewis: "Imaginemos o inferno como um estado em que todos [...] cultivam um ressentimento, e em que todos vivem segundo as paixões mortalmente graves da inveja [...] e do ressentimento".[20] Isso descreve muito bem a justiça social ideo-

---

[18]Grover Gunn, "Making waves", *Tabletalk*, Ligonier Ministries e R. C. Sproul (January 2001): 13.

[19]Stott, *Issues facing Christians today* [publicado em português por Thomas Nelson Brasil sob o título *O cristão em uma sociedade não-cristã: como posicionar-se biblicamente diante dos desafios contemporâneos*].

[20]Do pós-escrito de C. S. Lewis a *The Screwtape Letters*, citado em: "Illustrated Screwtape", http://www.cslewis.com/illustrated-screwtape/.

lógica. Nela não há espaço para o amor, o perdão ou a reconciliação. Ela destrói os relacionamentos e rasga o tecido social. O cristão, cuja tarefa consiste em amar o próximo e abençoar as nações, deve identificar e rejeitar essa cosmovisão destrutiva à medida que buscamos, na força de Deus, viver um "caminho mais excelente".

QUAL É NOSSO DEVER MORAL BÁSICO?

A justiça social do tipo marxista rejeita a ideia de uma moralidade objetiva, transcendente e universal. Para ela, os seres humanos são autônomos, são lei para si mesmos. A moralidade nesse sistema não desaparece. Como portadores da imagem de Deus que somos, há um sentido moral profundamente arraigado em nossa natureza humana. Precisamos de um sistema de moralidade tanto quanto precisamos de ar e água.

Contudo, uma moralidade desconectada de Deus está continuamente em transformação e é totalmente arbitrária. No plano social, as normas morais mudam à medida que grupos específicos ganham poder e influência culturais, definem narrativas dominantes que impulsionam a opinião popular e introduzem mudanças nas políticas e nos códigos legais.

Conforme a justiça social se tornou a cosmovisão dominante do Ocidente, foi isso exatamente o que aconteceu. A moralidade não desapareceu. Longe disso! Pelo contrário, na última década tivemos nada menos do que uma revolução moral. Coisas que anteriormente eram consideradas boas — como, por exemplo, liberdade de expressão; liberdade religiosa; sexo só depois do casamento; o casamento como união para a vida toda entre um homem e uma mulher; e até mesmo o binário homem-mulher — são cada vez mais consideradas nocivas. São vistas como ferramentas de intolerância, ódio e discriminação.

Veja-se o movimento pelos "direitos dos gays". Até meados do século 20, nos Estados Unidos, havia o entendimento generalizado de que a homossexualidade era imoral. Depois da crise da AIDS, nos anos 1980, os ativistas homossexuais se tornaram mais visíveis e ruidosos, passaram a contar suas histórias e a se apropriar da linguagem do amor, do compromisso, do casamento e dos direitos civis.[21] Uma série de personagens pró-homossexuais e tramas engendradas pela cultura pop e pelos meios de comunicação baixaram as defesas e combateram também os estereótipos.

O Pew Research Center assinala que, em 1994, uma minoria de 46% dos americanos achavam que a homossexualidade devia ser aceita pela sociedade. Já em 2017, o percentual favorável à homossexualidade havia saltado para uma maioria maciça de 70%.[22] Não é de espantar que Barack Obama, que durante boa parte da sua carreira se opusera publicamente ao casamento entre homossexuais, tenha "evoluído" de modo memorável em 2012, tornando-se o primeiro presidente a apoiá-lo.[23] A decisão da Suprema Corte no caso *Obergefell*, em 2015, que reconheceu o casamento homossexual, abriu caminho para que tendências desse tipo encontrassem amparo na lei.

Num piscar de olhos, o que se considerava imoral agora era moral, um bem positivo a ser publicamente comemorado. O

---

[21]Steve Inskeep, "Hidden brain: America's changing attitudes toward gay people", *Morning Edition*, National Public Radio, April 17, 2019, https://www.npr.org/2019/04/17/714212984/hidden-brain-americas-changing-attitudes-toward-gay-people.
[22]"Homosexuality, gender and religion", Pew Research Center, October 5, 2017, https://www.people-press.org/2017/10/05/5-homosexuality-gender-and-religion/.
[23]Katy Steinmetz, "See Obama's 20-year evolution on LGBT rights", *Time*, April 10, 2015, http://time.com/3816952/obama-gay-lesbian-transgender-lgbt-rights/.

oposto também é verdadeiro. Se sustentamos a antiga ordem moral, recusando-nos a celebrar o comportamento LGBTQ+ com base em nossas convicções religiosas, isso faz de nós pessoas *imorais*, odiosas, intolerantes, homo/transfóbicas e cada vez mais sujeitas às penalidades civis. Isso é o que tem aprendido um grupo cada vez maior de padeiros cristãos, floristas, fornecedores de artigos para consumo e agências de adoção. Hoje, intolerável é a crença em um padrão moral objetivo baseado na lei de Deus.

Jayme Metzgar descreve com muita perspicácia a nova moralidade da justiça social:

> Sem a bondade de Deus como fio de prumo para o certo e o errado, os modernos não dispõem de uma estrutura que lhes permita julgar os males evidentes do comportamento humano. Por isso optaram por um padrão moral simplista que reduz a uma mesma categoria todos os pecados: opressão.[24]

É isso mesmo. De acordo com a justiça social ideológica, o dever moral básico da humanidade consiste em lutar contra a opressão, especificamente a opressão sistêmica propagada por homens héteros brancos que eles impõem às suas assim chamadas vítimas.

No tocante à raça, por exemplo, temos uma nova obrigação moral, que é lutar contra a "branquitude" ou o "privilégio branco", tidos como uma espécie de pecado original. As pessoas brancas têm de ser educadas e conscientizadas do seu privilégio branco (ou devem "despertar para" a realidade dele), do racismo

---

[24] Jayme Metzgar, "Hate hoaxes are what happen when your religion is identity politics", *The Federalist*, February 20, 2019, https://thefederalist.com/2019/02/20/hate-hoaxes-happen-religion-identity-politics/.

PRINCÍPIOS FUNDAMENTAIS DA IDEOLOGIA

inerente e inconsciente e da supremacia branca. Desafiar qualquer um desses pressupostos (o que se chama de modo geral de *whitesplain*, que é quando um branco explica a um negro como reagir diante de uma ideia ou uma situação qualquer) é demonstrar simplesmente sua "fragilidade branca". É proibido se defender das acusações de racismo e de outros pecados da justiça social quando apontados por alguém de um grupo oprimido. Conforme disse ironicamente Rod Dreher, "opor-se à afirmação de que você é culpado é evidência de sua culpa".[25]

Privilégio, nessa estrutura moral, não é algo que você experimente enquanto indivíduo. Tudo está associado à identidade de grupo. Se você é homem, branco, você é, por definição, privilegiado. Isso é verdade a despeito de sua história ou circunstâncias. Se você foi criado em um lar desfeito, em uma vizinhança onde o vício em drogas era comum, além de pobreza e violência, ainda assim você é privilegiado. De igual modo, se você não é branco, ou se é mulher, ou se pertence à "minoria sexual", e foi criado em uma família íntegra, nasceu rico e com todos os benefícios que a melhor educação pode proporcionar, ainda assim você é uma vítima.

Tenha em mente que o privilégio é efetivamente real. Algumas pessoas têm mais privilégios do que outras, porém a linha do privilégio jamais deve ser traçada exclusivamente com base na cor da pele.

Ironicamente, as pessoas brancas são, com frequência, as principais promotoras dessa nova moralidade racial. Para alguns, trata-se de "culpa branca" em relação a injustiças bem reais cometidas contra os negros, inclusive escravidão e as leis Jim Crow.

---
[25]Rod Dreher, "The race war the left wants", *The American Conservative*, May 24, 2019, https://www.theamericanconservative.com/dreher/the-race-war-the-left-wants/.

Não há dúvida de que há alguma verdade nisso, porém uma melhor explicação é que muitas pessoas brancas estão simplesmente embarcando no trem da nova moral, anunciando publicamente a todos que estão "do lado certo da história". Elas aprenderam que, se você confessar seu racismo e privilégio inerentes, isso será sinal para os guardiões culturais que você é moralmente superior às massas não *woke*.[26] Isso explica o fenômeno da "exibição de virtude" ao estilo dos fariseus, ou a proclamação pública e orgulhosa de sua lealdade ao novo código moral de justiça social.

A pressão para se conformar é imensa, particularmente nos lugares em que a cosmovisão da justiça social é o paradigma inquestionável (campi universitários, diretorias de empresas e centros urbanos em ambas as costas). Os que não embarcam no novo trem da moralidade são rotulados de *imorais*, são pessoas não esclarecidas, que cultivam o ódio e a intolerância.

Não há lugar nessa ordem moral para a graça e o perdão. A nova moralidade é imposta de modo implacável, não tanto por funcionários do governo (pelo menos, não ainda), mas por grupos privados, empresas, associações, agências de credenciamento profissional, internet, os poderosos das mídias sociais e outros. As multidões "*woke*" das mídias sociais percorrem a internet em busca do mínimo deslize moral. Se você disser alguma coisa errada, ou se doar para a causa errada, ou se você se associar com as pessoas erradas, poderá ser banido das mídias sociais, poderá perder o emprego ou mesmo a reputação.

Diferentemente da estrutura bíblica em que nossa dívida com Deus foi totalmente paga pela morte de Cristo na cruz

---

[26] Expressão de língua inglesa para fazer referência a certa noção amplamente associada a movimentos políticos de esquerda quanto à consciência das injustiças sociais e seu combate a elas. (N. do E.)

(Cl 2.14,15), os opressores da justiça social levam consigo dívidas que não podem *jamais* ser complemente canceladas. Quando lhe perguntaram se reparações (no valor de bilhões de dólares transferidos de brancos para negros) poderiam equilibrar a balança da justiça pela injustiça causada pela escravidão, Ta-Nehisi Coates respondeu que "o país *não poderá jamais* pagar totalmente o que deve aos afro-americanos".[27] Para Coates, não há perdão para os brancos, somente castigo eterno.

Na nova moralidade da justiça social ideológica, a culpa não é da humanidade em geral, mas de um grupo apenas: homens brancos heteronormativos. Como as pessoas não são agentes morais responsáveis, mas vítimas ou beneficiárias de sistemas opressores, a culpa ou a inocência não estão atreladas às escolhas individuais, mas à identidade do grupo. Se você é vítima, é moralmente inocente. Se é opressor, é moralmente culpado, a despeito de suas ações.

De acordo com a teoria da interseccionalidade:

> Ser vítima é a virtude mais elevada. As vítimas e os grupos de identidade oprimida são guindados a um tipo de santidade [...] Isso, na verdade, é exatamente o que a interseccionalidade ensina, à qual não falta uma hierarquia de vitimização para comparar a retidão relativa de todos.[28]

Vimos como essa ideia destrutiva se manifestou na história. Durante a Revolução Russa, se um indivíduo fosse membro da classe dos proprietários, ele era, por definição, culpado,

---

[27]Ta-Nehisi Coates, *We were eight years in power: an American tragedy*, citado em: https://www.goodreads.com/quotes/8853853-perhaps-after-a-serious-discussion-and-debate---the-kind.
[28]Metzgar, "Hate hoaxes".

condenado e enviado para o gulag, pouco importavam suas ações pessoais. Mesmo que ele jamais tivesse enganado alguém e tivesse sido generoso com os pobres — nada disso importava. A única coisa que importava para a determinação da culpa ou da inocência era a afiliação a um grupo determinado — nesse caso, a classe. Se o indivíduo fosse membro da classe trabalhadora, era moralmente inocente e recebia como recompensa a propriedade confiscada da burguesia moralmente culpada. Praticava-se uma enorme injustiça em nome da justiça.

O falso sistema moral de culpa e de inocência no âmago da moralidade da justiça social a torna incompatível com o evangelho. De fato, é um falso evangelho. A Bíblia ensina que o ser humano, a despeito do sexo, gênero ou cor da pele, é pecador e precisa do perdão divino (Rm 3.23; 6.23). Embora as consequências do pecado tenham passado de uma geração para a outra (Jr 32.18), a culpa do pecado é de ordem individual (Ez 18.20). Embora Deus ame as pessoas de todos os grupos étnicos (Ap 7.9), ele não faz distinção de pessoas (At 10.34), e ninguém obterá dele um salvo-conduto baseado na filiação a um grupo específico (Gl 3.28). A salvação é pela graça por meio da fé (Ef 2.8,9).

Como seguidores de Jesus Cristo, cabe-nos reagir à moralidade da justiça social da mesma maneira que Paulo reagiu aos falsos evangelhos do seu tempo: "Mas, ainda que nós mesmos ou um anjo do céu vos pregue um evangelho diferente do que já vos pregamos, seja maldito" (Gl 1.8).

Qual é o nosso dever moral básico, segundo a cosmovisão bíblica? Amar a Deus de todo o coração, alma, mente e força, e amar o próximo como a nós mesmos (Mt 22.37-40). Amar a Deus significa obedecer aos seus mandamentos (Jo 14.15), e amar o próximo requer, certamente, importar-se com o drama dos oprimidos. Era o que Jesus tinha em mente na Parábola do

PRINCÍPIOS FUNDAMENTAIS DA IDEOLOGIA 111

Bom Samaritano. Estamos moralmente obrigados a dar atenção às pessoas verdadeiramente oprimidas e vitimizadas. Contudo, a Bíblia não define vítimas ou opressores da mesma maneira que o faz a justiça social. Os opressores sem dúvida não são exclusivamente homens brancos, nem tampouco as vítimas são exclusivamente pessoas de cor, mulheres ou indivíduos LGBTQ. Na Bíblia, as vítimas se parecem muito mais com o homem espancado, roubado e deixado para morrer na estrada da parábola do bom samaritano.

Sim, temos o dever moral de nos importar com os oprimidos e com as pessoas vitimizadas, mas é preciso entender quem são essas pessoas de acordo com a Bíblia, e não de acordo com os pressupostos da justiça social ideológica. É preciso também tomar cuidado para não rotular categoricamente os representantes de sistemas poderosos, com frequência opressores, como pessoas irremediavelmente más. Deus mostra seu amor a essas pessoas por meio da Escritura. Jesus procurou Zaqueu e o perdoou, mesmo sabendo que se tratava de um coletor de impostos odiado e um agente traiçoeiro do Império Romano, cruel e opressor. Ele se tornou amigo de Nicodemos, membro poderoso do Sinédrio, esse mesmo Sinédrio que acabaria por condená-lo à morte. Jesus escolheu Cornélio, soldado poderoso do império, para que estivesse entre os primeiros cristãos, tendo ordenado a Pedro que o acolhesse na igreja nascente de maioria de judeus. Se Deus pode estender sua graça a pessoas que participavam de grupos opressores, nós também devemos fazê-lo.

Por fim, como seguidores de Cristo, cabe-nos defender a ideia bíblica de moralidade como algo objetivo e enraizado no caráter de Deus e em sua Palavra, que é a autoridade final. Qualquer forma de justiça que não esteja baseada na lei de Deus resultará em injustiça, porque se baseia na razão humana decaída.

COMO SABEMOS O QUE É VERDADEIRO?

No fundo, a justiça social ideológica é ateia. Como Deus não existe, segundo essa ideologia, a verdade objetiva não existe. Tudo depende da "identidade do grupo". Não há pontos fixos, não há verdades ou fatos públicos oficiais que transcendam grupos ou culturas. Existem apenas perspectivas ou interpretações, a verdade do seu grupo ou a verdade do meu, mas não existe mais *a* verdade. Conforme explica Nancy Pearcey, "a verdade foi redefinida como construção social, de tal modo que toda comunidade tem sua visão própria de verdade baseada em sua experiência e perspectiva, que não pode ser julgada por ninguém de fora da comunidade".[29]

Isso, porém, não significa que as perspectivas dos grupos sejam *igualmente* verdadeiras. A teoria crítica acadêmica deu lugar ao conceito de Epistemologia do Ponto de Vista. Em outras palavras, quanto maior for a experiência de opressão interseccional de um grupo, tanto maior a percepção da realidade de seus membros. A Epistemologia de Ponto de Vista "faz três declarações fundamentais: (1) o conhecimento é situado socialmente, (2) os grupos marginalizados têm a vantagem de conseguir identificar tendências que o grupo dominante não consegue ver, e (3) o conhecimento deve ser erigido sobre as perspectivas dos marginalizados".[30]

Para os ideólogos da justiça social, as ideias de verdade objetiva, razão, lógica, evidência e argumento são armas empregadas pelos opressores para preservar sua hegemonia. No momento em

---

[29] Cf. citado em Scott Allen, "Core doctrines of the new religion: group identity and cultural relativism", Darrow Miller and Friends, May 22, 2017, http://darrowmillerandfriends.com/2017/05/22/core-doctrines-new-religion/.

[30] Andrew Freundlich, "Feminist standpoint epistemology and objectivity", *The Compass Rose: Explorations in Thought*, May 3, 2016, https://wordpress.viu.ca/compassrose/feminist-standpoint-epistemology-and-objectivity/.

que a razão e a lógica são descartadas, "sentimentos" e emoções passam a ocupar o centro do palco. A discussão e o debate para a descoberta da verdade são substituídos por declarações hiperbólicas de pressão emocional. "Sentimentos feridos" é tudo o que se requer para derrotar os oponentes. Robert Tracinski diz que esse apelo à emoção "tem como propósito específico fazer com que a análise racional dos problemas pareça [...] positivamente imoral".[31] Na confrontação da Universidade de Yale a que nos referimos anteriormente, Nicholas Christakis perguntou aos estudantes: "Quem decide o que é [um discurso] ofensivo? Quem decide?". Uma estudante respondeu: "Quando me fere". Caso encerrado.

Pensadores de vanguarda como John Corvino, professor de filosofia da Universidade Estadual de Wayne, estão lançando os fundamentos da *ofensa à dignidade* em substituição à *ofensa material* (danos físicos, roubo de propriedade ou danos causados a ela etc.) como padrão legal para processo e punição pelo estado. Para Corvino, a *ofensa à dignidade* consiste em:

(1) tratar as pessoas como inferiores, quer se reconheça ou não esse tratamento; (2) fazer com que as pessoas se sintam inferiores, intencionalmente ou não; e (3) contribuir com a desigualdade moral sistêmica, intencionalmente ou não.[32]

Isso mesmo: ferir os sentimentos de alguém seria passível de ação legal. Hoje, se ousarmos argumentar que as diferenças entre

---

[31]Robert Tracinski, "No, GOP's Obamacare update doesn't make rape a pre-existing condition", *The Federalist*, May 8, 2017, https://thefederalist.com/2017/05/08/no-gops-obamacareupdate-doesnt-make-rape-pre-existing-condition/.

[32]Cf. citado em Albert Mohler, "Religious freedom and discrimination: why the debate continues", The Gospel Coalition, June 28, 2017, https://www.thegospelcoalition.org/reviews/debating-religious-liberty-and-discrimination/.

homens e mulheres são essenciais e complementares no casamento e na família, ou que o casamento está intrinsecamente associado à procriação (o que requer o par homem e mulher), ou que os filhos precisam do cuidado amoroso da mãe e do pai, que ambos contribuem significativamente, ao seu modo, na criação dos filhos, é possível que sejamos acusados de causar dano à dignidade de alguém. Se a coisa ganhar foro legal, nossos argumentos passarão à esfera da ilegalidade. Se dissermos que o par homem-mulher existe objetivamente e, portanto, não é uma questão de escolha, que o sexo do bebê não lhe é "atribuído" ao nascer, mas que nascemos homem ou mulher com diferenças biológicas, fisiológicas e psicológicas distintas e que tais diferenças devem ser aceitas e respeitadas, podemos acabar na cadeia.

Conforme explica Nancy Pearcey, "se não há verdade objetiva ou universal, disso se segue que toda reivindicação de verdade objetiva será tratada simplesmente como uma tentativa [...] de uma comunidade de impor sua perspectiva limitada e subjetiva às demais pessoas. Um ato de opressão. Um sequestro de poder".[33] É o que pensa também James Lindsay. De acordo com esse ideólogo da justiça social, "o que acreditamos ser 'verdadeiro' é, em grande medida, uma função do poder social: quem o detém? Quem é por ele oprimido? Como ele influencia as mensagens que ouvimos?".[34] Bem ao estilo orwelliano, a justiça social ideológica reduz a verdade ao poder. Quem tem o poder de impor uma narrativa dominante tem o poder de definir a "verdade". Quando se abandona a verdade objetiva, as narrativas prosperam.

---

[33] Pearcey, *Finding truth*, 120.
[34] James A. Lindsay e Mike Nayna, "Postmodern Religion and the Faith of Social Justice," *Areo*, December 18, 2018, https://areomagazine.com/2018/12/18/postmodern-religion-and-thefaith-of-social-justice/comment-page-1/

PRINCÍPIOS FUNDAMENTAIS DA IDEOLOGIA

Narrativas são "histórias" criadas pelo homem com o propósito de descrever a realidade, mas que têm atrás de si um programa. Elas apelam às emoções em detrimento da razão, oferecendo-nos um quadro caracterizado por largas pinceladas. Elas reduzem realidades cheias de nuances, complexas e multifacetadas a tramas em preto e branco, ao mal contra o bem. Os vilões e as vítimas estão à vista de todos. As vítimas, naturalmente, são mulheres, pessoas de cor ou da comunidade LGBTQ+. Os vilões são quase sempre homens héteros e brancos. O apelo intuitivo das narrativas lhes confere certo poder. As pessoas estão dispostas a crer nelas. As narrativas operam por meio da distorção. Embora tenham alguma base nos fatos, as evidências que as sustentam são seletivas, ao passo que outros fatos que colocam em dúvida a trama são suprimidos ou ignorados.

Um exemplo particularmente chocante usado para a promoção de um programa de justiça social foi a narrativa envolvendo Michael Brown e o grito de "Mãos ao alto! Não atire!", em Ferguson, Missouri. Esse foi o evento catalisador do movimento Black Lives Matter. Como Brown era negro, ele foi escalado para ser vítima de uma brutalidade policial injustificável. Como o policial Darren Wilson era branco, ele foi escalado para ser o vilão antes mesmo que os fatos fossem devidamente esclarecidos. De acordo com essa narrativa muito bem montada, Brown se aproximara inocentemente da viatura de Wilson com as mãos levantadas implorando-lhe: "[Estou de] as mãos ao alto, não atire!". Wilson, porém, atirou nele mesmo assim. Nada disso era verdade, conforme descobriu o júri de instrução ao absolver Wilson e conforme demonstrou uma investigação posterior, mais aprofundada, feita pelo Departamento de Justiça a cargo de Eric Holder durante o governo Obama. Àquela altura, porém, já era tarde demais. A narrativa popular já estava bastante consolidada e ainda hoje muitos a consideram "verdadeira".

A verdade objetiva, o testemunho ocular, a investigação, as evidências e os vereditos legais têm pouca importância quando se opera segundo a visão de mundo da justiça social ideológica. O fato é que aqueles que tentam desvendar a verdade acabam muitas vezes demonizados.

Nunca será demais enfatizar o poder de destruição de tudo isso. A verdade e um sentido básico de honestidade são a cola que mantém unidas as sociedades. A fragilização desse vínculo fará com que tudo desmorone bem depressa. Ao negar a verdade objetiva e ao desvalorizar a lógica, a razão, os fatos e as evidências, a justiça social ideológica debilita de forma efetiva e intencional os elos de nossa sociedade.

Sem a verdade, disse muito acertadamente o falecido Ravi Zacharias, não há justiça. Com a verdade desconectada de Deus e ligada inextricavelmente às narrativas dos poderosos da cultura, não há justiça verdadeira para os que se recusam a se conformar com as convenções estabelecidas. O que se chama de justiça social é, com frequência, uma perversão da justiça. Na verdade, a influência cada vez maior da ideologia da justiça social está enfraquecendo um dos principais pilares da civilização ocidental: o devido processo legal, esteio por excelência do nosso sistema de justiça na sociedade civil.

Não há presunção de inocência para quem faz parte do grupo errado ou defende as opiniões erradas. O fato é que, com a nova hierarquia interseccional de justiça social, se o indivíduo for homem e branco, será presumivelmente culpado. Esqueça a busca criteriosa de evidências e de fatos corroborativos "além de qualquer dúvida razoável" antes do anúncio do veredito. Até mesmo acusações comprovadamente falsas recebem o benefício da dúvida se forem feitas por um membro do grupo das vítimas. Foi-se também o direito de ficar diante do acusador, de interrogar as testemunhas, de produzir evidências a seu favor e, o mais importante, também não há mais a presunção de inocência até prova em contrário. O conceito ocidental do devido processo legal, baseado na cosmovisão judaico-cristã, é uma realização cultural que demorou séculos para se consolidar. A menos que seja defendida contra os ataques da justiça social ideológica, perecerá em uma geração. É por nossa própria conta e risco que assistimos a tudo isso passivamente.

A verdade, por sua vez, é um baluarte da cosmovisão cristã. O grande fundador da nossa fé deixou isso muito claro: "Eu sou o caminho, a verdade e a vida" (Jo 14.6), disse Jesus. Posteriormente, ele disse: "Foi para isso que nasci e vim ao mundo, a fim de dar testemunho da verdade. Todo aquele que é da verdade ouve a minha voz" (Jo 18.37). Deus existe como Criador do cosmo, o derradeiro ponto fixo. E, porque ele existe, a verdade existe, a verdade absoluta, objetiva e transcendente. Deus criou cada um de nós à sua imagem para que prosperássemos na verdade e para que fôssemos criaturas que conhecessem e dissessem a verdade.

Sem esse compromisso judaico-cristão com a verdade objetiva e cognoscível, não haveria universidade alguma. Tampouco haveria ciência moderna, nem jornalismo, menos ainda estudo da história. Não haveria democracia liberal, porque sem a verdade o governo se torna um exercício de poder em estado bruto. O professor Sinan Aral, do Instituto de Tecnologia de Massachusetts, foi *preciso* em sua observação: "É imprescindível que haja alguma ideia de verdade para o funcionamento adequado de praticamente todas as esferas do empreendimento humano. Permitir que o mundo seja consumido pela falsidade é um convite à catástrofe".[35]

---

[35] Sinan Aral, "How Lies Spread Online," *The New York Times*, March 8, 2018, https://www.nytimes.com/2018/03/08/opinion/sunday/truth-lies-spread-online.html.

A verdade se conhece pela combinação da revelação divina amparada pelo uso adequado de nossa capacidade dada por Deus para a razão e a lógica, as evidências e a argumentação. Nas palavras dos pais da igreja, a revelação divina chega até nós em "dois livros", o livro da Palavra de Deus (a Bíblia), e o livro do mundo de Deus (a Criação). Podemos acrescentar a esses dois um terceiro "livro", o livro da razão humana e do testemunho interno da consciência, ou "a lei [...] escrit[a] no coração" (Rm 2.15). Buscamos a verdade mediante o estudo criterioso da criação divina, recorrendo a ferramentas e métodos da ciência, bem como ao estudo atento da Palavra escrita de Deus, por meio dos princípios da hermenêutica sólida e com a iluminação indispensável do Espírito Santo.

Como somos finitos, nossa capacidade de conhecer a verdade é limitada. Somos criaturas decaídas, rebeldes e, portanto, propensos a mentiras e ardis. Contudo, a despeito de todas essas limitações, a verdade existe, e pelo esforço diligente é possível conhecê-la, de forma imperfeita, incompleta, porém verdadeira.

O edifício da jurisprudência ocidental é todo ele baseado nessa convicção. Quando uma testemunha presta depoimento em um tribunal de justiça, ela jura "dizer a verdade, toda a verdade e nada mais que a verdade". Quando alguém é acusado de alguma transgressão, somos instruídos a não fazer nenhum julgamento prévio até que as evidências e os fatos sejam apresentados e cuidadosamente avaliados. A civilização ocidental imagina a "Senhora Justiça" com uma venda nos olhos, sinal de que a verdade tão arduamente obtida deve ser imparcial, sem distinção de pessoas. Todos são iguais perante a lei. A ideologia da justiça social, porém, não é nem um pouco cega, e orgulha-se disso. As pessoas são tratadas diferentemente com base nos grupos aos quais são designadas. Culpado ou inocente é um veredito que se baseia em grande medida não no comportamento individual, mas no grupo a que a pessoa pertence. A narrativa se antepõe ao fato. A Bíblia clama fortemente contra tal parcialidade. "Não farás injustiça em um julgamento; não favorecerás o pobre, nem honrarás o poderoso, mas julgarás o teu próximo com justiça" (Lv 19.15). Veja também Deuteronômio 10.17; Romanos 2.11; Provérbios 24.23 e Tiago 2.1-9.

A verdadeira justiça trata a todos da mesma maneira, a despeito da cor da pele, da etnia, sexo, gênero ou qualquer outra característica imutável. A Bíblia ensina que, num ambiente legal, a culpa só pode ser determinada com base em testemunhos (Dt 19.15), e essas testemunhas devem falar a verdade. O falso testemunho é uma violação grave dos Dez Mandamentos (Êx 20.16). A justiça bíblica está empenhada em descobrir a verdade sobre culpa ou inocência com base em ações e comportamento, e não com base na filiação a um chamado grupo opressor.

Não devemos nos esquecer de que a perpetuação de narrativas distorcidas que são tratadas como "verdades" é apenas outra maneira de mentir. Os criadores de narrativas selecionam a dedo apenas aqueles fatos que se encaixam em seus enredos predeterminados e ignoram ou encobrem os que contrariam esse enredo. Trata-se de um estratagema deliberado, que deve ser totalmente rejeitado pelo cristão. Temos um compromisso fundamental com a proclamação da verdade e com a sua busca, na certeza de que a verdade existe e que toda verdade é a verdade de Deus. Portanto, não devemos jamais sucumbir à prática pós-moderna de transitar por narrativas falsas ou distorcidas no intuito de chegar a um desfecho desejado.

"Não criamos a verdade; nós a descobrimos, e não temos poder algum de alterá-la para que se conforme aos nossos gostos", disse Charles Chaput,[36] arcebispo católico romano da Filadélfia. Antes, com imparcialidade, cabe-nos questionar as narrativas culturais populares, movidos pelo compromisso de seguir os fatos e as evidências para onde quer que elas nos levem.

QUEM TEM A AUTORIDADE FINAL?

Na visão de mundo da justiça social ideológica, a autoridade é conferida não pela sabedoria, idade, posição ou experiência, mas pela condição de vítima. As declarações de opressão e de vitimização se baseiam numa "experiência vivida" subjetiva na qual se deve acreditar sem questionamentos. Quanto mais descrições de vitimização interseccional o indivíduo assinalar, maior sua autoridade moral. Quanto maior a autoridade, maior o poder.

Conferir poder às vítimas resulta naturalmente (e de modo perverso) numa explosão na demanda pela condição de vítima. Para alguns, trata-se de uma verdadeira olimpíada da vitimização. Supostas vítimas estão o tempo todo em busca de oportunidades para se dizerem ofendidas ou prejudicadas, sempre atentas a "microagressões" cada vez mais diminutas que possam resultar em vitimização. Até mesmo eventos ocorridos há cem anos são cobrados da descendência dos que os perpetuaram. Um número cada vez maior de pessoas, tais como Jussie Smollett, recorrem a farsas criminais para reivindicar sua *bona fides* [condição genuína] de vítima e os benefícios dela decorrentes.

Jonathan Haidt, professor de liderança ética da Universidade de Nova York, observou o emprego dessa tática com frequência cada vez maior entre seus alunos, que "reagem à menor ofensa

---

[36]Charles J. Chaput, "The Splendor of Truth in 2017," *First Things*, October 2017, https://www.firstthings.com/article/2017/10/thesplendor-of-truth-in-2017.

não intencional a ponto de falsificar ofensas".[37] De acordo com a *Atlantic*, tudo isso é parte de "um novo código moral da vida americana": a cultura da vitimização.[38] Essa tática funciona, em parte, porque a maioria das pessoas simpatiza com as vítimas, como não podia deixar de ser, sobretudo em uma sociedade plasmada pela cosmovisão bíblica e que vê como virtude a compaixão pelos que sofrem. A ideologia da justiça social, porém, tal como um parasita, se alimenta de nossa compaixão boa e necessária pelas verdadeiras vítimas, mas a distorce favorecendo determinados grupos.

A autoridade está intimamente relacionada ao poder, por isso é importante compreender de que modo a justiça social ideológica interpreta as duas coisas. Conforme já deixamos claro, em um mundo sem Deus, sem verdade objetiva ou sem moralidade transcendente, tudo o que resta é o poder, o que explica por que a justiça social ideológica é obcecada pelo poder. Tudo pode ser explicado pela dinâmica do poder. A busca pelo poder espreita todas as interações humanas. Tudo é reduzido ao político.

Uma crença elementar do marxismo mais antigo e da nova ideologia da justiça social é a convicção de que o poder e a autoridade existem para um propósito, e um propósito apenas: produzir hegemonia, estar em vantagem em relação aos que têm menos poder. Na cosmovisão da justiça social ideológica, o poder se expressa pela soma zero. Os poderosos são privilegiados à custa dos não privilegiados e dos que não detêm poder algum. Se um

---

[37]Jonathan Haidt, "Coddle U *vs.* Strengthen U: What a Great University Should Be," *The Righteous Mind*, October 6, 2017, https://righteousmind.com/author/jonathan-haidt-2/page/3/.

[38]Conor Friedersdorf, "The Rise of Victimhood Culture," *The Atlantic*, September 11, 2015, https://www.theatlantic.com/politics/archive/2015/09/the-rise-of-victimhoodculture/404794/.

grupo ganha, o outro tem de perder. Nessa estrutura, a história nada mais é do que uma saga interminável de poder e de dominação, em que cada grupo recorre a qualquer meio necessário para arrebatar o poder das mãos de outros grupos.

No momento atual, a justiça social ideológica entende que o poder está concentrado nas mãos *exclusivamente* de homens brancos e héteros que mantêm sua hegemonia por meio de uma vasta série de sistemas sociais, não raro ocultos: supremacia branca, patriarcado e, geralmente, por meio dos conceitos ocidentais de casamento, família e sexualidade. O objetivo da revolução da justiça social é desmantelar as estruturas opressoras e transferir o poder e a autoridade delas para as vítimas. Estas vencerão quando os opressores perderem. É assim que funciona.

Os pressupostos fundamentais da justiça social acerca da autoridade e do poder estão fundamentados numa fonte de autoridade cada dia mais intensa: a disciplina acadêmica pós-moderna da *teoria crítica* ou *estudos de ressentimento*, que ganhou destaque depois da Segunda Guerra Mundial graças ao empenho dos filósofos sociais neomarxistas da Escola de Frankfurt.[39] James Lindsay vai direto ao ponto: "A sabedoria dos estudos de ressentimento é a Bíblia e o Hadith".[40] É seu texto sagrado, sua autoridade final.[41]

Vejamos agora como fica tudo isso em relação à forma como a Bíblia compreende a autoridade e o poder.

A Bíblia é muito clara: a autoridade final está em Deus e em sua Palavra revelada na Escritura. Deus também constitui

---

[39] Para um excelente resumo da *teoria* crítica, veja The *Stanford Encyclopedia of Philosophy*, https://plato.stanford.edu/entries/critical-theory/.

[40] Hadith se refere à coletânea de palavras e atos de Maomé que complementa o Alcorão. (N. do T.)

[41] Lindsay e Nayna, https://areomagazine.com/2018/12/18/postmodern-religion-and-the-faith-of-social-justice/.

autoridades humanas legítimas: os maridos no casamento, os pais no lar, as autoridades governamentais no estado, pastores e presbíteros na igreja. Essas autoridades devem ser tratadas com deferência e respeito, à medida que sigam padrões piedosos de moralidade, uma vez que toda autoridade vem de Deus.

A Bíblia tem uma compreensão *radicalmente* distinta de poder e autoridade em comparação com a justiça social ideológica. O poder e a autoridade existem para manter a ordem, uma pré-condição necessária à prosperidade humana, e para servir os que estão debaixo da autoridade para seu próprio benefício. Deus, a mais poderosa de todas as autoridades, o Rei dos Reis e Senhor dos Senhores, nos serve de modo extraordinário por meio do seu poder para o nosso bem, a ponto de morrer na cruz para pagar a penalidade pelos nossos pecados enquanto ainda éramos seus inimigos!

Filipenses 2.6-11 descreve o poder e a autoridade da perspectiva privilegiada da cosmovisão bíblica:

> [Jesus] que, existindo em forma de Deus, não considerou o fato de ser igual a Deus algo a que devesse se apegar, mas, pelo contrário, esvaziou a si mesmo, assumindo a forma de servo e fazendo-se semelhante aos homens. Assim, na forma de homem, humilhou a si mesmo, sendo obediente até a morte, e morte de cruz. Por isso, Deus também o exaltou com soberania e lhe deu o nome que está acima de qualquer outro nome; para que ao nome de Jesus se dobre todo joelho dos que estão nos céus, na terra e debaixo da terra, e toda língua confesse que Jesus Cristo é o Senhor, para glória de Deus Pai (Fp 2.6-11).

Em Jesus, poder e autoridade por excelência fundiram-se com a humildade e o serviço sacrificial. Foi o que ele demonstrou ao longo do seu ministério precoce. Ele falou a respeito disso com frequência, inclusive em um diálogo particularmente memorável com seus discípulos registrado em Marcos 10.35-45, enquanto se dirigiam para Jerusalém. Ele sabia o que o esperava: "... o Filho do homem será entregue aos principais sacerdotes e aos escribas. Eles o condenarão à morte e o entregarão aos gentios. Irão zombar dele e cuspir nele, açoitá-lo e matá-lo. Depois de três dias, ele ressuscitará" (Mc 10.33,34).

Os discípulos haviam se esquecido de tudo isso. Sua expectativa era de que Jesus, ao chegar a Jerusalém, derrotasse os odiados romanos e se tornasse um soberano político poderoso. Eles queriam poder: queriam se sentar à sua mão direita e à sua mão esquerda (Mc 10.37) para "dominar sobre outros" e "exercer autoridade". Poderíamos dizer que eles queriam ser "os chefes", para poder mandar.

Jesus os chamou de lado e os corrigiu. Se quisessem *realmente* poder e autoridade em seu reino, teriam de entender o seguinte:

"... quem entre vós quiser tornar-se grande, será esse o que vos servirá; e quem entre vós quiser ser o primeiro, será servo de todos. Pois o próprio Filho do homem não veio para ser servido, mas para servir e para dar a vida em resgate de muitos (Mc 10.43-45).

Esse conceito bíblico revolucionário de poder e de autoridade é completamente estranho à justiça social ideológica, tal como o é a todas as demais cosmovisões deste nosso mundo caído. Durante mais de dois mil anos, seguidores devotos de Jesus tentaram seguir seu exemplo em suas famílias, nos seus locais de trabalho e em suas posições de autoridade na sociedade. Onde quer que essa cultura do líder-servo tenha fincado raízes, o fruto foi totalmente revolucionário.

Embora esse tipo de servidão sacrificial também ocorra, graças a Deus, no mundo fora de nossas igrejas, essa realidade não é reconhecida nem tampouco defendida pelos partidários da justiça social. Ela não se encaixa em sua compreensão negativa, de soma zero, do poder. A justiça social não exige poder para as vítimas, de modo que se possa lidar com as injustiças e outras pessoas sejam atendidas. Seu objetivo é virar a mesa contra os opressores. Jesus condenou tal atitude: "Ouvistes que foi dito; 'Olho por olho e dente por dente". Eu, porém, vos digo..." (Mt 5.38,39a).

Em suma, o poder e a autoridade nas Escrituras não são intrinsecamente negativos. Na verdade, eles são fonte de grande bem quando usados para servir e beneficiar outros sob autoridade. É tão somente à luz da pecaminosidade humana que parecem negativos, quando submetidos a fins egoístas e destrutivos por parte dos que deles abusam.

E de que maneira a Bíblia responde à ideia da justiça social de que a autoridade final é da vítima? Como cristãos, concordamos que são muitas as vítimas da injustiça e da opressão neste nosso mundo caído, as quais merecem justiça e compaixão. Contudo, discordamos que devamos atribuir autoridade moral às pessoas que reivindicam a condição de vítimas, permitindo que definam o que é real com base em sua "experiência vivida" subjetiva.

Tome-se o caso, por exemplo, de uma viúva cujo marido foi torturado e assassinado em um campo de prisioneiros de guerra do Japão durante a Segunda Guerra Mundial. Todos concordamos que ela é vítima. Talvez ela cultive um ódio rancoroso do povo japonês como consequência do que aconteceu ao seu marido. Sua "experiência vivida" lhe diz que os japoneses são bárbaros e desumanos. O que diríamos a ela? Cederemos aos seus sentimentos, concedendo a ela a autoridade moral para que defina o que é verdade a respeito do povo japonês? De modo algum. Podemos nos solidarizar com ela, sabemos pelo que ela passou, mas não podemos permitir que ela imponha sua "realidade" sobre o restante de nós.

O cristão não deve jamais permitir que outra coisa que não Deus e a Bíblia seja nossa palavra final a respeito do que é verdadeiro. A Palavra de Deus diz que todos são pecadores, capazes de um grande mal, não apenas os japoneses, ou judeus ou os homens brancos. Ela diz também que Deus ama a todos e que todos somos criados à sua imagem. A Bíblia, e não a pessoa que se diz vítima, deve ter a palavra final.

Como seguidores de Cristo, devemos nos preocupar igualmente com a ascensão da "cultura da vitimização". A justiça social ideológica é responsável por uma tendência crescente de se buscar, em toda e qualquer oportunidade, uma possível ofensa e de se apegar a todo e qualquer ressentimento, não importa se pequeno ou há quanto tempo tenha acontecido. Isso é algo extremamente destrutivo, resulta em amargura, infelicidade e conflito. Cristo nos mostra um caminho muito diferente. Jesus pede que voltemos a outra face (Mt 5.39) e, com amor genuíno, soframos todas as coisas, creiamos em todas as coisas, esperemos todas as coisas e tudo suportemos (veja 1Co 13.7). Cabe-nos "[perdoar] uns aos outros; se alguém tiver alguma queixa contra o outro, assim como o Senhor vos perdoou, também perdoai" (Cl 3.13). Em vez de cultivar ressentimentos, para desse modo assumir a condição de vítima, não devemos "[guardar] ressentimento do mal" (1Co 13.5), e até mesmo amar nossos inimigos (Mt 5.44).

Há dois caminhos que levam a duas culturas diferentes: perdão e amor ou ressentimento e vitimização. Que tipo de cultura queremos criar?

HAVERÁ UM JUÍZO FINAL NO FUTURO?
Na cosmovisão da justiça social não há lugar para um juízo final. O que se considera "mal" deve ser extirpado aqui e agora, por homens e mulheres falíveis, usando para isso quaisquer meios necessários. Vimos aonde vai dar essa ideia. Na antiga União Soviética, os "capitalistas" eram capturados e enviados aos gulags ou morriam de fome aos milhões. O Khmer Vermelho, no Camboja, tinha seus campos de morte. A China Vermelha massacrou milhões de indesejáveis durante sua tenebrosa Revolução Cultural. Observamos no Ocidente uma dinâmica semelhante, mas ainda não plenamente desenvolvida. O poder da justiça social resultante da vitimização está a cargo das multidões virtuais no Twitter, ou das multidões reais (muitas vezes violentas), como aquelas que encheram as ruas de praticamente todas as cidades ocidentais depois do assassinato, em maio de 2020, de George Floyd pelo policial Derek Chauvin, de Minneapolis. Temos aqui uma imagem de como será nossa sociedade se a revolução continuar a dominar a cultura conforme já faz em tantos campi de nossas universidades. Sem lei e sem ordem. Não há graça. Não há perdão. Nenhuma misericórdia. Nenhum respeito pelos mais velhos ou pelos professores. Tolerância zero. Só gritaria, "vítimas" discriminadas que impõem uma justiça paramilitar aos membros do grupo opressor. Não vai ficar nisso. Não está ficando nisso.

Em última análise, o marxismo e a justiça social são totalitários, uma vez que só uma instituição humana é poderosa o suficiente para purificar o mundo do mal e conduzi-lo à utopia: um estado todo-poderoso. As instituições que contribuem com disparidades — a família, a igreja, as empresas privadas e todas as demais associações humanas — devem ser eliminadas e substituídas por um estado amplo. No marxismo, o estado substitui Deus. Onde a Bíblia diz: "O meu Deus suprirá todas as vossas necessidades, segundo sua riqueza na glória em Cristo Jesus" (Fp 4.19), a justiça social marxista replica: "Não! *O estado atenderá a todas as suas necessidades*".[42]

Essa não é a visão cristã de justiça. Só um juiz perfeito pode executar a justiça perfeita, e só Cristo pode se incumbir perfeitamente dessa responsabilidade admirável. Como juiz de todos, ele *preservará* tudo o que é bom, ao mesmo tempo que livrará o mundo de tudo o que é mau.

Essa é a mensagem da parábola que Jesus contou sobre o joio e o trigo (Mt 13.24-30, 36-43). O trigo representa tudo o que há de bom no mundo, enquanto o joio representa tudo o que há de mau. "A colheita" representa o juízo final, quando Deus separará o joio do trigo, queimando (destruindo) o joio e preservando o trigo.

Na parábola, os servos indagam ao proprietário do campo se não quer que eles façam a separação. O proprietário (Deus), responde que "não", e explica que eles não estavam à altura dessa tarefa importante. Podia acontecer de arrancarem um pouco de trigo juntamente com o joio.

Embora as autoridades legalmente constituídas tenham o dever de fazer justiça, até mesmo o juiz mais sábio é falível. Enquanto aguardamos o retorno de Cristo, a justiça será sempre parcial e imperfeita. Pôr em prática a justiça perfeita na terra é difícil demais para seres humanos decaídos. Em nossos esforços para livrar o mundo do mal, destruiríamos também o que é bom. Somente um Deus perfeito, santo e justo pode fazê-lo. Somente ele pode construir esse mundo melhor que todos nós, em nossos

---

[42]Para esta minha afirmação, baseio-me em John Stonestreet, presidente do BreakPoint e do The Colson Center.

melhores momentos, desejamos. Ele terá a palavra final, porém será preciso aguardar seu retorno para que a justiça final seja consumada. Até esse dia, Deus estende a possibilidade de misericórdia e de perdão aos pecadores, e assim o fazem também seus seguidores, que apontam para ele enquanto praticamos a justiça bíblica à medida que caminhamos.

Somente a cosmovisão bíblica é capaz de sustentar a promessa da justiça perfeita, dando espaço ao mesmo tempo para uma cultura marcada pela tolerância, pela graça, pelo perdão e pela misericórdia. Mesmo em face de um grande mal, perdoamos e amamos nossos inimigos, confiando na promessa de Deus de corrigir todo mal, quando ele voltar.

CAPÍTULO 6

VALORES E DESVALORES DA IDEOLOGIA

Devidamente dispostas as peças, elas nos permitem compreender por que a justiça social ideológica não pode mais ser entendida como mera conformidade pessoal ou social com a lei de Deus. Ela está exclusivamente preocupada em "desmascarar" e derrubar os sistemas opressores. E o que faz dessas estruturas instrumentos de opressão? Elas perpetuam as disparidades, ou as desigualdades de renda. O termo "igualdade" é um dos valores centrais da justiça social ideológica. Os principais pressupostos de uma cosmovisão contribuem com a formação dos valores das pessoas e também com aquilo que repudiam. Esses valores, por sua vez, impulsionam o comportamento e suas consequências no mundo real. Neste capítulo, analisaremos dois valores da justiça social, igualdade e diversidade, bem como dois desvalores, a civilização ocidental e os Estados Unidos. Em seguida, veremos como esses valores levam a uma moralidade terrivelmente distorcida e quais as consequências disso para o mundo real.

IGUALDADE

A palavra "igualdade" tem uma conotação quase sagrada na cosmovisão da justiça social ideológica. O termo é também uma ideia profundamente bíblica, mas a interpretação da justiça social difere enormemente do que está revelado na Escritura. Na Bíblia, igualdade é algo que todos os seres humanos têm como portadores que são da imagem de Deus. Todos têm igual dignidade, valor e direitos dados por Deus, embora sejamos diversos em nosso sexo, personalidade, dons e antecedentes étnicos. Igualdade refere-se também ao fato de que a lei de Deus se aplica igualmente a todos os seres humanos. Na visão marxista clássica, porém, igualdade significa igualdade *de resultado* — em outras palavras, similaridade, uniformidade e permutabilidade. Ironicamente, apesar do seu proclamado compromisso com a "diversidade", as consequências efetivas da justiça social ideológica é que ela transforma pessoas diversas em seres indistintos.

C. S. Lewis captou muito bem essa redefinição de igualdade em *Cartas de um diabo a seu aprendiz*: "Não admita que ninguém entre os seus súditos se destaque, não deixe sobreviver ninguém que seja mais sábio, melhor, mais famoso ou até mesmo mais bonito que a massa. Passe a régua em todos para ficarem no mesmo nível; todos escravos, todos números, todos zés-ninguém. Todos iguais".[1] Esse era o objetivo dos estados comunistas na União Soviética e na China, e de todas as experiências utópicas. As pessoas eram obrigadas a se vestir da mesma maneira, a agir do mesmo modo e, principalmente, a *pensar do mesmo jeito* — sob pena de serem mortas se não o fizessem.

A ideologia da justiça social junta disparidades (diferenças) com injustiça e opressão. Sempre que há disparidades entre os grupos, a justiça social parte do pressuposto de que a causa *deve* estar na opressão sistêmica ou institucional de um tipo ou de outro. Por exemplo, se 80% dos engenheiros de software do Google forem homens e 20% forem mulheres, a disparidade,

---

[1] Citado em "Lewis on democracy", cslewis.com, http://www.cslewis.com/lewis-on-democracy/.

ipso facto, prova que há privilégio e sexismo masculino sistêmico. Uma vez que justiça é o mesmo que igualdade, o Google terá de mudar suas políticas de contratação.

Contudo, essa disparidade é *realmente* causada pelo sexismo institucional? Ou será que homens e mulheres têm psicologias ou experiências de vida diferentes que contribuem para que sejam mais ou menos inclinados a se tornar engenheiros de software? Essas são perguntas perigosas em um cenário dominado pela justiça social. Basta perguntar ao engenheiro de software James Damore, ex-funcionário do Google, o que ele acha. Damore foi demitido por fazê-las.[2]

Há também o fato de que o percentual de estudantes negros expulsos das escolas públicas de Saint Paul, em Minnesota, é mais elevado do que o de estudantes brancos. O superintendente, na esteira do raciocínio da justiça social, concluiu que essa disparidade é prova incontestável do racismo sistêmico.

Mas será que as atitudes dos estudantes negros também não teriam alguma influência nisso? A ideologia da justiça social, é claro, proíbe esse tipo de pensamento. Resultados ruins não devem *jamais* ser atribuídos a escolhas ou a comportamentos pessoais. Isto é "culpar a vítima" — um pecado capital. A culpa deve ser *sempre* atribuída a causas sociais, sistêmicas e institucionais alheias ao controle humano. Foi assim, então, que o superintendente, de modo arbitrário, decidiu ficar do lado dos estudantes negros sem analisar o que haviam feito. O resultado, como não podia deixar de ser, foi "caótico".[3]

---

[2]Timothy B. Lee, "Google fired James Damore for a controversial gender memo—now he's suing", *Ars Technica*, January 9, 2018, https://arstechnica.com/tech-policy/2018/01/lawsuit-goes-after-alleged-anti-conservative-bias-at-google/.

[3]Katherine Kersten, "Federal racial discipline quotas create chaos in St. Paul schools", *The Federalist*, July 29, 2016, http://thefederalist.com/2016/07/29/federal-racial-discipline-quotas-create-chaos-in-st-paul-schools/.

Heather MacDonald, do Manhattan Institute, chama a atenção para o fato de que os afro-americanos, embora representem menos de ¼ da população da cidade de Nova York, respondem por *50%* de todas as abordagens da polícia a pedestres, uma disparidade que leva muitos a acusar a força policial de praticar o racismo institucionalizado. Mas, espere um pouco, diz MacDonald, "comparar desigualdade de renda com o percentual populacional é incorrer em um parâmetro equivocado", diz ela. O parâmetro correto seria a prática de crimes, e não o percentual da população. A atividade policial reage à prática de crimes".[4]

Ela prossegue:

> Relutamos muito em atribuir certos atos aos negros ou a qualquer outro grupo de vitimados [...] Os problemas são estruturais — racismo branco, privilégio branco, supremacia branca etc. Isso, porém, infantiliza os negros. É basicamente como se disséssemos: "Não há nada que vocês possam fazer por vocês mesmos".[5]

Essa exigência de uniformidade aparece em quase todos os lugares. As normas e os regulamentos municipais que impedem pessoas transgênero de usar banheiros e vestiários da sua preferência são considerados injustos porque impõem um tratamento diferenciado às pessoas. As leis e os regulamentos que excluem gays e lésbicas da instituição do casamento devem ser abolidos porque os casais de "mesmo sexo" devem ser tratados da mesma forma que são tratados os casais de "sexos opostos".

---

[4] "The diversity delusion (Heather Mac Donald interview)", *The Rubin Report*, January 23, 2019, https://omny.fm/shows/the-rubin-report/the-diversity-delusion-heather-mac-donald-intervie.
[5] "The diversity delusion."

Não é de surpreender que o sinal matemático de igualdade (=) tenha sido escolhido para simbolizar o movimento que defende o casamento de pessoas do mesmo sexo. Dizer que homens e mulheres são diferentes e que trazem consigo bens diferentes e essenciais para o casamento, a procriação e a educação dos filhos, viola a exigência de igualdade ou de uniformidade. Argumentos desse tipo são ferozmente rejeitados como politicamente incorretos, intolerantes e homofóbicos. Qualquer coisa que resulte em desfechos desiguais é suspeita, segundo a ideologia da justiça social.

De acordo com John Stonestreet, do Colson Center for Christian Worldview:

> Os cientistas sociais sabem há muito tempo que famílias afetuosas compostas por pai e mãe conferem uma vantagem enorme aos filhos. As evidências mostram que essas crianças têm maior probabilidade de cursar a universidade, menos chances de sofrerem abusos ou de cometer abusos, menos chances de se drogar e de violar a lei, além de uma probabilidade maior de transmitir essas vantagens aos seus filhos.[6]

Contudo, se a justiça social requer igualdade de resultado (uniformidade), disso se segue que as famílias onde há afeto são injustas! A justiça requer uniformidade. Qual é a solução? De acordo com os professores Adam Swift, da Universidade de Warwick, e Harry Brighouse, da Universidade de Wisconsin, em Madison, "se a família for a fonte de injustiça [desigualdade] na sociedade, é bem plausível imaginar que, se a abolíssemos,

---

[6] John Stonestreet, "Good families are unfair?", *BreakPoint*, The Colson Center for Christian Worldview, May 20, 2015, https://www.christianheadlines.com/columnists/breakpoint/goodfamilies-are-unfair.html.

teríamos um cenário mais equilibrado".⁷ Essa falta de lógica é o centro nervoso da justiça social ideológica.

DIVERSIDADE

Além da igualdade, outro valor supremo da justiça social ideológica é a "diversidade". A expressão "equidade, diversidade e inclusão" se tornou uma espécie de mantra do movimento de justiça social. Inúmeras escolas, organizações e instituições defendem em alto e bom som seu compromisso íntimo com a equidade, a diversidade e a inclusão. Vejamos um exemplo da Price School of Public Policy da Universidade da Califórnia, ainda que a mesma linguagem seja usada por diversas instituições ou organizações. É uma linguagem muito disseminada hoje em dia.

> A Iniciativa da USC Price School no que diz respeito à Diversidade, Justiça Social e Inclusão revela com muita clareza os valores que mais prezamos: respeito pelas diferenças e tolerância com todas as pessoas, culturas, identidades e perspectivas. [...] A iniciativa se estende a muitas outras atividades da USC Price que congregam os alunos na promoção da justiça social e na celebração da riqueza que a diversidade acrescenta à nossa comunidade acadêmica [...] Estamos empenhados na [contratação] de um corpo docente e de funcionários que respeitem a diversidade por meio de uma estratégia de inclusão que vai além daquela adotada pelas agências de publicidade tradicionais.

Evidentemente, "diversidade" é um princípio fundamental da justiça social ideológica. A Bíblia também afirma a diversidade. Contudo, assim como acontece com a justiça e a igualdade, o

---

⁷Stonestreet, "Good families are unfair?".

valor bíblico da diversidade é muito diferente daquele defendido pela justiça social ideológica. Diversidade significa simplesmente diferença ou variedade. A Bíblia apresenta a diversidade como uma coisa maravilhosa, mas somente quando está em equilíbrio com a unidade! Deus criou um mundo com uma diversidade tremenda. Não há apenas um tipo de flor, de árvore, inseto ou pessoa, mas uma grande diversidade de cada um deles. Entre os bilhões de seres humanos que já caminharam nesta terra, nunca houve duas pessoas iguais. Deus ama claramente a diversidade. Ele também ama a unidade. Todas as pessoas compartilham de uma unidade profunda por serem portadoras da imagem de Deus. Neste sentido mais profundo, somos todos iguais. Temos uma unidade, *mas não uma uniformidade*. Nossas diferenças como homens e mulheres, com diferentes histórias, antecedentes, famílias, etnias, línguas, personalidades e dons devem ser apreciadas e celebradas. Os pais fundadores dos Estados Unidos refletiram esse equilíbrio vital entre unidade e diversidade ao escolher o lema da nação: *E pluribus unum*, do latim, "de muitos, um". A força dos Estados Unidos está em sua unidade (uma nação, uma cultura comum) *e* em sua diversidade (muitas etnias e procedências).

Diversidade sem unidade *não* é força. Leva ao caos e conflito. Unidade sem diversidade também não é bom. Resulta em conformidade opressiva e totalitária. A prosperidade humana requer as duas coisas, e por isso mesmo a Bíblia ratifica as duas coisas. A natureza triúna de Deus confirma ambas. Deus é um, mas é três "pessoas" distintas — Pai, Filho e Espírito Santo.

A justiça social ideológica valoriza efetivamente a uniformidade em nome da diversidade, o que é paradoxal. Não há, nessa cosmovisão, um equilíbrio entre unidade e diversidade. Na verdade, a afirmação e o valor da "diversidade" se restringem apenas, rigorosamente, a algumas categorias seletas. Além dessas, há uma pressão sufocante para a conformação. A diversidade que é afirmada é a diferença de *grupo*, e não a diferença *individual*, e, até mesmo entre grupos, nem todas as suas diferenças entre grupos são celebradas — ou mesmo toleradas.

Conforme já demonstramos, a justiça social ideológica não tem lugar para o ser humano enquanto indivíduo. Ela reduz as pessoas a avatares ou a porta-vozes dos grupos a que pertencem. Espera-se delas que pensem como os demais do grupo. Se você for negro, espera-se que você pense, fale e aja como uma pessoa "negra", e o mesmo vale para as mulheres, pessoas LGBTQ+ e todas as demais pessoas. Não há espaço para celebrar as diferenças individuais de fé nesses grupos. A deputada Ayanna Pressley, congressista americana negra de Michigan, expressou verbalmente esse pressuposto nos comentários que fez por ocasião da Conferência *Netroots Nation*, em 2019:

> Não precisamos mais de rostos pardos que não queiram ser uma voz parda. Não precisamos de rostos negros que não queiram ser uma voz negra. Não precisamos de muçulmanos que não queiram ser uma voz muçulmana. Não precisamos de *queers* que não queiram ser uma voz *queer*.[8]

Pressley foi clara. Se você é pardo, negro, muçulmano ou *queer*, mas não pensa ou não fala como seu grupo, você não é necessário. Conforme-se ao seu grupo ou caia fora! Não há lugar na visão de mundo de Pressley para pessoas que pensam e agem como indivíduos. Isso nos leva a indagar: como é que se determina a "visão do grupo" ou sua "voz"? Aparentemente, pela

---

[8] Rebecca Klar, "Pressley: Democrats don't need 'any more black faces that don't want to be a black voice'", *The Hill*, July 14, 2019, https://thehill.com/homenews/house/453007-pressley-democrats-need-any-more-black-voices--that-dont-want-to-be-a-black.

adesão à ortodoxia da justiça social. Os que não subscrevem as doutrinas elementares da justiça social ideológica são denunciados como traidores do seu grupo. Isso é celebração da diversidade? Não, é conformidade opressora.

Os proponentes da justiça social discorrem sobre seu "respeito pelas diferenças e pela tolerância que dispensam a todas as pessoas, culturas, identidades e perspectivas", mas falta-lhes sinceridade. O valor que atribuem à diversidade não é "para todos". Por exemplo, dizer que "todas as vidas importam" é recorrer a uma linguagem racista e politicamente incorreta. Celebram-se apenas alguns grupos, e o grau de "celebração" depende do nível de interseccionalidade da vitimização. Quanto maior a vitimização, maior o respeito e mais ardentes os apelos de "inclusão" em tudo, desde políticas de admissão em universidades até práticas de contratação em conselhos diretores. Carl Salzman, professor emérito de antropologia da Universidade McGill, diz, sem meias palavras:

> Atualmente, as pessoas são aceitas nas universidades, nas faculdades de direito, de medicina, de engenharia, ou são contratadas para dar aulas ou para trabalhar como administradoras, são nomeadas para o Parlamento ou são indicadas para ministérios do governo em virtude de sua categoria censitária de "vítima", e não porque são competentes.[9]

No extremo oposto desse espectro, o grupo interseccional mais opressor — homens brancos héteros — certamente *não* é celebrado. A "inclusão" não se aplica a ele. Pelo contrário, o que

---

[9] Philip Carl Salzman, "How 'social justice' undermines true diversity", Minding the Campus, March 25, 2019, https://www.mindingthecampus.org/2019/03/25/howsocial-justice-undermines-true-diversity/.

se espera de homens brancos héteros é que excluam a si mesmos ou sejam excluídos por outros.

As organizações ativistas LGBTQ+, por exemplo, voltam-se cada vez mais para os cristãos que creem na Bíblia e querem excluí-los por causa de suas crenças. Veja-se o caso de Jack Philips, padeiro cristão. Ele já foi constrangido e multado diversas vezes pelo estado do Colorado, que tentou fechar seu negócio por ele ter respeitosamente se recusado a fazer um bolo personalizado para um casamento entre duas pessoas do mesmo sexo. Para os ativistas da justiça social, certamente não há celebração de diversidade, não há "inclusão", não há "respeito pelas diferenças" ou "tolerância por todas as pessoas e todas as perspectivas" em se tratando de Philips e de pessoas como ele.

Um exemplo preocupante dessa intolerância crescente alimentada pela justiça social — os cristãos (e qualquer crente de uma religião ortodoxa, judeus e também muçulmanos) estão sendo pressionados a renunciar às suas crenças como pré-requisito para que sejam bem aceitos em sua profissão ou até mesmo antes de ingressar nela. Veja-se o caso do grupo ativista conhecido como Gay and Lesbian Medical Association [Associação Médica de Gays e Lésbicas]. A entidade criou um "compromisso do prestador de serviço" e forçou de modo implacável sua adoção pelas organizações médicas dos Estados Unidos. Aquelas que não adotassem o compromisso ficavam sujeitas a acusações de homofobia e de intolerância. O compromisso deve ser preenchido por todos os prestadores de serviços de saúde da organização. Dele consta uma série de "afirmações" com espaços próximos a cada uma para que os funcionários rubriquem em sinal de concordância. Uma dessas afirmações diz: "Creio que as identidades lésbicas, gays, bissexuais e transgênero se acham dentro do espectro da experiência humana normal e não são, em si mesmas, patológicas, 'não naturais' ou pecaminosas".

Conforme observa Rod Dreher, "o que esses ativistas querem é fazer qualquer médico — cristão, judeu, muçulmano etc. — que tenha algum escrúpulo moral em relação à questão LGBT ser expulso da profissão".[10] A pressão de exclusão é real. A mesma coisa está acontecendo em outras profissões.

Chega de celebrar a igualdade, a diversidade e a inclusão. Essa é uma maneira de forçar o alinhamento com a nova ortodoxia; caso contrário, *nada feito*! Trata-se de intolerância explícita disfarçada de tolerância. É uniformidade disfarçada de "diversidade".

E QUANTO AOS POBRES?

Talvez você esteja se perguntando: "Mas e quanto aos pobres? Achei que a justiça social se preocupasse com os pobres!". Bem, durante boa parte do século do 20, foi o que aconteceu. A defesa da classe trabalhadora "pobre" contra seus opressores ricos, capitalistas e colonialistas era uma característica fundamental da teoria econômica original de Marx, que se ocupava totalmente das divisões de classe.

A teoria original de Marx (marxismo 1.0) se baseia em um conjunto de pressupostos relacionados à pobreza e à riqueza que se assemelha aos pressupostos da justiça social ideológica.

- Os recursos existem em uma perspectiva de soma zero. A "riqueza" é algo material que existe fora do homem, nos bancos, nos bens diversos e nas contas de investimentos. Se algumas pessoas têm mais, outras terão necessariamente menos.

---
[10] Rod Dreher, "No traditional Christian doctors need apply", The American Conservative, July 23, 2019, https://www.theamericanconservative.com/dreher/no-traditional-christiandoctors-need-apply/.

- A pobreza tem origem na sociedade, particularmente na disposições e sistemas sociais injustos, tais como o capitalismo e o colonialismo. Ela não procede do coração humano decaído nem de sistemas de fé destrutivos.
- Os pobres são vítimas indefesas. Eles não são responsáveis pela condição em que se encontram. São incapazes de melhorar suas condições, a menos que outras pessoas, mais poderosas, interfiram em seu favor.
- Cabe ao governo gerir e redistribuir riqueza e poder entre seus cidadãos para que se chegue a uma sociedade justa.

Marx tinha uma fé inabalável nesses pressupostos. Ele acreditava piamente na inevitabilidade de uma revolução comunista global dos pobres, em que as vítimas da classe trabalhadora se levantariam contra seus opressores capitalistas. Como isso não aconteceu, uma nova geração de teóricos marxistas retirou a ênfase sobre a divisão classe/riqueza e passou a dar destaque a outras divisões culturais: entre raça, sexo e orientação sexual. Hoje, essa versão — marxismo 2.0 — está em ascensão. Toda a energia do movimento se concentra em derrubar os sistemas e estruturas que privilegiam o homem branco hétero e lhe conferem poder. Sem dúvida, a preocupação com os pobres não desapareceu completamente no marxismo 2.0, mas é muito menor do que era na versão anterior do marxismo.

No marxismo 1.0, o inimigo era o capitalismo. Que diferença em relação a hoje, em que os capitalistas ricos são, com frequência, alguns dos maiores defensores e paladinos da justiça social ideológica. Grande parte da energia e do apoio à justiça social ideológica vem das elites culturais do Ocidente, do meio acadêmico, das grandes empresas e dos meios de comunicação. Alguns dos defensores mais ardorosos da justiça social ideológica, gente como George Soros e Tim Gill, estão entre os mais ricos do mundo. A justiça social ideológica parece ter celebrado uma espécie de armistício com o capitalismo.

Embora a preocupação com os pobres não seja mais algo tão importante para os que creem de verdade na justiça social ideológica, o cristão tem de permanecer firme, sejam quais forem as tendências da cultura popular. A preocupação com o pobre e com o necessitado é parte fundamental da ortodoxia cristã. Provérbios 19.17 (ESV) diz: "Quem é generoso com o pobre empresta ao Senhor, e este lhe retribuirá o seu benefício", enquanto 1João 3.17 (ESV) adverte: "Mas se alguém tiver bens do mundo e vir seu irmão em necessidade, e ainda assim fechar o coração para ele, como o amor de Deus pode permanecer nele?". Deus quer claramente que nos preocupemos com nosso semelhante, o pobre, que é também imagem de Deus.

Contudo, nosso interesse e ação em favor do pobre deve se basear em verdades bíblicas acerca da natureza da riqueza e dos recursos, bem como da natureza humana. Em outras palavras, a riqueza não é fundamentalmente material, e sim espiritual, e os pobres não são vítimas indefesas, e sim pessoas criadas à imagem de Deus dotadas de criatividade, liberdade, dignidade e responsabilidade.

- A pobreza se baseia, muitas vezes, em crenças falsas e destrutivas. A verdade bíblica tem o poder de transformar culturas de pobreza.
- Riqueza e recursos não são "soma zero". Não são fixos e limitados, antes podem crescer, e crescem efetivamente, expandindo-se ao longo do tempo. Por quê? O recurso mais valioso de todos não é o ouro, as propriedades ou os investimentos. Não é de modo algum o que é material. É a mente humana. Fomos criados à imagem de um Deus que

cria, e nós também criamos (novos recursos, nova riqueza, novas ideias etc.).
- Até a pessoa mais pobre tem muitos recursos que, com frequência, são subvalorizados, mas que podem ser transformadores. Diz um tradicional provérbio queniano: "Caroço de manga qualquer um vê, o que ninguém vê é quantas mangas há num caroço". As pessoas precisam aprender a compreender e a valorizar os recursos que têm e seu imenso potencial criativo.[11]
- A Bíblia diz que nossa principal tarefa como seres humanos consiste em governar a criação[12] — identificar e gerir do jeito certo tudo o que Deus nos deu, de tal forma que nossa família, vizinhos e nação sejam abençoados.[13]

Sim, o pobre certamente *pode* ser vítima. Ele pode ser vítima de desastres naturais, guerras, violência, poderes opressores ou doença, e muitos enfrentam diariamente situações terríveis em nosso mundo marcado pelo pecado. Contudo, a forma como vemos o pobre (e a forma como ele vê a si mesmo) não deve jamais reduzi-lo a "vítima". Esse termo pode ser usado para descrever uma *circunstância*, mas jamais deve ser usado para descrever sua *identidade*.

Dizer que o pobre é vítima é relegá-lo ao desamparo e à dependência de outros. O termo ignora as principais características que distinguem a humanidade: liberdade, capacidade

---

[11] Veja Scott D. Allen; Darrow L. Miller, *The forest in the seed: a biblical perspective on resources and development* (Phoenix: Disciple Nations Alliance, 2006).

[12] Veja Gênesis 1.28.

[13] Para mais informações sobre essas verdades bíblicas que devem nos nortear em nossa estratégia de combate à pobreza, veja o livro de Darrow Miller *Discipling nations: the power of truth to transform cultures*, 3. ed. (Seattle: YWAM, 2018) [publicado em português por Monergismo sob o título *Discipulando nações: o poder da verdade para transformar culturas*].

de ação, responsabilidade e prestação de contas. Haverá momentos e circunstâncias em que teremos mais ou menos liberdade, mas até mesmo numa cela de prisão não estamos totalmente desamparados. Ainda podemos decidir no que pensar, em como tratar os outros etc. Não precisamos ficar completamente desumanizados. O bem pode advir até mesmo das piores circunstâncias.

Silas Burgess, por exemplo, foi levado acorrentado em um navio de escravos para Charleston, na Carolina do Sul. Órfão aos oito anos, Silas escapou posteriormente e fugiu para o Texas com outros escravos através da Underground Railroad.[14] Depois de adquirir uma fazenda de 102 acres, abriu a primeira igreja negra e a primeira escola primária para negros em sua cidade.

O tataraneto de Silas, Burgess Owens, é ex-jogador profissional de futebol americano e "empreendedor que realizou o sonho americano; tendo recebido uma educação de nível internacional, ele abriu empresas, teve uma família notável e, diferentemente da maior parte dos americanos brancos, foi presenteado com um anel do Super Bowl".[15] No entanto, ele não passa de uma vítima, apesar de seus antecedentes familiares.

A cosmovisão bíblica declara também que a principal tarefa do governo consiste em preservar o estado de direito, restringir o mal humano punindo os transgressores e encorajando a virtude,[16] e não distribuir igualmente a riqueza. Fazê-lo violaria necessariamente os direitos e liberdades concedidos por Deus aos indivíduos, particularmente o direito de propriedade definido

---

[14]Rede secreta de rotas e esconderijos utilizada por afro-americanos escravizados para escapar em direção aos estados onde seriam livres. (N. do T.)
[15]Burgess Owens, "I didn't earn slavery reparations, and I don't want them", *The Wall Street Journal*, May 24, 2019, https://www.wsj.com/articles/i-didnt--earn-slavery-reparations-and-i-dont-want-them-11558732429.
[16]Romanos 13.1-7.

pelos Dez Mandamentos.¹⁷ Para distribuir igualmente a riqueza, o governo teria necessariamente de tirar (ou roubar) de alguns para dar a outros, ou teria de partir do pressuposto de que toda riqueza pertence, no fim das contas, ao governo. Seja como for, a prosperidade humana não é consequência da igualdade de renda. Cobiçar a riqueza e a situação específica de outros é uma violação dos Dez Mandamentos e resulta em grande infelicidade. Conforme diz a *Enciclopédia Judaica*: "Certamente a ambição é a causa do descontentamento e da infelicidade do indivíduo".¹⁸ A verdadeira felicidade consiste em assumir a responsabilidade pela minha vida e suprir as necessidades de outros. Essa ação afirma minha natureza humana e minha dignidade e leva a um profundo contentamento.

A justiça social ideológica e o cristianismo bíblico, como duas cosmovisões irreconciliáveis, têm duas maneiras distintas de "ver" a pobreza e os pobres. Esses dois conjuntos de pressupostos levam a duas estratégias diferentes de trabalho junto aos pobres com dois resultados diferentes. Infelizmente, em nome da justiça social, muitos seguidores de Cristo ratificam equivocadamente o primeiro conjunto de pressupostos não bíblicos, quando, na verdade, deveriam defender o segundo. Há inúmeras coisas que podemos e devemos fazer para ajudar os pobres. Contudo, nossas ações devem se basear em verdades bíblicas acerca da natureza dos seres humanos, da riqueza e dos recursos.¹⁹

Ao basear nossas ações nos pressupostos equivocados do marxismo que permeiam boa parte da discussão sobre a pobreza

---
¹⁷Êxodo 20.1-17.
¹⁸Kaufmann Kohler; William Rosenau, "Covetousness", *Jewish Encyclopedia*, 1906, http://www.jewishencyclopedia.com/articles/4715-covetousness.
¹⁹Para mais informações a respeito deste tema, recomendo um livro anterior que escrevi com meus colegas Darrow Miller e Gary Brumbelow: *Rethinking social justice, restoring biblical compassion* (Seattle: YWAM, 2015).

levada a cabo pela justiça social, os prejudicados serão os que estão em busca de ajuda. A despeito dos nossos motivos, tratar os pobres como vítimas indefesas, tirando deles sua capacidade para a ação e sua responsabilidade pessoal — tratando-os, basicamente, como gado —, é uma das coisas mais destrutivas e desumanizadoras que poderíamos fazer.

CIVILIZAÇÃO OCIDENTAL E ESTADOS UNIDOS

A teia complexa de opressão e de dominação branca, masculina e heteronormativa que indivíduos como Ta-Nehisi Coates (e muitos outros) criticam foi tecida, de acordo com os proponentes da justiça social, ao longo de várias gerações. Como chegamos ao nosso estado lamentável atual é basicamente a história da civilização ocidental — uma civilização que ficou marcada por escravidão, colonização, ganância, exploração, superioridade racial, imperialismo e genocídio.

Para os milhões que aprenderam essa narrativa neomarxista da história ocidental desde os anos 1960, "o Ocidente" nada mais é do que "um mito do poder branco impregnado de supremacistas brancos".[20] Falando em nome de muitos, um ativista estudantil da Claremont Pomona University acusa a civilização ocidental de produzir "sistemas interligados de dominação que geram condições letais sob as quais os povos oprimidos são obrigados a viver".[21] Esses sistemas compreendem uma mistura tóxica de capitalismo, "branquitude", casamento tradicional ("o patriarcado"), o modelo

---

[20] Ben Shapiro, "How the West changed the world for the better", National Review, March 19, 2019, https://www.nationalreview.com/2019/03/western-civilization-revelation-reason-worth-defending/.

[21] Christina Hoff Sommers, "The threat to free speech", American Enterprise Institute, January 22, 2017, https://www.aei.org/articles/christina-hoff-sommers-the-threat-to-free-speech/.

binário homem-mulher e a moralidade sexual judaico-cristã. São todos elementos opressores que devem ser lançados na lata de lixo da história.

O ódio à civilização ocidental se reflete também nos Estados Unidos. De acordo com o influente historiador Howard Zinn, autor de *A people's history of the United States* [Uma história popular dos Estados Unidos], a Revolução Americana nada mais foi do que um esforço empreendido por homens brancos para proteger seus privilégios.

A posição inferior dos negros, a exclusão dos índios da nova sociedade, o estabelecimento da supremacia dos ricos e poderosos em uma nova nação — tudo isso já estava definido nas colônias na época da revolução. Com os ingleses fora do caminho, essas coisas podiam agora ser postas no papel, consolidadas, regularizadas e legitimadas pela Constituição dos Estados Unidos, formulada inicialmente na convenção dos líderes revolucionários na Filadélfia.[22]

Por falar nos Estados Unidos, Coates observa que o país é fundamentalmente e irremediavelmente racista: "A supremacia branca não é simplesmente obra de demagogos esquentados ou uma questão de falsa consciência, e sim uma força tão fundamental para os Estados Unidos que é difícil imaginar o país sem ela".[23] Para muitos dos que pensam como Coates, os Estados Unidos "são um país horroroso, mau, muito mau e racista, que merece ser desprezado, destruído e reconstruído".

---

[22]Howard Zinn, *A people's history of the United States*, citado em: *History is a weapon*, https://www.historyisaweapon.com/defcon1/zinnkin5.html.

[23]Ta-Nehisi Coates, "The case for reparations", *The Atlantic*, June 2014, https://www.theatlantic.com/magazine/archive/2014/06/the-case-for-reparations/361631/.

Esse ódio à civilização americana e aos Estados Unidos está por trás de duas tendências recentes: a dos atletas que se ajoelham durante a execução do hino nacional e que se recusam a demonstrar respeito pela bandeira do país, além da profanação e demolição de estátuas, murais e quadros que celebram vultos históricos famosos como George Washington, Winston Churchill e Cristóvão Colombo. Para os ideólogos da justiça social, esses ícones da civilização ocidental e da história americana não são heróis, são vilões que perpetuaram sistemas de violência, opressão e intolerância.

A propósito, se você disser que é conservador, os defensores da justiça social dirão que aquilo que você deseja "conservar" são precisamente os sistemas opressores patrocinados por brancos privilegiados e heterossexuais à custa das demais pessoas. Em suma, ser conservador *é* ser patriarcal, homofóbico e supremacista branco. Não é de espantar que a política nos Estados Unidos tenha se tornado tão nociva e desagregadora, ao mesmo tempo que a justiça social ideológica ampliou sua influência.

Embora haja muitas coisas pelas quais o Ocidente possa ser criticado — por exemplo, a escravidão baseada na raça, os tribunais das bruxas de Salém, uma atenção muitas vezes movida pela ganância por bens materiais e a Inquisição espanhola, só para início de conversa —, o cristão é chamado a avaliar de forma muito mais sutil a civilização ocidental e a história americana, tanto em seus aspectos positivos quanto negativos. Nossa perspectiva deve se concentrar na descoberta da verdade, em vez de se limitar a uma narrativa que escolhe a dedo o que é negativo e lhe dá destaque.

Embora John Winthrop tivesse a esperança de que a nova terra fosse uma "cidade sobre uma colina",[24] a verdade é que

---

[24]"John Winthrop's city upon a hill, 1630", Mount Holyoke, https://www.mtholyoke.edu/acad/intrel/winthrop.htm.

os Estados Unidos não são a Nova Jerusalém. "Ninguém está dizendo que o Ocidente é, e sempre foi, um paraíso perfeito de justiça e de igualdade", diz Bo Winegard. "Não é e nunca foi. Contudo, apesar de suas falhas, tirou mais gente da indigência, do sofrimento, da superstição e da intolerância do que qualquer outra civilização da história. Hoje, ele tem uma atitude cosmopolitana louvável e está em grande medida livre de formas grotescas de discriminação e de intolerância."[25]

Apesar de todas as suas falhas, a civilização ocidental tem muita coisa boa a oferecer — liberdade de consciência, liberdade de expressão, liberdade de religião, respeito pelo indivíduo, o devido processo legal, paz e prosperidade relativas etc. Esses pontos positivos decorrem da compreensão da verdade bíblica vivenciada de forma imperfeita, mas com fé, no decorrer de inúmeras gerações. Os que atacam o Ocidente o fazem, em grande medida, com as ferramentas proporcionadas pela própria civilização ocidental. A narrativa da justiça social ignora por completo essa história. Não devemos fazer o mesmo.

Ao analisarmos o Ocidente, é importante reconhecer que não estamos lidando com uma cultura única e monolítica. Trata-se, na verdade, de duas culturas diferentes que compartilham uma mesma história e geografia. A cultura ocidental se dividiu durante o período entre a Reforma e o Iluminismo.

Na esteira dos racionalistas e dos filósofos ateus do Iluminismo, uma corrente abandonou Deus e deu origem à secularização da sociedade. Entre seus frutos temos a Revolução Francesa

---

[25] Bo Winegard, "Progressivism and the West", *Quillette*, March 9, 2019, https://quillette.com/2019/03/09/progressivism-and-the-west/?utm_source=Intercollegiate+Studies+Institute+Subscribers&utm_campaign=c8042586e-9-Intercollegiate+Review+March+21+2019&utm_medium=email&utm_term=0_3ab42370fb-c8042586e9-93107593&goal=0_3ab42370fb-c8042586e-9-93107593&mc_cid=c8042586e9&mc_eid=addf900d03.

e a Revolução Russa. Atualmente, essa corrente serve de sustentação ao pós-modernismo, ao marxismo (velho e novo) e à justiça social ideológica. A outra corrente foi uma decorrência da Reforma alemã. Ela afirmava as raízes judaico-cristãs do Ocidente e ratificava a autoridade de Deus sobre toda a vida e toda a sociedade. Foi essa corrente que abasteceu a Revolução Inglesa e a Revolução Americana. Ela ainda influencia as igrejas e países do mundo todo, embora tenha sido eclipsada pelo corrente secular da Europa e da América do Norte. Foi essa corrente que proporcionou os nutrientes que deram origem às liberdades, à tolerância, ao respeito pelo indivíduo, ao estado de direito, ao devido processo legal e à prosperidade dos quais o Ocidente tem desfrutado.

Portanto, ao falar do "Ocidente", ou da civilização ocidental, ou da história americana, as duas correntes devem ser levadas em conta. Foram elas, por exemplo, que forjaram o capitalismo de livre mercado. Desse modo, o capitalismo não é uma coisa só, mas duas coisas bem diferentes. Antes de dizermos se o capitalismo de modo geral é bom ou ruim para a sociedade, é preciso primeiramente saber de *qual* capitalismo estamos falando.

Um capitalismo secularizado esvaziado da virtude e da moralidade objetiva do cristianismo é opressor, centrado na cobiça e um motor que espalha todo tipo de mal, inclusive a pornografia, o aborto e a prostituição. Contudo, o capitalismo que continua a ser influenciado pela Reforma — e pela autoridade de Deus, da moralidade objetiva e da virtude — é um motor de mordomia piedosa, de generosidade, prosperidade e bênçãos. As duas formas de capitalismo estão conosco hoje em dia. O mesmo se pode dizer da "liberdade", da "lei" ou do "sonho americano". O Ocidente é hoje, essencialmente, duas culturas separadas pela guerra de uma contra a outra.

Contudo, muita gente não faz essa distinção, inclusive muitos líderes evangélicos. Eles criticam apressadamente a civilização ocidental, o capitalismo ou o sonho americano,[26] ou mesmo o legado de liberdade dos Estados Unidos[27] como se fossem todos uma coisa só. *Não são.* Como cristãos, nosso problema não é com a "civilização ocidental", mas com a *secularização* da civilização ocidental. Embora "o Ocidente" não seja sinônimo de cristianismo, as raízes judaico-cristãs do Ocidente (e dos Estados Unidos) precisam ser reconhecidas, celebradas e preservadas. Nossa tarefa, como cristãos, não deve ser a de destruir o Ocidente, mas de reformá-lo para que reflita melhor a verdade do reino de Deus.

Como cristãos, somos chamados a ser humildes e agradecidos. Deveríamos ter uma atitude de humildade em relação aos nossos antepassados. A atitude de quem somente critica o passado revela um orgulho soberbo que diz basicamente o seguinte: "Teríamos sido mais virtuosos e corajosos se tivéssemos vivido naquela época e naquelas circunstâncias". Esse tipo de arrogância histórica não tem lugar no coração do cristão. Pelo contrário, cabe-nos reconhecer que, assim como aqueles que nos precederam, somos pessoas falhas, e por isso deveríamos tratar os outros com a mesma graça que gostaríamos que nos fosse oferecida em razão das nossas deficiências. Deveríamos também estar atentos à nossa herança e sermos gratos por ela. As *inúmeras* coisas boas que aceitamos com naturalidade chegaram até nós ao longo da história do Ocidente e dos Estados Unidos por meio de pessoas que trabalharam para preservar e transmitir ideias bíblicas e impactantes, boas, verdadeiras e belas, não raro a

---

[26]Veja, por exemplo, Brian Fikkert, *Becoming whole: why the opposite of poverty isn't the American dream* (Chicago: Moody Publishers, 2019).

[27]Veja, por exemplo, Patrick Deneen, *Why liberalism failed* (New Haven: Yale University Press, 2018) [publicado em português por Âyiné sob o título *Por que o liberalismo fracassou*].

um grande custo pessoal. Sua memória merece ser honrada, não porque fosse perfeita, mas porque nos concedeu a dádiva imensa de uma sociedade relativamente livre e justa. Jamais deveríamos deixar de ser gratos pelo que eles nos confiaram.

Esse tipo de gratidão e de humildade em relação ao passado está completamente ausente naqueles que defendem uma justiça social ideológica. Ao escolher o cultivo de um espírito crítico, atentando apenas para o que é negativo, eles se convenceram de que há muito pouco, se é que há alguma coisa, pelo que ser grato, e muito o que desprezar. (Não é à toa que a chamam de "teoria crítica"!) Que coisa terrível é esse espírito soberbo e crítico que ignora propositalmente todas as boas dádivas que outros nos legaram, geralmente a um custo elevado. Ele destrói os relacionamentos, e os relacionamentos que temos com nossos antepassados estão entre os mais importantes de que dispomos.

UMA MORALIDADE DISTORCIDA

Portanto, para onde nos levam os pressupostos e os valores e desvalores fundamentais da cosmovisão que anima a justiça social ideológica? A uma moralidade extremamente distorcida, de ponta-cabeça.

A justiça social ideológica é um movimento que prioriza conceitos morais. Alguns chegaram a chamá-lo de "puritano".[28] Ele opera com um sentido de certo e de errado minuciosamente definido, o que leva seus adeptos a se deleitar com a retidão e a pureza moral que a ideologia lhes proporciona.

Com que se parece essa "moralidade"? Ela certamente não tem a ver com o que, ao longo da história, foram consideradas

---

[28] Walter Olson, "Yale and the puritanism of 'social justice'", *The Wall Street Journal*, March 6, 2018, https://www.wsj.com/articles/yaleand-the-puritanism-of-social-justice-1520381642.

virtudes — coisas como honestidade, bondade, castidade, paciência, perdão, fidelidade conjugal, modéstia ou civilidade. Não, ela significa uma coisa apenas: derrubar os sistemas opressores e libertar os grupos marginalizados.

O movimento também é bastante agressivo em seus esforços para impor sua moralidade aos outros. Há nele uma obsessão pela preservação de um sentimento de pureza moral, não apenas dentro de suas fileiras, mas também fora delas, impondo-o sobre as demais pessoas, não só por meio da humilhação e de ataques maciços nas redes sociais, mas também, cada vez mais, pelo acionamento de autoridades privadas e públicas para que imponham regras e regulamentos e punam com multas os transgressores.

É o que se observa talvez mais claramente na nova moralidade sexual promulgada pela justiça social ideológica segundo a qual você é imoral se:

- insiste em que o modelo binário masculino-feminino é um fato — uma realidade biológica;
- afirma que o casamento é uma aliança para a vida toda entre um homem e uma mulher;
- acredita que o sexo deve ser reservado para o casamento; e
- se nega a afirmar e a celebrar a homossexualidade, o lesbianismo, os transgêneros ou outra identidade qualquer.

O aborto tem um papel fundamental nesse sistema moral. Para seus adeptos, o aborto não é necessariamente um mal que deve ser encarado do ponto de vista da "segurança, da legalidade e de rara ocorrência", e sim um bem moral positivo e um direito humano fundamental. O aborto, em qualquer ocasião, por qualquer motivo, é uma questão de justiça social, de *justiça reprodutiva*. Não há reflexão alguma acerca da vida do nascituro. Ele é ignorado ou desumanizado.

Com relação à raça, a moralidade distorcida da justiça social ideológica segue os contornos da interseccionalidade. Se você faz parte do grupo opressor, saiba que suas transgressões serão expostas. Até mesmo a mais desprezível ofensa ou "microagressão" será "evocada" e lançada contra você. Se você é do grupo das vítimas, suas transgressões (e as vítimas de suas transgressões) serão amplamente ignoradas.

Em Chicago, grande parte do que se fez em 2014 depois do assassinato de Laquan McDonald foi correto. McDonald, um afro-americano de 17 anos, foi assassinado por um policial branco que foi preso em 2018[29] sob a acusação de homicídio não premeditado. Embora o incidente com McDonald tenha levado à reformulação das políticas da cidade e deflagrado numerosos protestos, a taxa implacável e persistente de homicídios, dos quais a maioria das vítimas é constituída de afro-americanos,[30] não recebe muita atenção da imprensa. Por quê? Porque a imensa maioria desses assassinatos foram cometidos por negros contra outros negros. Na cosmovisão da justiça social ideológica, a simples menção desse fato revela insensibilidade e racismo. Os negros são vítimas; portanto, a violência que perpetuam é em grande medida ignorada pelos meios de comunicação. Se você tentar dizer alguma coisa sobre as vítimas dos crimes cometidos por negros contra negros será rapidamente criticado, corrigido ou humilhado.

No mundo todo, mulheres jovens e adultas são vítimas de genericídio, estupro, tráfico, são agredidas com ácido no rosto e

---

[29]"Murder of Laquan McDonald". *Wikipedia*, https://en.wikipedia.org/wiki/Murder_of_Laquan_McDonald.
[30]"Homicides in Chicago: a list of every victim", *Chicago SunTimes*, https://graphics.suntimes.com/homicides/.

mortas simplesmente por causa do seu sexo.[31] Contudo, sua luta é em grande medida ignorada pelos ativistas da justiça social no Ocidente e por uma mídia conivente. Por quê? Porque os que cometem esses crimes têm status de grupo de vítimas, tais como os muçulmanos ou outros indivíduos não ocidentais das antigas colônias. A moralidade da justiça social tem uma regra fundamental: os membros dos grupos de vítimas não podem jamais ser descritos como perpetradores de injustiças. Eles são e devem ser sempre vítimas.

Embora ignorem injustiças flagrantes contra mulheres jovens e adultas em países como a Somália e o Paquistão, esses mesmos ativistas da justiça social ficam extremamente inquietos quando notam a menor "injustiça" contra as mulheres no Ocidente — por exemplo, quando seu plano de saúde não cobre despesas com controle de natalidade. Um pediatra que contestava uma decisão federal que não mais obrigava empregadores com objeções religiosas ou morais a pagar pela contracepção fez a seguinte observação: "Isso não diz respeito apenas à saúde da mulher. Nós temos o direito de fazer sexo".[32]

Na medida em que a ideologia da justiça social eleva as "microinjustiças" para além de toda dimensão razoável, ela ignora ou despreza injustiças maiores. O aborto, a injustiça mais séria da nossa geração, eliminou legalmente mais de 60 milhões de seres humanos não nascidos desde 1973. No entanto, é amplamente considerado um bem moral positivo.

Para alguns, tentar sustentar essa moralidade distorcida e de cabeça para baixo é pedir demais. Frederica Mathewes-Green

---

[31] Veja Darrow Miller; Stan Guthrie, *Nurturing the nations: reclaiming the dignity of women in building healthy cultures* (Downers Grove: IVP Books, 2008).
[32] Tracey Wilkinson, "Why my patients will suffer under Trump's new birth control rule", *Vox*, October 12, 2017, https://www.vox.com/first-person/2017/10/12/16464204/patients-suffer-trump-new-birth-control-rule.

era uma jovem feminista que defendia a escolha da mulher de abortar. Contudo, depois de ler na *Esquire* o relato de um médico sobre o aborto, seus olhos se abriram. "Eu era contrária à guerra, à pena capital, era até vegetariana e cria piamente que a justiça social não era algo que se conquistasse pela violência", disse ela. "O fato é que essas coisas eram de fato violentas. Como eu pude ter concordado em fazer desse ato horrendo a peça central do meu feminismo?"[33]

Esse estado desconcertante de coisas impõe desafios reais aos cristãos. Vamos nos calar diante dessa moralidade deturpada e distorcida de justiça social ou teremos a coragem de nos pronunciar acerca das verdadeiras injustiças onde quer que existam, tais como o aborto, a violência de negros contra negros ou o genericídio feminino? Adotaremos as prioridades morais distorcidas (e as viseiras) da justiça social ideológica ou permitiremos que a Bíblia nos guie em questões de justiça e de moralidade?

- Adotaremos a moralidade sexual bíblica ou nos comprometeremos com a revolução sexual?
- Vamos nos comprometer com a luta pelo fim da mais grave injustiça da nossa geração, o aborto, ou ficaremos à margem, quietos e ambivalentes?
- Ignoraremos as injustiças cometidas pelos membros dos grupos de vítimas ou julgaremos imparcialmente, a despeito de onde os perpetradores se situem no espectro interseccional?

---

[33]Frederica Mathewes-Green, "When abortion suddenly stopped making sense", *National Review*, January 22, 2016, https://www.nationalreview.com/2016/01/abortion-roe-v-wade-unborn-children-women-feminism-march-life/?fbclid=IwAR0Pn9FMG8NQBOt9-ZRsKQITf0GxZqWKf3T0c6n-v4vP3XysmN0YjzYI3VW4.

- Vamos nos pronunciar a favor das vítimas da injustiça, a despeito da cor da sua pele, de sua etnia, da etapa da vida em que se encontram ou do seu sexo? *Todas as vidas* serão importantes ou apenas algumas que pertencem a grupos definidos de vítimas?

O caráter de Deus e sua Palavra revelada definem a diferença entre o bem e o mal. Sua lei tem autoridade em questões de moralidade, particularmente os Dez Mandamentos. Nosso compromisso deve ser com essa lei, e não com as normas morais da sociedade, não importa o quanto sejam bem aceitas ou o alto preço que talvez tenhamos de pagar por violar essas normas.

Infelizmente, existe uma tentação crescente entre alguns evangélicos de minimizar ou ignorar a lei do Antigo Testamento, como se fosse irrelevante. Andy Stanley, pastor da North Point Ministries, em Atlanta, tem conclamado os cristãos para que se "desatrelem" do Antigo Testamento, dizendo: "Espera-se dos participantes da nova aliança que obedeçam ao mandamento de Jesus dado como parte de sua nova aliança: assim como eu vos amei, assim também amai uns aos outros". Stanley acrescenta que esse novo mandamento "substitui todos da lista existente, inclusive o Decálogo".[34]

Está errado! Conforme disse o Senhor no Sermão do Monte, ele não veio para abolir a lei, mas para cumpri-la (Mt 5.17)! Nenhuma palavra sequer da lei deixará de ser cumprida. As declarações de Stanley são reflexo do pior tipo de teologia antinomiana. Se não nos apegarmos aos padrões morais de Deus, à sua lei, quem o fará? E, se nos desfizermos da lei de Deus, a única

---

[34] Andy Stanley, "Why do Christians want to post the 10 commandments and not the Sermon on the Mount?", *Relevant*, January 7, 2019, https://relevantmagazine.com/god/why-do-christians-want-to-post-the-10-commandments-and-not-the-sermon-on-the-mount/.

alternativa será a moralidade centrada no homem, que é subjetiva e mutável, dependendo de quem esteja no poder.

Outra tentação crescente, particularmente no que diz respeito à questão sexual, ocorre quando substituímos a moralidade sexual bíblica pela abordagem terapêutica centrada nos sentimentos e que, em alguns casos, chega ao ponto de afirmar que faltam à lei de Deus amor e compaixão. Esse pensamento comprometeu profundamente a Igreja Episcopal. Por exemplo, a Igreja Episcopal na diocese de Washington, D.C., aprovou uma resolução em 2018 pela qual não usará mais o pronome masculino em referência a Deus nas atualizações do Livro de Oração Comum. A resolução levou a igreja a "usar a vasta linguagem referente a Deus tirada das ricas fontes do imaginário feminino, masculino e não binário na Escritura, na tradição e, quando possível, evitar o uso de pronomes indicativos de gênero para Deus". Os autores da mudança explicaram que, "ao ampliar nossa linguagem sobre Deus, expandiremos nossa imagem dele e de sua natureza".[35]

Alguns de nós, enquanto isso, sucumbimos à mentira de que "Deus me fez assim", seja a pessoa trans, gay, seja lá o que ela for. E se "Deus fez" essas pessoas assim, então deve estar tudo bem se comportar como tal. Lembra-se de toda aquela conversa sobre um "gene gay"? Ele não existe! Conforme diz a Associação Americana de Psicologia, "não houve descoberta alguma que permitisse aos cientistas concluir que a orientação sexual é determinada por um fator ou por fatores específicos. Muitos acham que a natureza e a criação desempenham papéis complexos nisso".[36]

---

[35]Fr. Mark Hodges, "U.S. episcopal diocese votes to stop using masculine pronouns for God", *LifeSite News*, February 1, 2018, https://www.lifesitenews.com/news/u.s.-episcopal-diocese-votes-to-stop-using-masculine-pronouns-for-god1.

[36]Trent Horn, "'God made me gay'", *Catholic Answers*, April 11, 2019, https://www.catholic.com/magazine/online-edition/god-made-me-gay.

Contudo, mesmo que o Todo-Poderoso tenha permitido esses sentimentos e os pecados que assaltam essas pessoas, a Bíblia jamais diz que está tudo bem se eles nos controlarem. Pelo contrário, temos de ser transformados pela renovação da nossa mente (Rm 12.2) e pensar em "tudo o que é verdadeiro, tudo o que é honesto, tudo o que é justo, tudo o que é puro, tudo o que é amável, tudo o que é de boa fama" (Fp 4.8) e escolher o que é certo.

O QUE SE PERDEU?

O que perdemos se a justiça social ideológica continuar a eclipsar o sistema de fé judaico-cristão como elemento formador da nossa cultura comum? Já estamos vendo mudanças, e podemos esperar muitas mais:

- Menos gratidão e mais ressentimento.
- Menos responsabilidade pessoal e mais alegações de vitimização, hostilidade, divisão e atribuição de culpa a terceiros.
- Erosão persistente do estado de direito, com as normas e leis morais se tornando arbitrárias, mudando constantemente em atenção aos caprichos de um grupo capaz de mobilizar o poder para influenciar a opinião popular.
- Desaparecimento do devido processo legal; não haverá mais quem seja "inocente até prova em contrário".
- Desaparecimento da liberdade de expressão; não será mais possível debater e discutir abertamente temas complexos. (Ao se suspender o debate, a porta se abrirá ainda mais para o extremismo violento.)
- Desaparecimento da verdade e surgimento de uma cultura de criação e perpetuação de narrativas a serviço da conquista de uma fatia cada vez maior de poder e controle.

- Erosão da liberdade religiosa. (Nossa primeira liberdade é cada vez mais vista como um disfarce para a intolerância e como arma de opressão das chamadas "minorias sexuais".)
- Desaparecimento do evangelho. (A justiça social ideológica é totalmente incompatível com o evangelho cristão. Ela oferece uma falsa justiça para os membros de grupos vitimizados e uma forma falsa de expiação para os opressores. Nesse sentido, trata-se de um falso evangelho, do tipo que, em última análise, não dá espaço para o perdão, para a reconciliação ou redenção, só para a divisão, a soberba e a retribuição.)
- Desaparecimento de qualquer base para a civilidade, a unidade social, a coesão ou a tolerância; nada mais de "viva e deixe viver"; nada mais de "amar o inimigo".
- Nenhuma esperança de justiça futura. (O mal deve ser purgado no presente por meio das multidões enfurecidas do Twitter e das manifestações de protesto, mas não para por aí. Se não mudarmos o curso das coisas, o mal terá de ser extirpado nos gulags, guilhotinas ou campos de morte.)

PADARIA DE GIBSON *VERSUS* FACULDADE OBERLIN
UMA JANELA PARA O FUTURO

Como será a sociedade se a justiça social ideológica se tornar o "culto" oficial da cultura ocidental, o sistema de crença religiosa subjacente que dá forma a nossos valores e desvalores coletivos e impulsiona nossas escolhas, ações, políticas e leis? Poderíamos analisar vários casos e exemplos em número sempre crescente, porém vou me deter aqui em um caso em particular, que, creio eu, nos oferece uma clara perspectiva do que nos aguarda.

A história, de acordo com Tom Gibson, dono de uma empresa familiar, começou na Padaria Gibson, em Oberlin, Ohio, no outono de 2016:

Somos donos da Padaria Gibson na cidade de Oberlin, em Ohio, onde fica a Universidade de Oberlin. [Durante mais de 130 anos, nossa família] trabalhou arduamente para que nossos produtos assados, nossos doces e sorvetes, todos eles caseiros, gozassem de boa reputação, ao mesmo tempo em que colaborávamos com nossa comunidade [...]
A padaria sempre foi um local muito procurado pelos estudantes, moradores e ex-alunos. A reputação de nossa família e da padaria sempre foi fonte de orgulho para várias gerações. Mas tudo isso mudou [...] no dia 9 de novembro de 2016, [quando] um estudante tentou roubar duas garrafas de vinho da nossa loja [...]
A polícia prendeu o estudante. Contudo, no dia seguinte, centenas de pessoas tinham se unido num protesto. Com megafones, elas convocavam para um boicote. A calçada e o parque do outro lado da rua estavam cheios de manifestantes que seguravam cartazes acusando-nos de racistas e supremacistas brancos. A prisão, eles disseram, fora consequência de perfilamento racial. A narrativa estava pronta e ninguém a contestou.
Embora não houvesse evidências, nossa família foi acusada de uma longa história de racismo e de discriminação. Os encarregados da Universidade de Oberlin ordenaram a suspensão de um relacionamento comercial de mais de cem anos com nossa padaria, e nossa clientela minguou. Estávamos sendo oficialmente julgados, não em um tribunal de justiça, mas no tribunal da opinião pública. E estávamos perdendo.
Com o passar do tempo, a verdade começou a vir à tona. O assaltante confessou o crime e disse que a prisão não havia tido

motivação racial. A Universidade de Oberlin, porém, se recusou a esclarecer as coisas e não se dispôs a fazer uma declaração pública de que nossa família não era racista e que não constava contra ela nenhum registro de perfilamento ou de discriminação racial.

O prejuízo já estava consumado. A verdade parecia irrelevante. Numa cidade pequena como Oberlin, quando a maior empresa e o maior empregador local se opõem a você, isso é mais do que suficiente para selar seu destino.

Como estávamos ficando sem opções, decidimos processar a universidade. Dois escritórios regionais de advocacia pegaram nosso caso.

O que quase ninguém entendia é que essa situação não afetava apenas nosso negócio; ela também impactava todos os aspectos da nossa vida.

Por fim, as palavras do meu pai me inspiraram a prosseguir com a luta. Ele disse: "Sempre fiz de tudo para tratar as pessoas com dignidade e respeito. E agora, perto do fim da vida, vou morrer tachado de racista".

Ele receava que não houvesse muito tempo para esclarecer as coisas. Seu legado fora manchado, e ele se sentia impotente para salvá-lo. Eu teria de levar o caso adiante.

Essa experiência me ensinou que as reputações são coisas frágeis. Elas levam a vida toda para serem construídas, mas basta um minuto para acabar com tudo [...] Em uma era em que as mídias sociais são capazes de espalhar mentiras a um ritmo alarmante, o que aconteceu à padaria Gibson poderia acontecer a qualquer um.[37]

---

[37] David Gibson, "Oberlin bakery owner: Gibson's Bakery paid a high cost for an unfairly damaged reputation", *USA Today*, June 21, 2019, https://www.usatoday.com/story/opinion/voices/2019/06/21/oberlin-college-gibson-bakery-lawsuit-column/1523525001/.

Observe como os pressupostos da justiça social ideológica se comportaram nessa parábola:

- A verdade, os fatos e as evidências não importam. "A verdade parecia irrelevante", diz Gibson. "Embora não houvesse evidências, nossa família foi acusada de uma longa história de racismo e de discriminação."
- A narrativa substitui a verdade. "A narrativa estava pronta, não havia como reformulá-la."
- Seguindo a lógica da interseccionalidade, o perpetrador (um indivíduo não branco) foi apresentado como vítima, e a vítima (Gibson, um homem branco) se tornou o vilão da história.
- A justiça, a humilhação e a intimidação das massas entraram em ação. "Centenas de pessoas tinham se unido num protesto. Com megafones, elas convocavam para um boicote. A calçada e o parque do outro lado da rua estavam cheios de manifestantes que seguravam cartazes acusando-nos de racistas e supremacistas brancos [...] Estávamos sendo oficialmente julgados, não num tribunal de justiça, mas no tribunal da opinião pública."
- A multidão tinha apoio institucional. "A Universidade de Oberlin, porém, se recusou a esclarecer as coisas e não se dispôs a fazer uma declaração pública de que nossa família não era racista e não tem nenhum registro de perfilhamento ou de discriminação racial;"

Nessa história, a chamada vítima é uma pessoa não branca, mas poderia perfeitamente ser uma mulher ou alguém de uma minoria sexual. A mesma dinâmica entraria em funcionamento. O script básico é o mesmo. Lembremos o que aconteceu por ocasião da confirmação de Brett Kavanaugh à Suprema Corte de

Justiça. No último minuto, uma mulher, Christine Blasey Ford, acusou Kavanaugh de tê-la estuprado. Não havia evidências que confirmassem o que ela dizia, mas não importava. Os ideólogos da justiça social se apressaram em defendê-la com o seguinte refrão: "Temos sempre de acreditar na vítima!". Eles tiveram o apoio da multidão que gritava histérica e que foi, por sua vez, apoiada por diversas instituições e organizações, tudo com o propósito de destruir a reputação de Kavanaugh, não importavam os meios. Essas histórias mostram claramente com o que a justiça social se parece na prática. A esta altura deve estar claro que não há relação entre a justiça social ideológica e a justiça da Bíblia. Elas são totalmente distintas em seus pressupostos, valores e resultados. Os cristãos não nos fazem favor algum quando comparam a justiça bíblica com a justiça social, conforme disse recentemente um líder evangélico de destaque:

> A justiça bíblica compreende todas as formas de justiça ordenadas por Deus, inclusive [...] a justiça social.[38]

Parece que essas pessoas não entendem que justiça social é um rótulo que se aplica para uma visão de mundo pronta e acabada, do tipo completamente oposto ao da visão de mundo bíblica e sua concepção de justiça. O fato de que "justiça social" seja agora uma marca associada a uma visão de mundo ferozmente anticristã deve ser entendido pelo que é: uma forma de ilusão satânica. Não deveríamos nos surpreender com isso. O próprio Satanás "se disfarça de anjo de luz" (2Co 11.14),

---

[38] Joe Carter, "The FAQs: what Christians should know about social justice", *The Gospel Coalition*, August 17, 2018, https://www.thegospelcoalition.org/article/faqs-christians-knowsocial-justice/.

ocultando muitas vezes seus propósitos destrutivos com termos e linguagem bíblicos. O cristão tem de ver além dessas coisas. Não estou defendendo que abandonemos o termo "justiça". Não podemos jamais ceder nesse terreno; ele é, de fato, "território nosso". Mas é loucura confundir justiça bíblica com *justiça social*. Isso é semear confusão quando aquilo de que mais precisamos no momento é clareza.

COMO RESPONDEREMOS?

De que maneira os seguidores de Jesus Cristo, que receberam a comissão de evangelizar as nações (Mt 28.18-20) e de trabalhar pelo bem do nosso próximo e da sociedade, responderão a isso? Vamos aguardar passivamente e sem reação enquanto essa nova ideologia se espalha em nossos países? Pior do que isso, será que vamos dar apoio, intencional ou não, a essa ideologia destrutiva, como se estivéssemos lutando por justiça? Ou será que vamos defender a verdade bíblica em vez de dar apoio a essa ideologia hostil, movidos pelo amor ao nosso próximo e até aos nossos inimigos?

Precisamos de discernimento e de escolhas sábias.

CAPÍTULO 7

INCURSÕES NA CULTURA... E NA IGREJA

A justiça social ideológica tem sido incrivelmente bem-sucedida na penetração e na formatação de uma cultura mais ampla, e isso a um ritmo alucinante. É a ideologia predominante em praticamente todas as principais regiões metropolitanas. Seus pressupostos se impõem sobre amplas camadas da cultura, sobretudo nas áreas que se seguem:

- No meio acadêmico e, particularmente, nas humanidades, ciências sociais, departamentos de educação e na gestão universitária, além das escolas de ensino fundamental até o ensino médio.
- Grande mídia e entretenimento.
- Ala progressista do Partido Democrata nos Estados Unidos.
- Grandes empresas de tecnologia e Vale do Silício, entre elas empresas poderosas como o Google, Apple, Facebook, Amazon e Twitter.
- As salas de diretoria e os departamentos de recursos humanos das principais empresas e associações, onde o mantra "diversidade, igualdade e inclusão" se tornou predominante.

- Habilitação profissional e organizações credenciadas em educação, direito, medicina etc.
- Igrejas protestantes tradicionais, como a Igreja Episcopal, a United Church of Christ e a Igreja Presbiteriana (PCUSA).

Devido à enorme influência dessas instituições, todos absorvemos, em alguma medida, os pressupostos e valores da justiça social ideológica por meios que nos chegam possivelmente de modo inconsciente. E, contudo, há amplas esferas da cultura que se mantêm firmemente contrárias à justiça social ideológica. São elas, entre outras:

- Comunidades rurais e de operários.
- A maior parte dos evangélicos que creem na Bíblia e frequentam a igreja, bem como um contingente significativo de católicos, cristãos ortodoxos e judeus ortodoxos.
- A ala conservadora do Partido Republicano nos Estados Unidos.
- Um grupo pequeno, porém expressivo, de acadêmicos, figuras públicas e celebridades do YouTube, como Jordan Peterson, Jonathan Haidt, Camille Paglia e outros.

A RESPOSTA DA IGREJA EVANGÉLICA

O evangelicalismo parece estar dividido em relação à resposta dada à justiça social ideológica, sendo que muitos de seus líderes, universidades e organizações mais proeminentes tendem a endossar implícita ou explicitamente a justiça social ideológica.

Sempre que uma cosmovisão hostil e não bíblica ganha influência disseminada na cultura, a igreja que crê na Bíblia é pressionada. Ao longo da história, a igreja respondeu de uma das três maneiras seguintes:

- Ela *se conforma* com a ideologia predominante, abandonando o ensino ortodoxo bíblico na tentativa de se alinhar com os principais pressupostos da ideologia emergente. Isso se dá, geralmente, em virtude do desejo de autopreservação. Acredita-se que, a menos que nos adaptemos à cosmovisão reinante, a igreja será marginalizada e enfraquecida.
- Ela *se acomoda* à ideologia reinante, com frequência de modo inconsciente. A nova ideologia muda a cultura tão rapidamente que acaba por impregnar os cristãos sem que tenham plena consciência disso, e a partir daí ela começa a se infiltrar no seu pensamento. Não há necessariamente uma escolha consciente de abandono do cristianismo ortodoxo, porém, com o tempo, à medida que se vai acolhendo um pressuposto da nova ideologia depois do outro, a ortodoxia bíblica vai aos poucos se deteriorando.
- Ela *resiste* à ideologia predominante, encara de olhos abertos a ameaça e responde se apegando com firmeza ao ensino bíblico ortodoxo, seja qual for o custo disso. Em muitos casos, a resistência leva o cristão a se desligar da cultura em geral, particularmente no que diz respeito à criação dos filhos. A resistência leva à confrontação aberta com a cultura em geral.

Vimos isso acontecer na Alemanha nos anos 1920 e 1930 com a ascensão do nacional-socialismo. O livro magistral de Eric Metaxas *Bonhoeffer: pastor, martyr, prophet, spy*[1] conta de que modo a ideologia nazista estilhaçou a igreja na Alemanha. Infelizmente, a maior parte das igrejas e das instituições cristãs se conformaram à nova ideologia e se acomodaram a ela. Houve

---

[1] Publicado em português por Mundo Cristão sob o título *Bonhoeffer: pastor, mártir, profeta, espião*.

algumas que, inclusive, exibiam a suástica no púlpito. A "igreja confessante" resistia, confrontando abertamente o nazismo e, por isso, pagou o preço da sua escolha com a vida. A igreja na Alemanha ainda não se recuperou desses eventos cataclísmicos.

Vimos isso acontecer nos Estados Unidos em fins do século 19 e princípios do século 20, quando uma ideologia de caráter fortemente secular, alimentada pela teoria naturalista da evolução de Darwin, começou a se alastrar pelos meios acadêmicos e pela cultura em geral.

Algumas denominações protestantes tradicionais optaram pelo caminho da conformidade. Sua versão secularizada de cristianismo substituiu o evangelho histórico pelo "evangelho social". Consequentemente, o homem não era um ser decaído, mas perfectível. O problema da sociedade não era a pecaminosidade humana, mas a desigualdade social. A solução não era a regeneração espiritual interior, mas programas de governo externos criados com o objetivo de reformular a sociedade e de eliminar as desigualdades sociais. Horace Greeley (1811-1872), fundador e editor do *New York Tribune*, resumiu sucintamente o evangelho social da seguinte forma:

> O coração do homem não é depravado [...] suas paixões não o impelem a agir erradamente e, portanto, elas não produzem o mal por suas ações. O mal decorre unicamente da [desigualdade] social. Se [as pessoas] tiverem acesso a uma esfera plena de ação, de movimentação, um desenvolvimento perfeito e completo, o resultado só poderá ser a felicidade [...] Se criarmos uma nova forma de Sociedade em que isso seja possível [...] teremos a Sociedade perfeita: o Reino do Céu.[2]

---

[2] Cf. citado em Scott Allen, "History repeats itself", *WORLD*, January 12, 2019, https://world.wng.org/content/history_repeats_itself.

Para muitos outros cristãos, porém, esse tipo de conversa era heresia pura e simples. Em vez de se conformar à ideologia secular em franca ascensão, esses cristãos decidiram resistir. Tornaram-se conhecidos como "fundamentalistas", e eram liderados por gente como J. Gresham Machen e R. A. Torrey. Eles se apegavam tenazmente às doutrinas bíblicas, tais como a da autoridade da Bíblia, da natureza decaída da humanidade, da realidade de um julgamento futuro e da expiação.

Isso azedou a relação das igrejas protestantes tradicionais com o fundamentalismo, causando um conflito que fraturou a igreja ocidental. Nessa condição de fragilidade, a igreja perdeu muito de sua influência na sociedade, o que levou a ideologia secular emergente a preencher cada vez mais o vazio cultural. Instituições antes ortodoxas, entre elas quase todas as principais universidades de elite do país, abandonaram o cristianismo bíblico, secularizando-se rapidamente.

O movimento fundamentalista de princípios de 1900 deu lugar ao evangelicalismo atual. Sua resistência preservou o evangelho e a ortodoxia bíblica nos Estados Unidos, e hoje a igreja que crê na Bíblia continua a ser uma força cultural importante. E, embora nós, muito corretamente, honremos sua posição corajosa, ele cometeu um erro grave. Ao reagir ao evangelho social, o fundamentalismo abandonou o ensino cristão clássico do envolvimento cristão com a sociedade. Ao fazê-lo, substituiu a cosmovisão bíblica por uma forma de dualismo gnóstico que separava a realidade em uma categoria "superior" e outra "inferior". A categoria superior dizia respeito às coisas do espírito, ao céu, à evangelização e ao ministério da igreja. A categoria inferior (menos importante) compreendia quase tudo mais, inclusive praticamente todas as formas de interação cultural. Para os fundamentalistas, cada vez mais essas coisas pareciam não apenas fúteis, mas contrárias à Bíblia. A "cultura" estava ligada a um mundo irremediavelmente decaído. Deus não estava preocupado em mudar a cultura, mas em resgatar pessoas. Em *Modern revivalism: from Charles Grandison Finney to Billy Graham* [Reavivamento moderno: de Charles Grandison Finney a Billy Graham], a citação de Dwight L. Moody reproduzida por William McLoughlin capta perfeitamente essa mentalidade: "Para mim, este mundo é como um navio afundado. Deus me deu um bote salva-vidas e me disse: 'Moody, salve quantos você puder'".[3]

Em sua reação infeliz ao evangelho social, os fundamentalistas desprezaram o claro ensino bíblico sobre a responsabilidade da igreja de ser sal e luz na cultura e de amar o próximo, particularmente os pobres e os marginalizados. O célebre legado do envolvimento social do cristão, que remonta à obra da igreja primitiva no antigo mundo romano, estendendo-se às grandes obras dos heróis do movimento moderno de missões protestantes, tais como Amy Carmichael, William Wilberforce e William Carey, foi amplamente ignorado e esquecido. Perdeu-se a abordagem bíblica do ministério que liga de modo inconsútil a evangelização e o discipulado a questões de justiça e de transformação social.

Veja-se, por exemplo, o caso de Amy Carmichael (1867-1951), uma das mais respeitadas missionárias da primeira metade do século 20. Ela não tinha problema algum em interagir com a cultura. Entre suas obras, Carmichael foi responsável pela criação de um ministério para proteção, abrigo e educação das prostitutas cultuais da Índia. Nos anos posteriores do seu ministério, novos missionários ocidentais chegavam à Índia e desafiavam Carmichael, dizendo-lhe que seus esforços de combate à injustiça da prostituição nos templos da Índia eram "atividades mundanas"

---

[3]William McLoughlin, *Modern revivalism: from Charles Grandison Finney to Billy Graham* (Eugene: Wipf and Stock, 2005).

que a desviavam da "salvação de almas". A isso, ela simplesmente respondia: "As almas estão mais ou menos presas aos corpos".[4] Avancemos para 2010. Mais uma vez, uma ideologia feroz e antibíblica, uma miscelânia nociva de pós-modernismo e de neomarxismo, gestado durante anos a fio nas universidades ocidentais, passou a influenciar a cultura em geral. A igreja, mais uma vez, fragmentou-se ao reagir. Desta vez, porém, a divisão não se deu entre os fundamentalistas e o protestantismo tradicional. A cisão ocorreu (e ocorre) no seio do próprio evangelicalismo.

A COALIZÃO CONFORMISTA

De um lado dessa divisão estão aqueles que, intencionalmente ou não, escolheram o caminho da conformidade. Essa facção tem sido chamada por vezes de "esquerda evangélica" ou de "cristianismo progressista". Seus primeiros líderes foram, entre outros, Jim Wallis, fundador da revista *Sojourners*, e Ron Sider, do Evangelicals for Social Action [Evangélicos pela Ação Social], além de líderes cristãos progressistas como Brian McLaren, Rob Bell e Rachel Held Evans.

Os primeiros líderes se ocupavam principalmente de questões como a pobreza e a desigualdade econômica. Para os líderes mais novos, "justiça" não é algo restrito ao reino da economia. Seguindo a liderança de formadores de opinião culturais, justiça significa apoiar todo o conjunto interseccional de grupos oprimidos: mulheres, a comunidade LGBTQ e minorias raciais ou "pessoas não brancas".

Mulheres

A ascensão da justiça social ideológica nas universidades durante os anos de 1950 e 1960 encontra paralelo na ascensão da segunda

---

[4]Cf. citado em Allen, "History repeats itself".

onda do feminismo. Em 1963, Betty Friedan publicou *The feminine mystique*,[5] enquanto Gloria Steinem fundava a revista *Ms*. Seu movimento feminista defendia a igualdade plena de homens e mulheres, em que "igualdade" significava similaridade ou intercambiabilidade. A década de 1980 testemunhou o rápido crescimento dos programas e especializações dos Estudos Femininos.

Para as feministas da segunda onda, igualdade sexual significava tirar a mulher de dentro do lar e inseri-la na força de trabalho. Elas associavam a vida doméstica à opressão servil. O conceito bíblico de liderança masculina no lar — rotulado desdenhosamente de "patriarcado" — era anátema. A masculinidade era cada vez mais descrita como "tóxica". O patriarcado nada mais era do que uma estrutura opressora hegemônica, a fonte máxima da desigualdade, da injustiça e da opressão. Para as feministas da segunda onda, a introdução da pílula contraceptiva em 1960, além da legalização do aborto em 1973, foram saudadas como grandes triunfos da liberação feminina. A gravidez e a educação das crianças e dos filhos, que antes eram tidas como empecilhos para a igualdade plena com os homens, foram finalmente vencidas.

A partir da década de 1980, uma facção dos evangélicos começou a se alinhar com a segunda onda feminista, introduzindo na igreja seus pressupostos básicos sob a bandeira do "igualitarismo". Em 2016, a revista *Relevant* anunciou: "O feminismo evangélico está em ascensão, e a conversa está ficando alta o suficiente para que seja ouvida pelas igrejas mais tradicionais".[6]

---

[5]Publicado em português por Rosa dos Tempos sob o título *A mística feminina*.

[6]Jorey Micah, "The rise of evangelical feminism", *Relevant*, March 29, 2016, https://relevantmagazine.com/god/rise-evangelical-feminism/.

A conversa era liderada por uma nova geração de líderes evangélicos que ecoaram mais ou menos as ideias e a linguagem do feminismo de segunda onda matizadas por um leve verniz cristão. Para a intelectual, ativista e ministra Monica Coleman, a questão central dizia respeito ao poder: "O feminismo na religião tem a ver com voz e poder [...] Onde estão as mulheres na história? Quem tem voz? Quem não tem? [...] Quem está na liderança das igrejas? As vozes e as perspectivas de quem ressoam mais alto e têm maior influência?".[7]

Essa redução dos relacionamentos humanos à dinâmica do poder é, naturalmente, parte essencial da justiça social ideológica. Outras lideranças, como a da falecida blogueira evangélica feminista e palestrante Rachel Held Evans, denunciavam os males do patriarcado. "O patriarcado não é o sonho de Deus para o mundo. Os que insistem em perpetuá-lo perpetuam uma injustiça, que, é claro, prejudica a igreja internamente, bem como o seu testemunho diante do mundo que a observa".[8]

Hoje, essas ideias se tornaram comuns no evangelicalismo. A ideia da liderança masculina no lar e na igreja é interpretada cada vez mais como algo ultrapassado e opressor. Os evangélicos que subscrevem a perspectiva do "complementarismo" constatam cada vez mais que são minoria dentro das igrejas, das escolas cristãs e das organizações.

LGBTQ+

O movimento pelos direitos dos gays (ampliado posteriormente para movimento LGBTQ+) é um dos exemplos mais

---
[7]Cf. citado em: "Black feminism, the black conscious community and the black Church by Demetrius Dillard", *Northend Agent's*, March 21, 2017, http://www.northendagents.com/black-feminism-black-conscious-community-black-church-demetrius-dillard/.
[8]Cf. citado em: Jorey Micah, "The rise of evangelical feminism".

impressionantes de transformação cultural na história dos Estados Unidos. Em um piscar de olhos, as ideias que havia milênios predominavam no Ocidente acerca da sexualidade, do casamento e da família foram subvertidas. Há não muito tempo, em 1996, apenas 27% da população dos Estados Unidos apoiavam o casamento entre pessoas de mesmo sexo. Em 2013, esse apoio já era de 53%. Atualmente, o percentual é ainda maior, de 73%, entre os chamados *millenials*.

Essa sublevação moral não se deu por acidente. Ela foi o resultado de uma estratégia cuidadosamente elaborada, a planta básica do que seria exposto em 1989 por Marshall Kirk e Hunter Madsen em seu livro extremamente influente *After the ball: how America will conquer its fear and hatred of gays in the '90s* [Depois do baile: como os EUA vencerão seu medo e ódio de gays nos anos 1990].[9] A estratégia compreendia quatro amplos objetivos: (1) mudar o estereótipo extravagante dos gays, viciados em sexo, retratando-os como americanos normais que representam uma minoria significativa em todas as comunidades; (2) transformar a homossexualidade numa questão de determinismo biológico, e não de escolha moral; (3) apresentar os adversários do comportamento homossexual como pessoas odiosas e intolerantes que devem ser estigmatizadas, silenciadas e postas no mesmo plano dos racistas do tempo das leis Jim Crow; e (4) apresentar os direitos LGBTQ como os novos direitos civis, em que os membros da comunidade LGBTQ aparecem como vítimas.

Nos vinte e cinco anos que se seguiram, todos esses objetivos foram atingidos. Os ativistas LGBTQ se voltaram de forma muito inteligente para as artes, o entretenimento e a cultura de celebridades. Na cerimônia de premiação de vídeos

---

[9] Marshall Kirk, Hunter Madsen, *After the ball: how America will conquer its fear and hatred of gays in the 90s* (New York: Plume, 1990).

musicais da MTV, em 2003, duas das mais prestigiadas artistas da época, Madonna e Britney Spears, ajudaram a normalizar a homossexualidade beijando-se apaixonadamente no palco.

O segredo de Brokeback Mountain, filme de 2005, ganhou vários Oscars pela "coragem" com que ensinou que nem o casamento, nem as necessidades dos filhos e nem mesmo o compromisso devem ser empecilhos para a paixão homossexual. Um ano depois, com a estreia de *Will and grace*, uma *sitcom* de grande sucesso que teve dez temporadas, a vida homossexual aparecia despida significativamente de quaisquer estigmas. Em 2009, outra *sitcom*, *Modern family*, começava sua carreira de dez temporadas em que mostrava um casal homossexual exemplar, de classe média, envolvido com a criação dos filhos. Em 2012, a comédia dramática *Glee* fez sua parte para a normalização do estilo de vida homossexual. Foram seis temporadas, totalizando 121 episódios.

No início dos anos 1990, as mudanças na moralidade sexual começaram a afetar as profissões e, por fim, foram transformadas em leis. Em 1993, a Associação Americana de Psicologia tirou a homossexualidade do seu índice de transtornos mentais. Dez anos depois, no caso *Lawrence vs. Texas*, a Suprema Corte determinou que os estados não podiam legislar sobre o comportamento íntimo de dois adultos que estivessem em comum acordo. Depois, em 2004, Massachusetts se tornaria o primeiro estado a legalizar o casamento entre duas pessoas do mesmo sexo. Por fim, outros 36 estados tomariam a mesma decisão, o que levou à célebre decisão da Suprema Corte de 2015, no caso *Obergefell vs. Hodges*. Hoje, o casamento entre pessoas de mesmo sexo é lei no país.

A velocidade e a força dessa revolução moral colocaram uma pressão enorme sobre a igreja. Quem defende o ensino bíblico sobre a sexualidade, a família, o casamento e até mesmo o modelo binário homem-mulher é tachado de retrógrado, intolerante de mente tacanha. As empresas e as instituições cristãs estão sob pressão cada vez maior para que que se conformem com a nova ortodoxia sexual; caso contrário, terão de arcar com uma série de penalidades. Os líderes da revolução moral LGBTQ deixaram claro que seu objetivo não era a coexistência, mas a vitória total. E eles estão vencendo. Mais uma vez, observamos a mesma perspectiva de soma zero de poder por parte dos que acreditam de fato na justiça social ideológica. Não é possível que todos saiam ganhando. A coexistência pacífica é inviável.

Conforme vimos reiteradas vezes, esse tipo de oposição cultural resistente e organizada coloca uma pressão enorme sobre a igreja que crê na Bíblia. Em 2016, David Gushee, um destacado professor universitário evangélico americano e ex-colunista da *Christianity Today*, fez uma advertência a seus amigos evangélicos: ou eles embarcavam no movimento dos direitos LGBTQ, ou então teriam de enfrentar consequências ainda mais terríveis.

> Ou vocês apoiam a igualdade social e legal inequívoca e plena da comunidade LGBTQ, ou se opõem a ela, porque em algum momento sua opção ficará clara. Isso vale tanto para indivíduos quanto para instituições. Aqui não há espaço para a neutralidade, tampouco para uma meia aceitação educada. Não há como se esquivar do assunto. Se vocês se omitirem, a questão virá atrás de vocês e vai confrontá-los.
> Escolas religiosas e organizações paraeclesiásticas abertamente discriminatórias [isto é, que defendem a ética sexual histórica e bíblica] serão as primeiras a sentir a pressão. Toda entidade que requeira acreditação perante o governo ou que receba subsídios financeiros dele estará imediatamente na linha de fogo. Algumas organizações terão de escolher entre

abandonar [a moralidade sexual histórica e bíblica] ou se sujeitar ao risco de serem fechadas. Outras terão simplesmente de enfrentar uma marginalização social cada vez maior.[10]

De acordo com o colunista Rod Dreher, "Gushee abraçou totalmente os direitos dos gays; ele não tolera simplesmente esse tipo de relação, diz também que é boa".[11] E ele não é o único. Segundo a Pew Research, em 2016, 51% dos *millennials* evangélicos apoiavam o casamento entre pessoas de mesmo sexo; 54% disseram que a homossexualidade devia ser aceita e incentivada, e não o contrário. Cada vez mais esses jovens evangélicos situam a comunidade LGBTQ no âmbito da justiça social ideológica e a veem como grupo marginalizado e oprimido. Os opressores são os que sustentam uma perspectiva bíblica do casamento e da sexualidade. Amar alguém LGBTQ significa aceitar seus pontos de vista sobre a sexualidade e suas reivindicações de plena "igualdade no casamento".

Rachel Held Evans se afastou da interpretação que a igreja evangélica faz desses pontos: "Expliquei que, quando nossos amigos gays, lésbicas, bissexuais e transgêneros não são bem recebidos à mesa, nós também não nos sentimos bem recebidos, e que nem todo adulto jovem se casa ou tem filhos, por isso temos de parar de edificar nossas igrejas em torno de categorias e começar a edificá-las em torno de pessoas".[12] Quem não está querendo ser "receptivo"?

---

[10]David P. Gushee, "On LGBTQ equality, middle ground is disappearing", *Religion News Service*, August 22, 2016, https://religionnews.com/2016/08/22/on-lgbt-equality-middle-ground-is-disappearing/.
[11]Rod Dreher, "We have been warned", *The American Conservative*, August 23, 2016, https://www.theamericanconservative.com/dreher/we-have-been-warned/.
[12]Rachel Held Evans, *Searching for sunday: loving, leaving, and finding the Church* (Nashville: Thomas Nelson, 2015).

Raça

A raça, mais do que qualquer outro tema, está jogando os evangélicos nos braços da justiça social ideológica. Nos anos que se seguiram ao colapso econômico do *subprime* [empréstimos de alto risco] de 2007-2010, surgiu uma nova geração de líderes evangélicos contrários ao racismo e que denunciavam a "branquitude" e os "privilégios dos brancos". Seu surgimento se deu paralelamente a vários eventos que sacudiram a cultura, entre eles o assassinato, em 2012, de Trayvon Martin, na Flórida, a ascensão do movimento #BlackLivesMatter, em 2013, além dos tumultos raciais em Ferguson, em Missouri, e do tiroteio fatal que levou à morte de Michael Brown um ano depois.

O racismo é um mal enorme e sempre presente. Como seguidores de Jesus, temos o dever de combatê-lo em todas as suas formas. Provavelmente todos os cristãos concordam com isso, e aí está o problema: já não há mais consenso em torno do que seja o racismo. Alguns dizem que é "preconceito + poder", e que só se aplica a brancos em razão do seu monopólio sobre o poder cultural. Outros subscrevem a definição encontrada no dicionário Merriam Webster: "Crença de que a raça é o determinante principal das capacidades e dos traços humanos e que as diferenças raciais produzem uma superioridade inerente a uma raça específica".[13]

Trata-se de duas definições muito diferentes. Se concordamos com a primeira, as pessoas brancas são, por definição, opressores racistas em virtude dos privilégios não conquistados que possuem baseados em seu suposto poder cultural. Negar isso é provar a existência de um racismo inconsciente. Só nos cabe reconhecer, confessar e lamentar esse fato.

---

[13]"racism." Merriam-Webster.com. 2020. https://www.merriam-webster.com (June 3, 2020).

Se concordarmos com a segunda definição de racismo, segue-se que a primeira definição é racista em si mesma. Ela junta as pessoas com base na cor da pele e as problematiza, querendo dizer com isso que estão todas manchadas com a culpa do racismo, quer tenham consciência disso quer não. Douglas Murray se refere a isso como "racismo antirracista".[14] Essa definição, enraizada na teoria crítica da raça e nos "estudos de branquitude", exagera na hostilidade racial ao julgar milhões de pessoas com base em seu aspecto externo.

Essas duas definições são parte de duas narrativas conflitantes mais amplas sobre raça nos Estados Unidos. É fundamental compreender essas narrativas para que se possa entender o clima de elevada densidade racial em que nos encontramos. As duas têm raízes na comunidade negra. Ambas contam com defensores históricos e atuais.

A NARRATIVA REVOLUCIONÁRIA

Examinaremos os contornos dessas duas narrativas. Chamarei a primeira de *Narrativa Revolucionária*. Ela sustenta que os sistemas social, cultural e econômico estão de tal forma corrompidos pelo racismo que não há nenhuma possibilidade de reforma. É preciso que sejam arrancados pela raiz, cortados os galhos, para dar lugar a uma nova ordem.

A Narrativa Revolucionária decorre dos pressupostos da justiça social ideológica. É, sem dúvida, a narrativa dominante sobre raça nos Estados Unidos hoje. É a única teoria ensinada em nossas escolas públicas e nas universidades, promovida insistentemente nas mídias sociais e tradicionais, na área de

---
[14]Douglas Murray, *The madness of crowds: gender, race and identity* (London: Bloomsbury Continuum, 2019), p. 127 [publicado em português por Record sob o título *A loucura das massas: gênero, raça e identidade*.

entretenimento, nas grandes empresas e, cada vez mais, por meio das igrejas e instituições evangélicas.

Ao longo da história, houve versões da Narrativa Revolucionária defendidas por gente como W. E. B Du Bois, James Baldwin, Elijah Muhammad, Malcolm X e James H. Cone. Entre seus divulgadores modernos podemos citar Michelle Alexander, autora de *The new Jim Crow*;[15] o ensaísta da *Atlantic*, Ta-Nehisi Coates; teóricos muito conhecidos da teoria crítica da raça como Robin DiAngelo, autor de *White fragility* [Fragilidade branca],[16] Barbara Applebaum, autora de *Being white, being good* [Ser branco, ser bom], Ibram X. Kendi, autor de *How to be na antiracist*;[17] Louis Farrakhan, ativista político e líder do Nation of Islam [Nação do Islã], e os fundadores do movimento Black Lives Matter: Alicia Garza, Opal Tometi e Patrisse Cullors, só para citar alguns.

Segue-se em linhas gerais meu resumo da Narrativa Revolucionária:

- Ênfase na injustiça sistêmica e no racismo institucional. Os problemas que os negros enfrentam têm origem fora de sua comunidade, na sociedade em geral, e se devem à escravidão histórica e à opressão branca predominante.
- Para que haja uma mudança positiva na comunidade negra, é preciso que os brancos mudem. É imprescindível que confessem sua "branquitude", admitam sua cumplicidade na opressão sistêmica, transfiram poder e recursos para os negros e que não se defendam, o que apenas agrava os problemas ao exporem sua "fragilidade branca".

---

[15] Publicado em português por Boitempo sob o título *A nova segregação*.
[16] Publicado em português por Mentors Library sob o título *Resumo estendido: fragilidade branca*.
[17] Publicado em português por Alta Books sob o título *Como ser antirracista*.

- Os principais problemas que enfrenta a comunidade negra consistem em brutalidade policial pré-genocida e um sistema de justiça criminal racista em sua essência. O sistema de justiça criminal é "O Novo Jim Crow", conforme demonstrado pelo fato de que os negros são detidos e presos com uma frequência muito mais elevada do que os brancos em comparação com o percentual da população total que representam.
- Os Estados Unidos, desde suas origens, são uma nação fundamentalmente racista. De fato, a essência mesma do país não é de liberdade, mas de opressão. O ensaísta Andrew Sullivan traduz isso da seguinte forma: "Todos os ideais de liberdade individual, liberdade religiosa, governo limitado e igualdade de todos os seres humanos são uma falsidade que serve para encobrir, justificar e entrincheirar a escravização de seres humanos sob a ficção de raça".[18] Em última análise, a mudança só será possível se esses sistemas forem desmascarados, desconstruídos e desmantelados.
- O "daltonismo" é um sentimento racial. Os que usam essa expressão demonstram simplesmente sua insensibilidade à opressão, à violência e à discriminação que os negros enfrentam. É preciso que sejamos mais atentos à cor da nossa pele, e não menos, mais atentos à maneira pela qual a raça nos divide, e não menos.
- O racismo se manifesta quase totalmente na direita política. O Partido Republicano traz a marca profunda da xenofobia, da intolerância e da supremacia branca, ao passo que o Partido Democrata é o baluarte dos direitos

---

[18] Andrew Sullivan, "Is there still room for debate?", *New York Intelligencer*, June 12, 2020, https://nymag.com/intelligencer/2020/06/andrew-sullivan-is--there-still-room-for-debate.html.

civis. "Os políticos do partido Democrata têm uma história longa, e que lhes dá muito orgulho, de defesa dos direitos civis e de ampliação de oportunidades para todos os americanos, [tendo apoiado] a Lei de Direitos Civis de 1964".[19]

- O #BlackLivesMatter e sua campanha contra a brutalidade policial crescente é o movimento de direitos civis mais importante atualmente nos Estados Unidos.

A NARRATIVA DA PRESERVAÇÃO

Embora a Narrativa Revolucionária domine nosso discurso racial hoje em dia, existe outra narrativa que não recebe tanta atenção. Muito poucas pessoas têm conhecimento de suas linhas gerais ou sabem quem são seus principais defensores. Chamarei a essa narrativa de *Narrativa da Preservação*. Ela afirma que os princípios fundadores dos Estados Unidos são bons e procura preservá-los, ao mesmo tempo que deseja melhorar continuamente nossos sistemas e instituições para que reflitam mais perfeitamente esses princípios.

A exemplo da Narrativa Revolucionária, a Narrativa da Preservação tem raízes profundas na comunidade negra. Ao longo da história, variantes dela foram defendidas por gente como Frederick Douglass, Booker T. Washington, George Washington Carver, Jackie Robinson e Jesse Owens. Talvez sua expressão mais comovente seja o célebre discurso de Martin Luther King Jr. "Eu tenho um sonho".

Atualmente, seus defensores mais fervorosos são negros. São eles, entre outros, o juiz Clarence Thomas, da Suprema Corte, o ex-conselheiro presidencial Robert Woodson, os economistas

---

[19]"Civil rights", *Democrats.org*, July 2, 2020, https://democrats.org/where-we-stand/the-issues/civil-rights/.

Thomas Sowell e Walter Williams, o autor conservador Shelby Steele, a ex-secretária de Estado Condoleezza Rice, a professora de ciências políticas da Universidade Vanderbilt Carol Swain, Tim Scott, senador da Carolina do Sul, o neurocirurgião Ben Carson, a autora e ativista Alveda King, o conhecido radialista Larry Elder, o colunista do *Wall Street Journal* Jason Riley, a crítica de cultura Candace Owens, o ativista cultural Kanye West, o economista de Harvard e autor Glenn Loury e o ativista pró-vida Ryan Bomberger, só para citar alguns.

Segue, em linhas gerais, meu resumo sobre a Narrativa da Preservação:

- Ênfase na escolha e na responsabilidade pessoal; o mal tem raízes primeiramente no coração e na mente humanos antes de se manifestar na sociedade. Embora o racismo branco persista, está longe de ser o maior desafio para a comunidade negra. Os desafios que se colocam para a comunidade negra serão vencidos por meios que não dependem das ações de brancos, mas das escolhas e ações dos próprios negros.
- Os principais desafios que se colocam para a comunidade negra atualmente são os seguintes, entre outros: (1) A devastação da família negra: a taxa de natalidade fora do casamento na comunidade negra passou de 35%, em 1970, para 72% hoje.[20] Como consequência disso, há várias gerações de jovens negros sem pais e alienados que se voltam para as gangues e para a atividade criminosa. (2) Aborto: desde a decisão da Suprema Corte sobre o caso Roe *vs.*

---

[20]Robert VerBruggen, "Trends in unmarried childbearing point to a coming apart", *Institute for Family Studies*, February 20, 2018, https://ifstudies.org/blog/trends-in-unmarried-childbearing-point-to-a-coming-apart.

Wade, em 1973, 19 milhões de bebês negros foram abortados nos Estados Unidos.[21] (3) Sistemas educacionais: um enorme contingente de jovens negros ficam restritos a escolas deficientes e não têm acesso a outras opções que lhes permitiriam melhorar suas oportunidades escolares.
* A devastação da família negra se deve em grande medida à ascensão do estado de bem-estar moderno. Os economistas negros Walter Williams e Thomas Sowell argumentam que a expansão significativa do bem-estar proporcionado pelo estado mediante os programas de Grande Sociedade, a partir dos anos 1960, contribuíram para a destruição das famílias afro-americanas. De acordo com Sowell, "a família negra, que tinha sobrevivido a séculos de escravidão e discriminação, começou a se desintegrar rapidamente no estado de bem-estar liberal que subsidiava a gravidez de mulheres solteiras e com isso transformava o bem-estar de um estado de emergência para uma forma de vida".[22]
* Os Estados Unidos têm uma história trágica de opressão racial e de escravidão. Contudo, nossos princípios fundadores expressos na Declaração de Independência ("Todos os homens são criados iguais, dotados pelo Criador de certos direitos inalienáveis") resultaram, por fim, na erradicação da escravidão e no progresso significativo na igualdade racial. Hoje, os Estados Unidos são um dos países menos racistas do mundo e uma terra de oportunidade para as pessoas de todos os antecedentes étnicos, razão pela qual

---

[21] Walt Blackman, "Abortion: the overlooked tragedy for black Americans", *Arizona Capitol Times*, February 25, 2020, https://azcapitoltimes.com/news/2020/02/25/abortion-the-overlooked-tragedy-for-black-americans/.
[22] African-American Family Structure (July 2, 2020). In: Wikipedia. https://en.wikipedia.org/wiki/African-American_family_structure.

os imigrantes continuam a afluir em grande número para o país, muitos deles inclusive de pele negra e parda.
- O "daltonismo" é uma façanha cultural a ser celebrada, porque nos liberta do flagelo do tribalismo. Em vez de tratar genericamente as pessoas com base na cor da pele, "daltonismo" significa que eu as vejo primeiramente como indivíduos únicos e agentes morais livres. Esse foi o célebre sonho de Martin Luther King Jr., isto é, que seus filhos não fossem julgados pela cor da pele, mas pelo conteúdo do seu caráter.
- Ao longo da história, o racismo nos Estados Unidos foi perpetuado sobretudo por indivíduos da esquerda política. O Partido Democrata defendeu a escravidão, deflagrou a Guerra Civil, se opôs à Reconstrução, fundou a Ku Klux Klan, impôs a segregação, promoveu linchamentos e lutou contra os atos de direitos civis nos anos 1950 e 1960.
- O #BlackLivesMatter é uma organização revolucionária neomarxista radical que existe para exacerbar as tensões raciais como meio de fomentar a revolução social, cultural e econômica.

AVALIANDO AS DUAS NARRATIVAS

Como toda narrativa, há verdade nas duas. *Isto, porém, não significa que sejam ambas igualmente verdadeiras.* Como nós, cristãos, responderemos a elas?

O primeiro instinto de muitos cristãos sinceros quando defrontados com essas duas visões possíveis de raça nos Estados Unidos é de permanecer neutros, ou tentar achar um ponto de equilíbrio. Muitos cristãos brancos, movidos pelo desejo correto de construir relacionamentos com indivíduos da comunidade negra, acabam apoiando a Narrativa Revolucionária como parte do processo.

São duas causas compreensíveis e bem intencionadas. Contudo, como cristãos, nossa obrigação primordial é com a verdade e com o amor. Isso significa que temos de avaliar cuidadosamente as narrativas. Cabe-nos ratificar o que é bom e verdadeiro e rejeitar o que é falso e destrutivo.

Na avaliação contínua que tenho feito dessas narrativas, creio que a Narrativa da Preservação é muito mais verdadeira e produzirá resultados muito melhores para a comunidade negra. Reconheço que muitos cristãos de boa consciência discordarão em grande medida de mim, e sou grato por toda oportunidade de diálogo, de ser desafiado e de aprender. Seguem-se as questões de que me ocupei e como cheguei às conclusões que apresento:

Natureza humana

A Narrativa Revolucionária está radicada na vitimologia. Sua mensagem aos negros americanos é basicamente a seguinte: por mais que você se esforce, não terá sucesso, porque há uma série de estruturas e sistemas racistas que pelejam contra você. Sua mensagem aos americanos: por causa da cor da sua pele, você é culpado por se beneficiar desses mesmos sistemas, quer se dê conta disso quer não. É uma mensagem desalentadora para os negros e, para os brancos, uma mensagem que resulta em sentimento de culpa, que serve apenas para exacerbar as tensões raciais. Pessoalmente, creio que qualquer narrativa que convide as pessoas a alimentarem ressentimentos em relação a pessoas com outra cor de pele é uma narrativa terrível.

A mensagem básica da Narrativa da Preservação é muito mais verdadeira no que se refere à natureza humana. Diz ela, nas palavras do ensaísta Andrew Sullivan: "Nenhum grupo racial é homogêneo, e todo indivíduo tem capacidade de escolher livremente e de agir. Ninguém é totalmente vítima ou totalmente privilegiado".[23]

A Narrativa da Preservação diz aos jovens negros: hoje, nos Estados Unidos, se você conclui o ensino médio, consegue um emprego qualquer e espera até que esteja casado para ter filhos, estará na trilha certa para uma vida próspera e frutífera, e é possível fazer escolhas desse tipo, não importa o que façam ou não os brancos. Essa é uma mensagem que confere poder e unifica.

Brutalidade policial

A Narrativa Revolucionária recorre a uma linguagem catastrófica e hiperbólica para descrever a brutalidade policial. Seus defensores mais influentes criticam asperamente a polícia, a quem chamam de "assassinos"[24] que "perseguem"[25] negros e perpetuam o seu "genocídio".[26]

A polícia, como todo ser humano decaído, está longe de ser perfeita. Há policiais ruins e, quando cometem atos criminosos violentos, todas as pessoas de boa consciência, entre elas a maior

---

[23] Andrew Sullivan, "Is there still room for debate?", *New York Intelligencer*, June 12, 2020, https://nymag.com/intelligencer/2020/06/andrew-sullivan-is-there-still-room-for-debate.html.

[24] Dakota Smith; David Zahniser, "LA police union, angry over Garcetti's 'killers' comment, calls mayor 'unstable'", *Los Angeles Times*, June 5, 2020, https://www.heraldmailmedia.com/news/nation/la-police-union-angry-over-garcetti-s-killers-comment-calls-mayor-unstable/article_27c3b685-35ac-58d2-8c10-f68fcc0b99a3.html.

[25] Steven W. Thrasher, "Police hunt and kill black people like Philando Castile. There's no justice", *The Guardian*, US Edition, June 19, 2017, https://www.theguardian.com/commentisfree/2017/jun/19/philando-castile-police-violence-black-americans.

[26] Ben Crump, "I believe black Americans face a genocide. Here's why I choose that word", *The Guardian*, US Edition, November 15, 2019, https://www.theguardian.com/commentisfree/2019/nov/15/black-americans-genocide-open-season.

parte dos policiais, exigem que tais indivíduos sejam responsabilizados. Essa ideia é praticamente consensual. No entanto, isso não basta para os defensores da Narrativa Revolucionária. Para eles, o problema não é um ou outro policial. O sistema policial em sua totalidade está envenenado com o racismo institucional.

Um volume imenso de dados referente ao uso policial da força contra negros nos permite analisar a veracidade dessa alegação, e a verdade é que as evidências não corroboram a acusação. Em 2019, de acordo com o banco de dados de tiros dados pela polícia do *Washington Post*, num país de 330 milhões de habitantes, um total de catorze americanos negros desarmados foram mortos pela polícia.[27] E não se tratava de espectadores inocentes. A maior parte deles estava atacando os policiais quando foram alvejados.

Não me compreenda mal, catorze vidas perdidas para a brutalidade policial são, sim, muitas vidas. O valor de cada uma delas é incomensurável. Isso, porém, dificilmente será prova de racismo policial sistêmico, muito menos de genocídio. Hoje a realidade é que um policial tem muito mais chance de ser morto por um negro do que um negro desarmado de ser morto por um policial.[28]

Contudo, infelizmente, o mito de que a polícia é uma ameaça às pessoas negras fincou raízes profundas dentro da comunidade negra. Muitos creem sinceramente nisso. Toda interação que têm com a polícia passa por esse prisma. Como consequência, existe agora um medo e uma desconfiança profundas na comunidade negra e na polícia. É um problema que precisa ser sanado.

---

[27] Esse foi o número registrado em 1.º de maio de 2020. https://www.washingtonpost.com/graphics/2019/national/police-shootings-2019/.

[28] Peter Kirsanow, "Flames from false narratives", *National Review*, June 4, 2020, https://www.nationalreview.com/corner/flames-from-false-narratives/.

O cristão deve se solidarizar com as experiências que os negros têm com a polícia. Devemos ouvir e tentar compreender, mas não devemos ajudar a perpetuar o mito. Afirmar falsas crenças não é uma atitude amorosa.

O sistema de justiça criminal

A Narrativa Revolucionária acusa o sistema criminal de justiça inteiro de racismo estrutural. Essa afirmação se baseia no fato de que um contingente maior de pessoas negras do que brancas é presa, acusada e condenada quando comparado ao percentual da população em geral. Contudo, essa análise está equivocada e é enganosa. Ela ignora completamente as taxas de crime relativamente altas na comunidade negra que impulsionam níveis mais elevados de detenções e de encarceramentos. A taxa de crimes sérios cometidos por americanos negros é três vezes maior do que sua representação na população em geral. Por exemplo, embora os negros constituam 12% da população, eles são responsáveis de forma persistente por mais da metade de todos os homicídios.

Nem sempre foi assim. Nos anos 1950, os negros eram responsáveis por um volume menor de crimes do que os brancos, tomando-se por base o percentual da população. Os negros nascidos fora do casamento também eram em menor número do que os brancos.[29] O aumento da criminalidade na comunidade negra encontra paralelo no colapso da família negra a partir dos anos 1960 e 1970. As taxas de crime aumentam à medida que a capacidade de governo próprio entra em decomposição. Trata-se de um truísmo que se aplica a todas as pessoas, não importa a cor da pele. O autogoverno não é algo que venha naturalmente.

---

[29]Jan Jekielek, "How the tragic killing of George Floyd has been exploited", *The Epoch Times*, June 6, 2020, https://www.theepochtimes.com/how-the-tragic-killing-of-george-floyd-has-been-exploited-bob-woodson_3379519.html.

É preciso que seja inculcado, e as principais instituições responsáveis por isso são a família, a igreja e a escola. Desde os anos 1960, essas três instituições entraram em colapso na comunidade negra, particularmente a família e a escola. Para ajudar de fato as famílias negras, é preciso reverter essa situação. De acordo com a Narrativa da Preservação, essas instituições vitais responsáveis pela transmissão do autogoverno precisam ser fortalecidas.

Aborto

O aborto é, de longe, a principal fonte de morte violenta na comunidade negra. Se há "genocídio", então é de aborto que estamos falando. Os defensores mais destacados da Narrativa Revolucionária ignoram isso e, de fato, exigem a ampliação do assassinato legalizado de crianças negras. Isso bastaria para que os cristãos negassem seu apoio.

Os Estados Unidos

Como cristãos, nossa atitude em relação à história deve se basear na verdade. É preciso que a história seja nosso guia. Não podemos manipulá-la e distorcê-la para fazer avançar uma pauta particular. Concentrar-se exclusivamente em um aspecto da história, seja ele bom ou mau, é perpetuar uma mentira.

Não é de surpreender que a Narrativa Revolucionária, conforme exemplificada na iniciativa Project [Projeto 1619], do *New York Times*, faça exatamente isso. Segundo essa narrativa, os Estados Unidos foram fundados sobre princípios que existem para perpetuar a supremacia branca do sexo masculino. Ela é conhecida sobretudo pelo racismo branco sistêmico, pela escravidão, pela ganância, pela opressão patriarcal imposta às mulheres e pelo tratamento genocida dado aos povos nativos. Esse tipo da manipulação da história é típico de muitos movimentos revolucionários, mas é uma tática baixa.

INCURSÕES NA CULTURA... E NA IGREJA 193

A Narrativa da Preservação também se ocupa da história trágica de opressão racial e de escravidão nos Estados Unidos, mas se detém igualmente no que é bom, e por isso nos apresenta uma história mais verdadeira. Ela ensina que nossos princípios fundadores na Declaração de Independência tornaram possível, por fim, a abolição da escravidão. Embora o racismo e a escravidão sejam comuns entre os países na história da humanidade, o que torna os Estados Unidos diferente é a resposta que demos a esses males. Acabamos com a escravidão e fizemos um progresso notável na forma como tratamos o racismo explícito, eliminando barreiras para a igualdade de oportunidades e reconhecendo as sensibilidades raciais das minorias.

Há muitas partes da nossa história que deveriam ser ensinadas aos nossos filhos para que se orgulhem delas. Contudo, a Narrativa Revolucionária ou elimina ou despreza o que há de bom nos livros de história. Seguem-se algumas coisas que deveríamos celebrar:

- A primeira sociedade organizada contrária à escravidão foi formada em 1774.
- A primeira proibição legal à escravidão no mundo todo se deu em Vermont, em 1777.
- Cinco dos treze estados originais seguiram o exemplo de Vermont durante a Revolução ou imediatamente depois dela, introduzindo interdições à escravidão entre 1780 e 1784.
- A primeira interdição federal à escravidão, no Território do Noroeste, foi redigida em 1784 por Thomas Jefferson e aprovada pelo Congresso da Confederação em 1787. Sua linguagem seria adotada mais tarde pela Décima Terceira Emenda.

- O Congresso proibiu o tráfico de escravos logo que foi possível, em 1807, por insistência do presidente Jefferson.
- A escravidão foi por fim abolida depois de uma guerra civil sangrenta em que milhares de brancos morreram para pôr fim a essa instituição maligna.
- Houve um progresso significativo na igualdade racial graças ao Movimento dos Direitos Civis dos anos 1950 e 1960.
- Elegemos o primeiro presidente negro em 2009, tendo sido reeleito para um segundo mandato. O país celebrou esse marco, inclusive os que não votaram em Barack Obama em razão de suas posições políticas.

Se há opressão branca no âmago do tecido americano, Andrew Sullivan se pergunta o que dizer diante

> do crescimento histórico de uma classe média e alta negra, de ganhos crescentes das mulheres negras na educação e no local de trabalho, de um presidente negro respeitado que governou por dois mandatos, de uma próspera *intelligentsia* negra, de prefeitos, governadores e membros negros do Congresso e de uma alta cultura popular definida notadamente pela experiência afro-americana? [Que dizer do fato de que] imigrantes não brancos estão se equiparando rapidamente aos brancos em renda e [...] que alguns grupos minoritários hoje ganham mais do que os brancos?[30]

---

[30] Andrew Sullivan, "Is there still room for debate?", *New York Intelligencer*, June 12, 2020, https://nymag.com/intelligencer/2020/06/andrew-sullivan-is--there-still-room-for-debate.html.

Racismo à esquerda e à direita

Os divulgadores da Narrativa Revolucionária culpam pela perpetuação da supremacia branca praticamente todos os que estão à direita do espectro político. Isso é de uma falsidade quase absoluta. Se não, vejamos:

• O Partido Republicano foi fundado em 1854 e se opunha à escravidão. Sua missão era deter a disseminação da escravidão nos novos territórios ocidentais, tendo em vista sua abolição total.

• No infame caso da Suprema Corte que opôs Dred Scott a Sandford, a corte decidiu que escravo não era gente; escravos eram propriedades. Os sete juízes que votaram a favor da escravidão eram todos democratas. Os dois juízes que discordaram eram ambos republicanos.

• Durante a Era da Reconstrução, centenas de homens negros foram eleitos para as legislaturas estaduais do Sul pelo Partido Republicano, e vinte e dois republicanos negros serviram no Congresso americano em 1900. Os democratas só foram eleger um negro para o Congresso em 1935.

• Depois da Reconstrução, foram os democratas do Sul que introduziram leis restringindo a possibilidade dos negros de terem propriedades e gerir negócios. Eles introduziram também impostos eleitorais e testes de leitura e escrita para subverter o direito ao voto dos cidadãos negros.

• O fundador da Ku Klux Klan, Nathan Bedford Forrest, era democrata.

• O presidente Woodrow Wilson, um democrata, era extremamente racista. Ele segregou novamente várias agências federais e apoiou políticas eugenistas aplicadas aos negros.

- Margaret Sanger, progressista de extrema esquerda, era racista, defendia a eugenia e foi fundadora da Paternidade Planejada. O movimento de controle de natalidade e, mais tarde, do aborto, liderados por ela, resultou na morte de um número maior de vidas negras nos Estados Unidos do que o contingente morto durante a escravidão.
- Jesse Owens, republicano convicto, ganhou quatro medalhas de ouro nas Olimpíadas de Berlim de 1936, mas foi ignorado pelo presidente Franklin Roosevelt, do Partido Democrata. Roosevelt convidou para a Casa Branca apenas atletas brancos.
- A única oposição séria no Congresso à Lei dos Direitos Civis, de 1964, foi dos democratas. Oitenta por cento dos republicanos apoiaram o projeto. Os senadores democratas obstruíram o projeto de lei durante setenta e cinco dias.

Por que, então, um número surpreendente de negros apoia atualmente o Partido Democrata? Os defensores da Narrativa da Preservação têm uma resposta objetiva: os programas federais de bem-estar tiveram como resultado uma dependência debilitante do governo por parte de milhões de americanos negros. Os democratas apoiam esses programas, portanto o voto no Partido Democrata é um voto para manter o fluxo de dinheiro.

Meu objetivo aqui não é acusar os cristãos que apoiam o Partido Democrata. Conheço muitos que o fazem e os respeito. Quero, isto sim, desafiar a narrativa predominante.

#BlackLivesMatter

Como cristãos, é claro que estamos de acordo que vidas negras são importantes. Ao mesmo tempo, reconhecemos que a organização que ostenta esse nome age com forte discriminação em sua defesa das vidas negras. Ocorre que, para ela, somente umas

INCURSÕES NA CULTURA... E NA IGREJA

poucas vidas muito bem escolhidas importam, isto é, as que são vítimas da brutalidade policial. Quanto às vidas negras que se seguem, a organização Black Lives Matter não diz uma palavra:

- Milhões de vidas negras inocentes destruídas pelo aborto legalizado.
- Inúmeros negros mortos todos os dias devido à violência em áreas abandonadas das cidades e às gangues.
- Incontáveis policiais negros mortos no cumprimento do dever.
- Inúmeras crianças sujeitas a frequentar escolas deficitárias, sem chance de melhorar suas oportunidades de ensino.

Em vista disso, não deveríamos nos perguntar se a Black Lives Matter é uma organização que se importa de verdade com as vidas negras? Não é difícil conseguir informações precisas sobre o que ela representa. Basta analisar durante uns poucos minutos seu site na internet, blacklivesmatter.com, para identificar suas fontes de financiamento. Não há dúvida de que se trata de um grupo revolucionário de fachada de extrema esquerda que, de modo cínico, *usa* as tensões raciais para levar adiante sua pauta revolucionária. Seguem-se algumas propostas que o movimento defende abertamente:

- Abolição da família, mães e pais, substituindo-a por uma forma de comunalismo em que os filhos são criados coletivamente. Trata-se da mesma política básica defendida por todos os regimes marxistas.
- Uma sociedade "aberta ao *queer*" e à expansão dos direitos LGBTQ+.
- A expansão dos "serviços" de aborto na comunidade negra.

- Abolição do capitalismo de livre mercado e sua substituição por uma forma de coletivismo marxista.
- Redução de subsídios financeiros para a polícia.

Contudo, muitos cristãos de boa consciência apoiam as campanhas, passeatas e protestos do Black Lives Matter movidos pelo desejo de demonstrar solidariedade pelas pessoas negras e se declarar contrárias ao racismo. Elas deveriam dedicar um tempo para entender o que estão apoiando, o que está por trás do marketing e do *branding* [construção da marca] do movimento.

O cristão que quiser ver a prosperidade de fato na vida e nas comunidades de seus irmãos e irmãs negros deveria pensar em apoiar os grupos que trabalham para fortalecer as famílias negras, as empresas de pessoas negras, defender a escolha de escolas e lutar contra o flagelo do aborto na comunidade negra. São grupos como o Woodson Center (www.Woodson-Center.org); the Radiance Foundation (www.TheRadiance-Foundation.org); ou o American Federation for Children, uma organização que defende a escolha de escolas (www.FederationForChildren.org).

Esses grupos, e muitos outros parecidos com eles, não recebem praticamente atenção nenhuma da mídia tradicional, e muito pouca atenção das mídias sociais. Diferentemente do Black Lives Matter, eles não dispõem de um orçamento para publicidade na casa dos milhões de dólares financiado por bilionários e fundações de extrema esquerda, como George Soros e Tides Foundation. Eles não recebem, a exemplo do Black Lives Matter, patrocínios entusiásticos de várias empresas de grande porte, de associações esportivas e de celebridades. As soluções que propõem capacitam as pessoas e merecem o apoio da comunidade cristã muito mais do que o Black Lives Matter.

Tática

Os defensores extremamente aguerridos da Narrativa Revolucionária recorrem a táticas muito parecidas com as utilizadas no passado pelos revolucionários marxistas. Para eles, sua narrativa é sacrossanta. Ninguém pode fazer ou dizer qualquer coisa que a coloque em dúvida, e ai de quem tente fazê-lo. Caso você prefira não sair em sua defesa, isto também será visto como cumplicidade com o racismo.

Quem discordar da narrativa pode esperar ser denunciado como racista e sumariamente provocado, humilhado, intimidado, ameaçado ou demitido. Os defensores da Narrativa Revolucionária têm pouco interesse em participar do debate livre e aberto. Eles querem a conformidade submissa. Ajoelhar-se é a expressão simbólica perfeita da Narrativa Revolucionária de modo geral.

Como seguidores de Jesus, não deveríamos nos envolver de modo algum com essa tática desprezível de provocação e de intimidação, tampouco apoiar os que recorrem a ela. É assustador como lembra a Revolução Cultural de Mao. Somos um povo cujo compromisso é com a civilidade, o respeito, o debate livre e aberto e o diálogo em busca da verdade.

UMA IGREJA *WOKE*

Os defensores negros mais apaixonados da Narrativa Revolucionária, no passado e no presente, ou não são cristãos ou são cristãos nominais. Por outro lado, a vasta maioria dos defensores negros da Narrativa da Preservação são cristãos profundamente comprometidos. Diante disso, é uma ironia muito séria ver tantos líderes e organizações evangélicas de destaque dar apoio ao progresso da Narrativa Revolucionária. Um bom exemplo disso é o pastor Eric Mason, autor de *Woke Church: an urgent call for Christians in America to confront racism and injustice* [Igreja *woke*:

um chamado urgente aos cristãos dos Estados Unidos para que confrontem o racismo e a injustiça].

Mason é um vulto impressionante. De origem afro-americana, ele é fundador e pastor da Epiphany Fellowship, na Filadélfia, onde trabalha ativamente na plantação de igrejas e em vários ministérios importantes em áreas degradadas da cidade. Mason é mestre em teologia pela Seminário Teológico de Dallas e doutor em filosofia pelo Seminário Teológico Gordon Conwell. Seu livro recebeu a aprovação de luminares evangélicos como John Perkins, Ligon Duncan e Tony Evans.

Ao ler o livro de Mason, deparei com várias passagens com as quais concordei com seu ensino e sua coragem. Em muitos lugares, encontrei solidez bíblica e, surpreendentemente, dado o título do livro, ele corroborava muita coisa da Narrativa da Preservação, que não se preocupa em ser "*woke*". Por exemplo, ele:

- ratificou uma maneira daltônica de pensar: "Deveríamos nos sentir mais à vontade com pessoas da família cristã do que com nossa própria etnia [...] Fico consternado de ver que nós, com frequência, tratamos uns aos outros como se fôssemos de linhagens diferentes".[31] "Meu sonho é que nos demos as mãos como verdadeiros irmãos e irmãs [...] É preciso que olhemos um para o outro e digamos: 'Você é da família'";[32]
- demonstrou uma paixão pelo evangelho como a vanguarda da mudança social: "Jesus ainda é a resposta para o mundo hoje. Oro para que Deus faça com que nossa alma se volte para ele [...] Precisamos dele para que nos ajude, antes

---

[31] Eric Mason, *Woke Church: an urgent call for Christians in America to confront racism and injustice* (Chicago: Moody, 2018), p. 66.
[32] Ibidem.

de mais nada, a não nos esquecermos do evangelho. Precisamos de sua ajuda para que não nos esqueçamos da centralidade de Jesus, do poder da cruz e do poder da ressurreição para salvar e transformar nossas almas";[33]
- enfatizou a responsabilidade e o serviço segundo o espírito de Cristo: "Sejamos conhecidos por nossa obediência e prontidão para fazer o bem ao próximo. Não sejamos dados a brigas. Sejamos gentis, corteses [...] Comecemos pelo caráter [...] Cabe-nos alcançar a comunidade e atender às necessidades dos outros";[34]
- quer ir além de apenas demonstrar virtude e fazer diferença: "A Igreja *Woke* está ciente das necessidades urgentes da comunidade e faz mais do que falar a esse respeito. Ela organiza suas forças para fazer diferença".[35] Isso levou sua igreja a se envolver com a educação sexual baseada nos ensinamentos bíblicos;
- enfatizou a educação: "Nossos jovens são nosso maior tesouro e responsabilidade. Todos eles merecem uma educação de qualidade";[36]
- enfatizou a família: "A família é o fundamento das nossas comunidades [...] A igreja deve ser um centro de treinamento da família".[37]

Contudo, no ensino das questões raciais, ele repete em grande medida os temas de discussão da Narrativa Revolucionária, contradizendo com frequência o que havia dito em outras partes do livro. Por exemplo, ele:

---

[33]Ibidem.
[34]Ibidem.
[35]Ibidem.
[36]Ibidem.
[37]Ibidem.

- empregou reiteradas vezes o léxico da Narrativa Revolucionária ao falar em "opressão estrutural" e "privilégio";[38]
- explicou a seu filho que "seu povo" não era exatamente outros cristãos ou americanos, mas pessoas de pele negra;[39]
- disse que os encontros com a polícia proporcionam as circunstâncias mais perigosas que o jovem negro terá de enfrentar nos Estados Unidos;[40]
- receava que a adoração conjunta de cristãos negros e brancos em uma mesma igreja levasse os brancos a "encontrar um meio de subjugar os negros e nos tornar dependentes deles";[41]
- criou uma lista de coisas que deveriam ser objeto de lástima por parte do cristão; contudo, de algum modo, os milhões de nascituros negros violentamente abortados desde 1972 não entraram em sua lista;
- desprezou o conceito de "daltonismo" com o argumento de que era anticristão;[42]
- compartilhou da hipérbole comum entre defensores da Narrativa Revolucionária ao dizer que hoje, nos Estados Unidos, "as vidas negras são alvo sistemático e intencional de morte" e que os negros enfrentam uma "opressão mortal". Ele não corrobora tais declarações com provas;[43]
- elogiou a organização Black Lives Matter como "uma voz da dignidade negra" e queria que o movimento tivesse sido criado pela igreja, mas não se deu ao trabalho de explicar as raízes marxistas da organização ou as

---

[38] Ibidem.
[39] Ibidem.
[40] Ibidem.
[41] Ibidem.
[42] Ibidem.
[43] Ibidem.

políticas profundamente contrárias à Bíblia que o movimento defende;[44]
- retratou a história dos Estados Unidos sob uma luz uniformemente negativa ao dar destaque aos meios pelos quais a escravidão e o racismo sistêmico continuaram a influenciar a vida dos americanos negros, mas jamais expressou gratidão pelo progresso incrível que os Estados Unidos alcançaram ao superar a escravidão ou a discriminação racial;
- endossou as perspectivas de W. E. B. Du Bois[45] e citou divulgadores da Narrativa Revolucionária, como Michelle Alexander,[46] mas nunca mencionou heróis negros como George Washington Carver, um cristão profundamente comprometido, ou outros partidários negros históricos da Narrativa da Preservação.

Mason é um líder evangélico de destaque que, aparentemente, tem um pé no cristianismo histórico e bíblico e outro na justiça social ideológica, e está longe de ser o único. A lista de líderes, pastores e organizações evangélicas que seguem nessa mesma direção é longa e cada vez aumenta mais.[47] Esses líderes

---
[44]Ibidem.
[45]Ibidem.
[46]Ibidem.
[47]Outros evangélicos favoráveis à justiça social ideológica: Ken Wytsma, pastor líder da Village Church de Beaverton, no Oregon, fundador da influente Justice Conference e autor do livro *Thy myth of equality: uncovering the roots of justice and privilege* (2017). No livro, Wytsma ratificou os conceitos de racismo inconsciente, privilégio branco e teologia da libertação negra. A reformulação que fez da ideologia de justiça social para o público evangélico foi requisitada pela InterVarsity Press. O livro teve uma resenha elogiosa de Jessica Hong e Chris McNerney, da The Gospel Coalition. Disseram que se tratava de "leitura essencial para todo cristão evangélico americano".
A dra. Christena Cleveland é outra evangélica favorável à teoria crítica da raça. Ela é diretora do The Center for Justice and Renewal e lecionou na

estão influenciando as novas gerações de jovens pastores. Tive uma conversa difícil com um pastor na faixa dos trinta e poucos anos de uma igreja evangélica influente do Arizona. Ele insistiu para que eu confessasse minha cumplicidade com o racismo devido "ao poder e aos privilégios que tenho e sempre tive porque sou branco".

Não se espera da igreja que ela siga cegamente as tendências culturais predominantes, inclusive aquelas mais impactantes com apoio maciço das elites e suporte financeiro. Cabe a ela defender e viver na prática as formas contraculturais do reino de Cristo como sal e luz em meio a uma cultura cada vez mais sombria e caótica. A menos que a igreja tire o pé do atoleiro da

---

Duke University Divinity School. Cleveland é escritora e preletora prolífica. Um de seus artigos traz o seguinte título "Why Jesus skin color matters" ["Por que a cor da pele de Jesus é importante"]. Em outro lugar, ela disse: "Faz algum tempo que quero dar um mergulho mais profundo na questão interseccional que analisa tanto a negritude divina quanto sua feminilidade na cruz". A revista *Christianity Today*, que foi durante décadas a mais importante do movimento evangélico, publica regularmente os artigos de Cleveland.

Thabiti Anyabwile, pastor da Anacostia River Church de Washington, D.C., e colaborador regular do site The Gospel Coalition, é outro evangélico que propõe a Narrativa Revolucionária da Raça. Ao falar do assassinato de Martin Luther King Jr., disse Anyabwile: "Meus vizinhos brancos e irmãos em Cristo poderiam ao menos reconhecer que seus pais, avós e este país são cúmplices do homicídio de um homem que pregava o amor e a justiça". Como podem ter sido cúmplices da morte de um homem que muitos nem sequer conheceram? Porque eram brancos. A culpa coletiva baseada na cor da pele não é a justiça bíblica; é justiça social ideológica.

Latasha Morrison é outra voz evangélica destacada a favor da teoria crítica da raça. Ela é autora de *Be the bridge: pursuing God's heart for racial reconciliation*. Seu curso "Introdução à branquitude" (Whiteness 101) ensina os evangélicos brancos a "(1) desenvolver sua identidade branca, (2) reconhecer seu privilégio branco, (3) superar sua fragilidade branca e (4) reconhecer a supremacia branca". Nada disso está na Bíblia. Tudo tem origem na teoria crítica da raça acadêmica e nos estudos de branquitude. E, no entanto, esse conteúdo vem sendo promovido por guardiões do evangelicalismo tradicional, como a *Christianity Today*.

justiça social ideológica e coloque firmemente ambos os pés no sólido terreno da verdade bíblica, as consequências serão devastadoras tanto para a igreja quanto para as nações, as quais devemos abençoar e servir, pois para isso existimos.

O FRUTO AMARGO DO CONFORMISMO: A DESCONSTRUÇÃO DA FÉ

Por falta de opção, ou mesmo de propósito, a tentativa de combinar a teologia bíblica com os pressupostos da justiça social ideológica tem resultado em sofrimento. Vale a pena repetir a advertência de Neil Shenvi: o cristianismo bíblico e a justiça social ideológica são visões de mundo incompatíveis. Eles são diametralmente opostos em questões de epistemologia, natureza e identidade humanas, moralidade e autoridade.

Eric Mason discorre com uma honestidade oportuna sobre suas lutas com essa tensão, da qual teve consciência primeiramente no seminário. Em *Woke church*, ele fala sobre o fosso cada vez maior entre seus alunos brancos, que estavam mais interessados na proclamação do evangelho e na conversão, e viam com ceticismo o "evangelho social".

> Inicialmente, não compreendia [o evangelho social], mas, depois de ter aulas com James H. Cone [influente teólogo da libertação negro], entendi seu significado. Sentia-me exegeticamente à vontade com minha família conservadora no tocante às doutrinas da graça, porém, sentia-me eticamente à vontade com minha família liberal no tocante a questões de raça e justiça.

Ele prossegue:

> Meu lar teológico, o cristianismo conservador, se tornou mais confuso à medida que os anos se passaram [...] Sob vários

aspectos, tenho um pé no cristianismo conservador e outro no cristianismo liberal.[48]

O "cristianismo liberal" pelo qual Mason se sente atraído, seja ele de variedade tradicional, conforme encontrado na Igreja Episcopal ou na United Church of Christ, seja o mais recente "Cristianismo Progressista", está totalmente de acordo com a justiça social ideológica, já que acolhe os direitos LGBTQ+, o aborto, a terceira onda feminista e a teoria crítica da raça. Não é de espantar que Mason esteja cada vez mais confuso. Ele está tentando viver com duas visões de mundo incompatíveis — o que, no fim das contas, é insustentável. É quase certo que uma derrotará a outra. Na maior parte das vezes, como no caso da falecida Rachel Held Evans, sua fé cristã sai perdendo, e é isso que tem acontecido a um número crescente de pastores e professores evangélicos entre os *millennials*, gente como Rob Bell, Bart Campolo e Josh Harris.

Nossa cultura cada vez mais pós-moderna nos diz que *nós*, e não as Sagradas Escrituras, somos a autoridade suprema. Nós definimos o que é verdadeiro e bom, e também o que é verdadeiro e bom na Bíblia. Não bastasse tudo isso, nossos jovens evangélicos aprendem de diversas maneiras que os Estados Unidos, uma suposta "nação cristã", são opressores, genocidas e patriarcais. Em uma pesquisa recente, dois terços dos *millennials* acreditavam que os Estados Unidos eram um país racista e sexista, e cerca de 40% deles achavam que os Estados Unidos estão "entre as sociedades mais desiguais do mundo".[49]

---
[48]Mason, p. 116.
[49]"Shock report: 46% of young Americans believe U.S. is more 'racist' than other nations", *Flag USA*, November 1, 2018, https://www.flagusa.org/s/FLA-G-Patriotism-Report-11132018.pdf.

Não é de admirar que muitos jovens cristãos estejam "desconstruindo" sua fé. Bart Campolo, filho do conhecido professor evangélico Tony Campolo, admitiu que seu deslocamento teológico na direção de perspectivas liberais foi "o começo do fim" de sua fé:

Passei por todos os estágios da heresia. Primeiro foi-se embora a soberania; depois, a autoridade bíblica; em seguida, me tornei universalista, e agora estou celebrando casamentos gays. Em breve não acreditarei mais que Jesus de fato ressuscitou dos mortos fisicamente.[50]

POR QUE TANTA GENTE SE CONFORMA?

Não há dúvida de que a justiça social ideológica tem feito incursões rápidas e profundas no coração do evangelicalismo americano. Defensores destacados da teoria crítica da raça e da justiça social ideológica lecionam em nossas universidades e seminários evangélicos, seus livros são publicados por nossas editoras mais importantes e seus artigos são veiculados por instituições extremamente respeitadas como *Christianity Today* e The Gospel Coalition. São convidados a apresentar sua mensagem em plataformas com público numeroso de jovens evangélicos por grupos como InterVarsity e Cru (Campus Crusade for Christ).

Embora essas instituições e organizações evangélicas continuem a ratificar declarações históricas de fé e de doutrina, elas validam simultaneamente os pressupostos da justiça social ideológica ao adotar sua linguagem e endossar seus pressupostos

---

[50]Sam Hailes, "Deconstructing faith: meet the evangelicals who are questioning everything", *Premier Christianity*, April 2019, https://www.premierchristianity.com/Past-Issues/2019/April-2019/Deconstructing-faith-
-Meet-the-evangelicals-who-are-questioning-everything.

principais. Por que tantos professores e organizações evangélicas influentes estão apoiando uma ideologia claramente antibíblica? Há várias respostas possíveis.

Em primeiro lugar, há um elemento ilusório, um "cavalo de Troia", nessa ideologia. Aparentemente, ela defende coisas que todos os cristãos defendem: justiça, igualdade racial, dignidade das mulheres e amor pelas pessoas da comunidade LGBTQ+. Muitos cristãos abraçam a justiça social ideológica porque veem nela o próximo grande movimento pelos direitos civis.

Dou a esses líderes cristãos o benefício da dúvida, porque tenho certeza de que querem fazer a coisa certa. Querem demonstrar compaixão pelos que sofrem. Querem "chorar com os que choram". Eles olham para as vítimas da injustiça, veem pessoas que são portadoras da imagem de Deus e querem que a justiça prevaleça. Por isso, juntam forças com organizações e movimentos profundamente contrários à Bíblia, mas que superficialmente parecem bíblicos, com seu discurso a respeito de justiça social, igualdade, valor e dignidade das "vidas negras". Contudo, por baixo dessa superfície benigna há uma ideologia que é incompatível com o cristianismo histórico e profundamente hostil a ele.

Um grande contingente de cristãos bem intencionados estão caindo nessa armadilha.

Existe ainda uma enorme pressão social sobre os que não subscrevem a justiça social ideológica. De acordo com seus defensores, a menos que você aceite plenamente os pressupostos de sua cosmovisão, será pouco dizer que você está errado; na verdade, você é mau: é racista, sexista e defensor intolerante do patriarcado. O preço que os guardiões da cultura exigem para que alguém permaneça em suas boas graças é a aceitação plena e inquestionável de sua ideologia. Infelizmente, muitos evangélicos parecem estar dispostos a pagar esse preço.

Owen Strachan, professor adjunto de teologia cristã no Midwestern Baptist Theological Seminary, se pronunciou de forma contundente sobre essa tentação:

> Nas últimas décadas, os evangélicos estavam ansiosos por aprovação cultural. Como se fôssemos os concorrentes mais infelizes de um concurso mundial, queríamos desesperadamente ser aceitos pela cultura secular. Trocamos nosso santo direito de primogenitura por uma *fan page* do Facebook. Nossa hermenêutica não é motivada pela reverência certa, pelo tremor e temor, pela honra e grandeza do nosso Deus. Ela é movida por um desejo covarde de ser querido, de ser culturalmente aceitável, de estar *au courant* ["por dentro"] [...] A igreja não deveria se pautar por essas presunções vaidosas. Ela deveria reconhecer [...] que é contracultural. Somos a cidade de Deus, a verdadeira cidade.[51]

Contudo, talvez o principal motivo pelo qual a liderança evangélica está abraçando a justiça social ideológica remonte à grande ruptura ocorrida no cristianismo americano no começo do século 20, quando o protestantismo tradicional e o fundamentalismo abandonaram a cosmovisão bíblica, substituindo-a, respectivamente, ou pelo evangelho social ou por uma forma de dualismo gnóstico.

O que se perdeu de ambos os lados? O entendimento histórico e bíblico de justiça e de interação cultural. Essa rica herança foi negligenciada e praticamente esquecida.

Por isso, hoje, muitos líderes evangélicos apaixonados pela justiça e pela mudança social têm pouco conhecimento de uma cosmovisão bíblica plenamente formada, da qual faz parte uma

---

[51] Owen Strachan, *The city of God podcast*, https://toppodcast.com/podcast_feeds/the-city-of-god-podcast/.

visão de justiça bíblica. Nunca aprenderam isso, tampouco os que os antecederam. É preciso voltar no tempo, a Amy Carmichael, William Wilberforce e William Carey, a uma época em que a igreja que crê na Bíblia entendia sua missão como um vínculo inconsútil de proclamação do evangelho, de discipulado e de impacto social e cultural.

Com isso, muitos líderes evangélicos ficaram em uma posição vulnerável. Com pouco entendimento do modelo original (justiça bíblica), vários deles sucumbiram à falsidade (justiça social ideológica). Como consequência, estabeleceram um sincretismo com uma falsa religião, do tipo que faz oposição exatamente àquilo a que eles se propõem defender: a justiça genuína.

A COALIZÃO DE RESISTÊNCIA

Embora a justiça social seja a ideologia dominante entre os guardiões da cultura no Ocidente, não falta quem a critique. Talvez o grupo mais conhecido é o que foi rotulado de "intelectual dark web". Fazem parte desse grupo Jordan Peterson, professor de psicologia da Universidade de Toronto; Jonathan Haidt, psicólogo social da Universidade de Nova York; e Camille Paglia, acadêmica feminista e crítica social. Esse grupo extremamente diversificado conta em suas fileiras com liberais, conservadores, ortodoxos, judeus, gays e lésbicas. O que os une é um conjunto comum de valores que contraria a justiça social ideológica. São eles, entre outros:

- Razão, lógica, debate civil e inquirição livre e aberta em busca da verdade.
- Liberdade de expressão, de associação e de religião.
- Civilidade, respeito pelos adversários ideológicos e uma ética de tolerância do tipo "viva e deixe viver".
- Valores e tradições ocidentais (e americanos).

- O indivíduo, incluindo-se aí a importância da escolha moral, caráter e responsabilidade.
- No tocante à raça, um compromisso com o credo de Martin Luther King Jr.: julgamos um ao outro com base no "conteúdo do nosso caráter, não com base na cor da nossa pele".

Embora tais valores sejam coerentes com a cosmovisão bíblica, é notável aí a ausência de evangélicos de renome. Em vez de se unir à causa desses adversários não cristãos da justiça social ideológica, muitos líderes evangélicos optaram pela neutralidade, ou, pior ainda, por apoiá-la implícita ou explicitamente. Mas há exceções. Um grupo relativamente pequeno, porém influente, de evangélicos, uniu-se em um esforço para resistir à invasão da justiça social ideológica na igreja que crê na Bíblia. São eles, entre outros, John MacArthur, pastor da Grace Community Church e reitor da The Master's University, em Santa Clarita, na Califórnia; Douglas Wilson, teólogo e pastor; Tom Ascol, presidente do Founders Ministries e pastor da Grace Baptist Church na Flórida; Voddie Baucham, decano de teologia da African Christian University na Zâmbia. Em 2018, esses homens se juntaram para publicar um documento intitulado "Statement on Social Justice and the Gospel" ["Declaração sobre Justiça Social e o Evangelho"].

Estamos profundamente preocupados com o fato de que valores emprestados da cultura secular estejam atualmente comprometendo a Escritura em questões relacionadas à raça e à etnia, masculinidade e feminilidade, e sexualidade humana. O ensino bíblico em cada um desses assuntos está sendo desafiado sob a rubrica ampla e um pouco nebulosa da preocupação por "justiça social" [...] Nossa oração mais sincera é que nossos irmãos e irmãs permaneçam firmes no evangelho e evitem ser levados de um lado para outro por toda tendência cultural que busca mover a Igreja de Cristo para fora do curso.[52]

Trata-se de uma advertência extremamente necessária. Há uma confusão tremenda no evangelicalismo em relação a esses assuntos. A confusão tem de ser substituída por um discernimento cuidadoso das diferenças fundamentais entre justiça bíblica e essa nova pseudorreligião da justiça social. John MacArthur sintetiza a questão da seguinte forma: "Os que permitem que a cultura, a ideologia política, a opinião popular ou outra fonte extrabíblica defina 'justiça' para eles logo descobrirão que a Escritura lhes faz oposição. Se estão determinados a preservar uma ideia de justiça pervertida, terão de se opor à Escritura".[53]

Se o fermento da justiça social ideológica continuar a exercer influência sobre a teologia e a prática, a igreja se verá fortemente tolhida numa época em que a cultura precisa desesperadamente de que a justiça verdadeira e bíblica seja defendida e vivenciada na prática.

Contudo, embora haja muito o que ratificar na Declaração sobre Justiça Social e o Evangelho, o documento repete, infelizmente, o mesmo erro do movimento fundamentalista anterior. Em vez de reafirmar o rico legado do envolvimento social bíblico, a declaração se deixa levar pela velha dicotomia do sagrado e do profano que opõe a proclamação do evangelho ao ministério social.

---

[52] Declaração sobre justiça social e o evangelho, https://statementonsocialjustice.com/. [Disponível em português: http://www.seminariojmc.br/index.php/2018/10/10/uma-declaracao-sobre-justica-social-e-o-evangelho/].

[53] John MacArthur, "The injustice of social justice", *Grace to You*, September 7, 2018, https://www.gty.org/library/blog/B180907/the-injustice-of-social-justice.

Negamos enfaticamente que palestras sobre questões sociais (ou ativismo visando à reforma da cultura de modo amplo) sejam tão vitais à vida e saúde da igreja quanto a pregação do evangelho e a exposição das Escrituras. Ao longo da história, tais questões tenderam a se tornar distrações que inevitavelmente levaram a desvios do evangelho.[54]

Especificamente, as "questões sociais" e o "ativismo social" incluem o movimento pró-vida, esforços para melhorar a situação dos pobres, dos viciados, dos desalentados e a luta contra o tráfico sexual. Essas atividades seriam uma "distração" da missão da igreja? Estariam elas, de algum modo, competindo com a pregação do evangelho?

Phil Johnson, aliado próximo de John MacArthur, disse que o evangélico, ao interagir com a cultura nas questões relativas à vida, à pobreza, à justiça e à dignidade humana, "se desvia da missão". Essas coisas são "uma distração" da missão central da igreja: a proclamação do evangelho.[55]

Em vez de chamar a igreja de volta para um enfoque ortodoxo e bíblico da justiça e da interação cultural, Johnson e outros estão reincidindo no mesmo erro dos antigos fundamentalistas. Em vez de defender a participação social cristã com sua relação bíblica inconsútil entre proclamação do evangelho e transformação cultural, eles colocam em dúvida a própria validade da participação cultural cristã e do ministério da justiça.

O problema do fundamentalismo era que ele era definido em grande medida por aquilo a que se opunha: o evangelho

---

[54]Declaração sobre Justiça Social e o Evangelho, https://statementonsocialjustice.com/.
[55]Phil Johnson, "Against mission drift", PyroManiacs, February 11, 2016, http://teampyro.blogspot.com/2016/02/against-mission-drift.html.

social e o liberalismo teológico. Ao reagir ao evangelho social, ele abandonou todo e qualquer tipo de ministério "social". Isso significava que só a cultura secular era capaz de definir o que era a interação social e cultural e como se deveria fazê-la, por mais de uma geração.

A reação foi uma estratégia equivocada na época, e ela continua a ser equivocada ainda hoje.

A necessidade urgente hoje, tal como no início do século 20, consiste em recuperar uma abordagem bíblica e ortodoxa da justiça e da interação cultural. *Ao mesmo tempo, cabe-nos denunciar a ideologia da justiça social contrária à Bíblia.* Temos de redescobrir e defender uma abordagem profundamente bíblica da participação cultural, de tal modo que produza mais justiça e mais prosperidade humana, em vez de abandonar essas coisas como se fossem uma distração em relação a nossa "missão fundamental".

Em suma, a igreja deve retornar a uma cosmovisão bíblica ampla. A justiça bíblica é muito importante e fundamental para a cosmovisão cristã para que permitamos que seja comprometida por uma impostora tal como a justiça social.

Os fundamentalistas e aqueles evangélicos que reagem hoje à justiça social ideológica talvez achem que estejam defendendo a ortodoxia bíblica; na verdade, porém, estão promovendo uma cosmovisão quase bíblica que instaura no mundo uma dicotomia entre o sagrado e o secular. A evangelização, ou proclamação do evangelho, é entendida como obra santa. Portanto, é mais importante. A ação cultural que objetiva a mudança social com base nas verdades bíblicas é secular, menos importante e, em última análise, uma distração.

O evangelho é central para a cosmovisão bíblica, mas esta não pode ser reduzida apenas à mensagem do evangelho. A cosmovisão bíblica dá respostas a todas as grandes indagações, entre elas: questões da realidade última; identidade humana e propósito; e a fonte e solução do mal no mundo. Somente no contexto proporcionado por essa cosmovisão é que o evangelho faz algum sentido.

As pessoas precisam de uma história vasta e abrangente da realidade para que possam compreender sua vida. Se a igreja não estiver em campo, na cultura, na defesa da história verdadeira — a cosmovisão bíblica —, as únicas alternativas serão cosmovisões falsas e, em última análise, destrutivas. As pessoas não podem viver sem respostas às grandes questões da vida e de significado. Se a justiça social ideológica for a única alternativa, será isso o que as pessoas abraçarão. A única maneira pela qual a igreja pode combater eficazmente a justiça social ideológica consiste em uma cosmovisão bíblica igualmente abrangente.

CAPÍTULO 8

EXPULSANDO UMA COSMOVISÃO RUIM E PROPONDO OUTRA MELHOR

Em um artigo de julho de 2018, na revista digital *Quillette*, Barrett Wilson (pseudônimo) compartilhou sua história de conversão à justiça social ideológica e de como a abandonou posteriormente. Trata-se de um lembrete contundente de como essa nova religião tão prejudicial afeta a vida de pessoas reais. Wilson começa sua história da seguinte forma:

> Eu tinha um emprego bem remunerado no que se pode chamar de indústria da justiça social [...] Eu era um cruzado fanático que recorria às minhas plataformas, Twitter e Facebook, com um porte médio de seguidores, para expressar o quão *woke* era em tópicos como direitos LGBT, cultura do estupro e injustiça racial.

Wilson não era nenhum acadêmico. É provável que soubesse pouco sobre o neomarxista Antonio Gramsci ou sobre o filósofo pós-moderno Michel Foucault. É possível que não soubesse explicar as minúcias da teoria crítica. No entanto, ele gravitava em torno daquela ideologia porque ela lhe proporcionava uma história que lhe permitia compreender sua vida, conferia-lhe propósito e participação numa comunidade. Ele explica da seguinte forma a atração que sentia pela justiça social ideológica:

> Era empolgante. Toda vez que chamava alguém de racista ou sexista, me sentia arrebatado. E esse arrebatamento era então ratificado e sustentado por estrelas, corações e curtidas, e é com essa ninharia que as mídias sociais davam sua aprovação [...] Quando meus desabafos recebiam em troca aprovação e admiração, recebia inúmeros elogios: "Muito obrigado por sua franqueza!" "Você é tão corajoso!" "Precisamos de mais homens como você!".

Wilson tinha se alistado como soldado na revolução da justiça social. Ele e seus companheiros encontraram sentido para a vida na luta contra a supremacia branca, o patriarcado, a transfobia e a masculinidade tóxica. Diz ele: "Deixei de ser uma pessoa que só se importava consigo mesma [...] e passei a ser alguém que quase desmaiava quando [as pessoas] usavam o pronome errado ou se expressavam a partir de uma perspectiva de direita". Ele passava os dias patrulhando a internet em busca de transgressores. A exemplo dos sistemas totalitários do passado e do presente, Wilson nos lembra que "a justiça social é uma cultura de vigilância, uma cultura de denúncia".

Contudo, como os revolucionários franceses e russos que o antecederam, Wilson descobriu que a revolução pode fazer meia volta por conta própria:

> Eu mexi com a pessoa errada e, não demorou muito, fui humilhado publicamente, sofri um ataque maciço nas redes sociais e

acabei reduzido a símbolo do privilégio branco. Tive de abandonar minha carreira e minha comunidade profissional.

Wilson descobriu que, ironicamente, no mundo da justiça social ideológica, não há justiça para aqueles acusados de agir mal.

Não existe essa coisa de devido processo legal nesse mundo. Depois que os outros o julgam, começam a vasculhar seu passado em busca de transgressões semelhantes que talvez lhes tenham passado despercebidas.[1]

A experiência de outros que foram "cancelados" foi profundamente traumatizante. Karlyn Borysenko, outra defensora da justiça social ideológica, descreveu como lhe veio seu "despertar" acerca dos verdadeiros perigos da religião, fazendo dela uma *woke*. Vários dos seus conhecidos "no Instagram eram assediados e atacados em massa por centenas de pessoas em razão de ofensas aparentemente inócuas. Um homem foi tão atacado nas redes que teve um colapso nervoso e deu entrada no hospital com a recomendação de que fosse vigiado para prevenção de suicídio. Havia muita coisa de errado naquele ódio, e, ao me dar conta do sarcasmo que vinha daqueles com quem havia me alinhado [...], foi como se tivesse despertado abruptamente".[2]

---

[1] Barrett Wilson, "I was the mob until the mob came for me", *Quillette*, July 14, 2018, https://quillette.com/2018/07/14/i-was-the-mob-until-the--mob-came-for-me/.
[2] Karlyn Borysenko, "After attending a Trump rally, I realized democrats are not ready for 2020", *Medium*, February 11, 2020, https://gen.medium.com/ive-been-a-democrat-for-20-years-here-s-what-i-experienced-at-trump-s--rally-in-new-hampshire-c69ddaaf6d07.

Barrett e Karlyn representam milhões de outros jovens que se viram engolfados por uma seita puritana de justiça social ideológica. Muitos deles jamais estiveram numa igreja ou ouviram falar do evangelho. Eles sabem pouco, quase nada, da cosmovisão bíblica. Para eles, a justiça social ideológica preenche o vazio de sentido, de identidade e de propósito que têm na alma. Conforme disse Nathanael Blake:

> Os dogmas da interseccionalidade, do socialismo, da teoria do gênero e outros conceitos de esquerda de justiça social são esforços para preencher o vazio deixado pelo declínio das igrejas, comunidades e famílias. Contudo, essas doutrinas são substitutos pobres [...] elas promovem a ira e a infelicidade, e não a paz.[3]

A falsa religião da justiça social ideológica engana as pessoas, dando a elas uma fonte de identidade, de comunidade e de propósito. No entanto, como qualquer outra seita, uma vez que você esteja dentro, é muito difícil escapar. De acordo com Wilson: "As pessoas que me davam estrelas, corações e curtidas faziam parte de um jogo de cinismo pessoal: o receio de virar alvo maciço das redes nos leva a indicar publicamente que somos parte dessa massa [virtuosa]".[4]

Fico com o coração partido quando leio histórias desse tipo. Somos chamados a proclamar ousadamente a verdade que liberta as pessoas. Que coisa trágica e terrível ver tantos líderes evangélicos de renome abdicarem de sua responsabilidade de ser sal

---

[3] Nathanael Blake, "I didn't vote for Trump in 2016; here's why I hope he gets four more years", *The Federalist*, February 18, 2020, https://thefederalist.com/2020/02/18/i-didnt-vote-fortrump-in-2016-heres-why-i--hope-he-gets-four-more-years/.

[4] Wilson, "I was the mob until the mob came for me".

e luz para promover muitos dos principais fundamentos dessa cosmovisão perigosa e contrária à Bíblia. Em vez de proclamarem a verdade que liberta as pessoas, promovem justamente as ideias que estão destruindo vidas, minando relacionamentos e dividindo os países.

Pior do que isso, ao adotar a definição distorcida e secularizada de justiça promovida por essa ideologia, recolhem-se num silêncio perturbador e apático diante das maiores injustiças e males sociais do nosso tempo, como a escravidão sexual, a perseguição de cristãos no exterior ou o aborto. Desde 1973, mais de 60 milhões de crianças inocentes foram mortas legalmente por meio do aborto. Este é um mal social que equivale às maiores injustiças da história da humanidade. Fazemos bem em nos opor à abominação moral que foi a escravidão anterior à Guerra Civil Americana, porém o aborto legal bem como o tráfico lucrativo de partes de corpos de bebês são coisas que estão ocorrendo agora, *diante de nós*. E, no entanto, para aqueles evangélicos que beberam profundamente da fonte da justiça social ideológica, a luta contra o aborto, quando dela participam efetivamente, fica em segundo lugar, perdendo para questões como "desmilitarização" da polícia, críticas ao racismo branco sistemático ou a desconstrução do sistema de justiça criminal.

Gente como Barrett e Karlyn não precisam de que a igreja valide suas crenças na justiça social ideológica. Eles precisam que ela lhes ofereça uma história melhor. Uma história verdadeira. Uma história que lhes diga que nossa verdadeira identidade não está na cor da pele, em nossos antecedentes étnicos, no sexo ou na orientação sexual. Sim, somos moldados e influenciados por nossos grupos, mas eles não nos definem. Nossa verdadeira identidade está no fato de que somos todos seres únicos, de valor inestimável, criados por Deus à sua imagem e amados profundamente por ele. Porque Deus tanto amou Barrett e

Karlyn — e a você e a mim — "que deu o seu Filho unigênito, para que todo aquele que nele crê não pereça, mas tenha a vida eterna" (Jo 3.16).

Eles precisam ouvir uma história em que todos são portadores da imagem de Deus. Todos receberam um dom de Deus, uma mente criativa, um coração, mãos, além de personalidade e dádivas incomparáveis. Eles precisam ouvir que, em vez de se fazer de "vítima", Deus espera de cada um de nós que usemos esses dons e capacidades para abençoar outros e melhorar nossos respectivos mundos. Todos são capazes, responsáveis e devem responder pelo que fazem.

Se sua história lhe diz que sua identidade básica é de "vítima", sua vida será marcada pela amargura, pelo ressentimento, pelas queixas e por uma mentalidade que se julga merecedora de direitos. Se sua história lhe diz que sua identidade básica é a do opressor privilegiado, sua vida será marcada pela culpa e pela humilhação. Contudo, se sua história lhe diz que sua identidade é a de "pecador, porém amado por Deus e salvo pela graça", sua vida será marcada pela gratidão e pela humildade.

Eles precisam ouvir uma história em que o poder não é a palavra final, e sim o amor. Na falsa cosmovisão da justiça social ideológica, a verdade e o amor não existem. Tudo se resume a uma disputa de soma zero de poder entre grupos rivais. Contudo, a Bíblia revela que, por causa do amor, o ser mais poderoso do universo, o Criador de todas as coisas, deu a si mesmo por nós. O Filho unigênito de Deus, nas palavras imortais de Filipenses 2.5-8, "não considerou o fato de ser igual a Deus algo a que devesse se apegar, mas, pelo contrário, esvaziou a si mesmo, assumindo a forma de servo". Ele nos serviu à custa de sua própria vida, que entregou na cruz, tudo por causa do amor.

No mundo real, muita gente, inclusive muitos seguidores de Jesus Cristo, seguiram esse exemplo. Por amor a seu próximo, essas pessoas puseram de lado seu poder e suas prerrogativas, humilharam-se e serviram a outros, mesmo com grande sacrifício pessoal.

Barrett e Karlyn precisam ouvir uma história em que a linha entre o bem e o mal não passa pela divisão entre grupos raciais, ou homens e mulheres, ou qualquer outro grupo, classe ou partido. Ela passa bem no meio do coração humano. Somos todos pecadores. Nós todos, *igualmente*, precisamos da graça e do perdão. Deus estende sua graça e perdão a todos nós, igualmente, não importa nossa classe, sexo, etnia ou cor da pele. Porque somos perdoados, ele nos chama para que estendamos graça e perdão uns aos outros. No âmago da história bíblica deparamos com a justiça, mas também com a misericórdia, a graça e o perdão. Sem essas qualidades entretecidas na cultura, ela se desintegrará.

Em última análise, eles precisam ouvir uma história que defina o que é justiça de fato. Na falsa história por eles absorvida, justiça consiste em subverter as estruturas e sistemas tradicionais com o objetivo de redistribuir poder e dinheiro dos chamados grupos opressores para os grupos de vítimas na busca de uma igualdade utópica de resultados. Essa é uma perversão secular da justiça. Em nossa história, a verdadeira história, justiça é conformidade com a lei moral perfeita de Deus conforme registrada nos Dez Mandamentos e na lei áurea: "Amarás o teu próximo como a ti mesmo" (Tg 2.8).

De que maneira nosso próximo, que está escravizado à religião falsa e destrutiva da justiça social ideológica, poderá vir a conhecer essa história poderosa, que muda a vida e transforma a cultura a menos que o povo de Deus, de modo claro, poderoso e destemido a comunique em palavras e atos?

Para aqueles inúmeros evangélicos destacados que estão envolvidos com essa falsidade destrutiva e que acabam lhe dando apoio, voluntária ou involuntariamente, eu lhes digo: a única coisa que conseguirão será dividir e enfraquecer ainda mais a igreja já fragmentada numa época em que nosso país, dividido e sofrido, precisa desesperadamente de uma igreja forte e unida que defenda sem medo a verdade.

"Nenhum cristão que seja sensato [...] aprova o racismo, a injustiça ou a opressão de fato onde quer que ocorram", observa Scott Aniol, professor do Seminário Teológico Batista Southwestern. "Contudo [...], ao adotar essas categorias seculares e esquerdistas, que estão baseadas em ideologias cujo propósito explícito é o de dividir as pessoas, cristãos bem intencionados estão provocando fissuras em geral mais negativas do que positivas no cristianismo e até mesmo na sociedade de modo geral".[5]

Felizmente, muitos cristãos estão acordando para os perigos da justiça social ideológica. São cada vez mais numerosos os movimentos de resistência organizada. São iniciativas vitais que merecem elogios e apoio. Todavia, ao se posicionarem contra essa cosmovisão destrutiva, é importante que não se oponham simplesmente a ela; em vez disso, é preciso que se sustente, que se defenda e que se proclame a cosmovisão bíblica.

O movimento fundamentalista do século passado se opôs ao evangelho social. Este dizia respeito à reforma cultural, o que levou os fundamentalistas a dizer que Deus não estava interessado em reformar a sociedade, mas tão somente em salvar as pessoas deste mundo caído. O evangelho social se preocupava com o pobre, ao que os fundamentalistas respondiam dizendo que a preocupação com o pobre tinha importância secundária e

---

[5]Scott Aniol, "What's wrong with the recent evangelical 'social justice' movements?", *Christian Post*, September 3, 2018, https://www.christianpost.com/voice/whats-wrong-with-the-recent-evangelical-social-justice-movements.html.

era, em última análise, uma distração da prioridade que era a evangelização.

O movimento fundamentalista preservou o evangelho, porém, em seu zelo em combater o evangelho social, também prejudicou a igreja ao abandonar a cosmovisão bíblica em favor de outra, quase bíblica, gnóstica, que dividia as coisas que a Bíblia mantinha unidas com igual prioridade. O fundamentalismo priorizava o espiritual em detrimento do material, a evangelização em detrimento do cuidado com o pobre e o ministério cristão de tempo integral em detrimento da obra no chamado "mundo secular".

Não devemos repetir esse erro, não sejamos simplesmente *contrários* à justiça social ideológica. Sejamos *a favor* da cosmovisão bíblica.

Seguem algumas áreas para as quais os adversários da justiça social ideológica devem estar atentos.

IDENTIDADE HUMANA

De acordo com a justiça social ideológica, o ser humano é cem por cento determinado socialmente, ele é produto de seus "grupos de identidade" baseados na raça, sexo e/ou identidade de gênero. Em reação, seus adversários se sentirão tentados a se deslocar para o polo oposto, de onde verão as pessoas simplesmente como indivíduos brutos. Isso seria justiça *anti*social, e não uma cosmovisão bíblica. Na cosmovisão bíblica, o ser humano é *ao mesmo tempo* um indivíduo único com capacidade de ação, de responsabilidade e de prestação de contas, além de membro da comunidade que forma sua identidade. Fazem parte dessa categoria famílias, igrejas, grupos étnicos e nacionalidades. A Bíblia afirma ambos os aspectos de nossa natureza humana, e nós também devemos fazê-lo.

TRANSFORMAÇÃO CULTURAL

A justiça social ideológica é revolucionária, ela convoca os oprimidos para que se insurjam e derrubem seus opressores. Essa batalha se dá nas esferas social, cultural e política. Taticamente, os fins justificam os meios. Nada fica de fora, se ajuda na promoção da causa. Para que seu tipo de justiça utópico e que defende a igualdade de renda se realize, é preciso que ocorra aqui e agora por meio do poder e da perspicácia humana. Não existe céu, não existe vida depois da morte, nenhuma esperança futura de um juiz todo-poderoso e santo que corrija tudo o que está errado.

Em contrapartida, a tentação para seus adversários consiste em cancelar todas as iniciativas cristãs de "interagir com a cultura" ou de "transformar a cultura", o que seria uma distração antibíblica do nosso propósito e missão de caráter espiritual: salvar almas para o céu. Este mundo está condenado ao inferno, por que então se preocupar em reformá-lo ou mudá-lo para melhor? Que fique claro: essa atitude é justiça *anti*social. Não é uma cosmovisão *pró*-bíblica.

Para a cosmovisão bíblica, este mundo é obra das mãos de Deus, e ele ama sua criação. Sua morte na cruz não se deu simplesmente para salvar as almas humanas deste mundo, mas para redimir todas as coisas que foram destruídas pela Queda. Conforme se lê em Colossenses 1.15-20:

> Ele [Jesus] é a imagem do Deus invisível, o primogênito sobre toda a criação; porque nele foram criadas todas as coisas nos céus e na terra, as visíveis e as invisíveis, sejam tronos, sejam dominações, sejam principados, sejam poderes; tudo foi criado por ele e para ele. Ele existe antes de todas as coisas, e nele tudo subsiste; ele também é a cabeça do corpo, que é a igreja; é o princípio, o primogênito dentre os mortos, para que em tudo tenha o primeiro lugar. *Porque foi da vontade de Deus que nele habitasse toda a plenitude e, havendo feito a paz pelo sangue da sua*

cruz, por meio dele reconciliasse consigo mesmo todas as coisas, tanto as que estão na terra como as que estão no céu.

Deus nos redime para que participemos com ele da reconciliação de todas as coisas consigo mesmo. Devemos interagir com a cultura como embaixadores do reino de Cristo. Trabalharemos no poder do espírito divino para que haja verdade, bondade e beleza em todos os domínios da existência humana: nas artes, no direito, na educação, nos negócios e no governo. É claro que o mundo é corrupto e está se desintegrando. O evangelho nos chama para amá-lo e servi-lo apesar disso, tendo os olhos voltados para aquele dia em que Cristo voltará e fará novas todas as coisas (Ap 21.5). Nas palavras de Francis Schaeffer, devemos trabalhar "tomando por referência a obra realizada por Cristo [...] [para que] haja cura substancial agora em todas as áreas onde existe divisão [ou destruição] em razão da Queda".[6]

Para a perspectiva bíblica, a evangelização e a regeneração espiritual não são um fim; antes, são um meio para um fim mais amplo: a reconciliação de todas as coisas. O teólogo N. T. Wright vê a questão da seguinte forma:

> O Novo Testamento destaca enfaticamente que o evangelho não é uma forma de escapar do mundo; o evangelho afirma que o Jesus crucificado e ressurreto é o Senhor do mundo. Que sua morte e ressurreição transformam o mundo, e que essa transformação pode acontecer com você. E você, por sua vez, pode ser parte dessa obra transformadora.[7]

---

[6]Cf. citado em Darrow L. Miller; Bob Moffitt; Scott Allen, *God's unshakable kingdom* (Seattle: YWAM, 2005), p. 32.
[7]Cf. citado em entrevista de Tim Stafford em: "Mere mission", *Christianity Today*, January 5, 2007, https://www.christianitytoday.com/ct/2007/january/22.38.html.

Como cristãos dedicados à cosmovisão bíblica, também somos apaixonados pela obra de transformação do mundo: queremos ver mudanças sociais e culturais positivas. Divergimos fundamentalmente no tocante à forma como essa mudança acontece. Para o revolucionário da justiça social, a mudança é externa à pessoa humana. Estruturas e sistemas sociais e culturais injustos (desiguais) devem ser substituídos.

O cristão, porém, crê que a mudança deve ser primeiramente interna e espiritual antes que possa se manifestar externamente na sociedade e na cultura. Os problemas do mundo não estão "por aí" na sociedade; pelo contrário, eles estão "aqui dentro", em nossa mente e coração decaídos. Faz parte de toda mudança cultural positiva a proclamação do evangelho e a regeneração espiritual interna pelo Espírito Santo. A mentalidade antissocial de justiça confronta a evangelização com a transformação social. A cosmovisão bíblica, porém, as une em um todo indissociável; nas palavras de John Stott: "A evangelização é o principal instrumento da mudança social. Isto porque o evangelho transforma as pessoas, e pessoas transformadas podem transformar a sociedade".[8]

A tentação dos adversários da justiça social ideológica de reagir lançando a evangelização e a proclamação do evangelho contra a interação cultural constitui um erro grave que deve ser evitado. Essa mesma reação exagerada por parte do movimento fundamentalista contra o evangelho social causou grandes estragos ao testemunho da igreja no Ocidente durante mais de cem anos. Só agora os evangélicos estão começando a recuperar o que se entende biblicamente por missão. Aprendamos com a história para que não caiamos novamente nessa armadilha!

---

[8] Stott, *Issues facing Christians today* [publicado em português por Thomas Nelson Brasil sob o título *O cristão em uma sociedade não-cristã: como posicionar-se biblicamente diante dos desafios contemporâneos*].

RACISMO

Para a justiça social ideológica, o racismo (e o sexismo, além da homo/transfobia) está por toda parte, é sistêmico e predominante. Segundo os defensores desse tipo de justiça, os Estados Unidos estão de tal modo maculados pelo racismo que a única esperança seria uma mudança revolucionária. Em resposta, a tentação do campo da justiça antissocial consiste em minimizar o racismo ou negar que ainda seja um problema significativo no país. É um equívoco. Embora tenha havido um grande progresso na superação da discriminação racial, e embora os Estados Unidos sejam atualmente uma das sociedades mais etnicamente diversas e tolerantes do mundo, o racismo continua a ser um problema real — e não apenas para "brancos".

O cristão comprometido com uma cosmovisão bíblica deve rejeitar a redefinição de racismo vulgarizada pela teoria crítica da raça, isto é, "preconceito e poder que só se aplicam às pessoas brancas". Cabe-nos sustentar e defender a verdadeira definição de racismo: a crença de que a raça é o determinante primordial das capacidades e traços humanos e que as diferenças raciais produzem uma superioridade inata de uma raça específica; em seguida, empenhar-nos para que haja reconciliação racial, ao mesmo tempo que expomos e mortificamos nossos pensamentos e atitudes racistas, num esforço para extirpar o racismo de nossas igrejas, instituições e de todas as partes da sociedade.

INJUSTIÇA ESTRUTURAL E SISTÊMICA

Como para a justiça social ideológica a destruição e a injustiça estão enraizadas nos sistemas e estruturas sociais, e não no coração humano, a tentação dos seus oponentes consistirá em negar ou minimizar a própria ideia de mal estrutural ou sistêmico. Esse seria um tipo de justiça *anti*ssocial, mas sua visão de mundo não seria *pró*-bíblica.

A cosmovisão bíblica oferece uma ampla visão da Queda. Ela afeta não apenas as pessoas como desorganiza também toda a criação, inclusive aquelas organizações, sistemas e estruturas criadas pelo ser humano. Deus quer a redenção de todas as coisas. Concordamos com os defensores da justiça social ideológica de que o mal estrutural ou sistêmico é uma realidade. Não é preciso procurar muito, basta ver o que se passa na indústria da pornografia, que só nos Estados Unidos gera mais de 2,5 bilhões de dólares em receitas anuais e impulsiona o mal do tráfico sexual. Poderíamos ainda citar a Paternidade Planejada e a indústria do aborto. Estes males sistêmicos precisam ser erradicados.

A luta contra o mal social sistêmico não é uma distração que seduz a igreja e a afasta de sua missão principal. Não, essa batalha é fundamental para o nosso chamado. Contudo, como cristãos, antes de qualquer coisa não ignoramos as causas dos sistemas decaídos. Se quisermos reformar as estruturas e os sistemas malignos, temos de reformar, ou melhor, transformar os corações humanos decaídos. Nas palavras do pastor Grover Gunn: "O principal meio de transformação do mundo de que dispomos é a proclamação do evangelho [...] Não devemos hoje jamais questionar a eficácia da mensagem do evangelho como vanguarda da mudança social positiva".[9] Muitos evangélicos que defendem a justiça social ideológica fariam bem em se lembrar dessa verdade.

No entanto, é preciso que certos critérios sejam atendidos para que uma estrutura ou um sistema seja considerado racista. Os defensores da justiça social ideológica são conhecidos por lançarem a esmo, de forma muito generalizada, os termos "sistêmico" e "estrutural", raramente especificando quais políticas

---

[9] Gunn, "Making waves", *Tabletalk,* de Ligonier Ministries and R. C. Sproul, January 2001, p. 13.

ou regras fazem com que o sistema ou a estrutura seja racista, sexista etc.

Para que se possa descrever alguma coisa como sistematicamente racista, por exemplo, não basta simplesmente citar uma disparidade no resultado entre brancos e negros, ou entre homens e mulheres. Veja-se o exemplo das expulsões de alunos nas escolas públicas de Edina, Minnesota. É verdade que o número de negros expulsos é maior do que o número de brancos se levarmos em conta em conta o percentual total da população. Contudo, essa disparidade não prova que existe racismo institucional. É preciso analisar cuidadosamente também outros fatores antes de acusar os professores ou administradores de racismo sistêmico. Nesse caso, o comportamento dos alunos.

Os defensores da justiça social ideológica raramente fazem esse tipo de análise cuidadosa. Qualquer disparidade de resultado entre raças ou sexos parece ser suficiente para que se levante a acusação séria de racismo/sexismo. Isso é um erro. Aos meus amigos que queiram lutar contra o racismo ou o sexismo sistêmico, serei o primeiro a lhes fazer companhia nessa batalha; todavia, em primeiro lugar, preciso de evidências sólidas de que o racismo ou o sexismo, e não outra causa provável, esteja na raiz da disparidade. *A justiça bíblica exige isso*! Se você acredita que um sistema é racista ou sexista, faça o melhor que puder para prová-lo, apresente fatos e evidências. Seja específico. Se o fizer, haverá muitos outros cristãos prontos a lhe dar apoio nessa luta.

A CIVILIZAÇÃO OCIDENTAL E OS ESTADOS UNIDOS

Para os defensores da justiça social ideológica, a civilização ocidental e os Estados Unidos estão irremediavelmente corrompidos de forma sistêmica pelo racismo, pelo sexismo, pela ganância e por praticamente todo tipo de injustiça. A tentação para seus oponentes consiste em se deslocar para o extremo oposto e tratar em linhas bem gerais a questão.

Não há civilizações ou nações que sejam perfeitas ou quase perfeitas, nem mesmo os Estados Unidos. Todas elas são uma mistura de mal e bem, luz e trevas. É preciso que o cristão preserve o que há de verdade na história do nosso país, tanto o que há de bom quanto o que há de ruim.

Os americanos são beneficiários do trabalho sacrificial de muitas gerações de cristãos e também de não cristãos dedicados que empenharam a vida na construção de uma união mais perfeita. Eles semearam as sementes da verdade, da bondade e da beleza na ordem política, econômica, educacional e cultural, que, embora estejam longe da perfeição, são grandemente abençoadas pela liberdade, pela justiça, pela oportunidade e pela prosperidade.

Hoje, muitos desprezam essa herança. Preferem apenas criticar e se restringir ao negativo, ignorando tudo o que é bom (razão pela qual é chamada de teoria *crítica*!). Querem se livrar dela. Isso é possível e, infelizmente, é o que vem acontecendo. Contudo, creio que é muito maior o número daqueles que se sentem profundamente gratos por nossa herança e, apesar de suas falhas e imperfeições, desejam preservá-la e transmiti-la às futuras gerações ainda mais aperfeiçoada do que a receberam.

Nossa atitude em relação aos Estados Unidos, ou à civilização ocidental, não deve se caracterizar por um espírito negativo, crítico e de ingratidão. Também não deve se caracterizar pela arrogância e pela superioridade. Em vez disso, nossa atitude deve ser marcada por uma gratidão humilde. Somos simplesmente beneficiários. Herdamos essas bênçãos graças a homens e mulheres santos que nos precederam e nos deram tudo para que construíssemos uma nação alicerçada na verdade da Palavra de Deus. Em última análise, as bênçãos que recebemos vêm do próprio Deus.

TÁTICAS

Os defensores da justiça social ideológica usam cada vez mais a tática do poder para promover sua narrativa. Táticas como o politicamente correto, o assédio, a humilhação, ameaças, expulsão das plataformas, silenciamento e outras.

De modo geral, essas táticas são denominadas de "cultura do cancelamento". A cultura do cancelamento não acredita na liberdade de expressão, no diálogo ou no debate com adversários ideológicos. Falta-lhe base ou respeito por seus oponentes ideológicos. Ela acredita na vitória a qualquer preço. Na cultura do cancelamento, não há perdão. Não há reconciliação. Não há graça. Ela é venenosa, demoníaca mesmo. Destrói o tecido social e dilacera os relacionamentos.

É verdade que essa tática de poder não é nova. Ela foi a prática usual na Revolução Francesa, nas revoluções comunistas da Rússia, da China, de Cuba e de outros países. O fato é que também é a prática usual dos revolucionários marxistas por toda parte.

QUAL DEVE SER A REAÇÃO DOS CRISTÃOS?

Há duas reações a serem evitadas. A primeira delas consiste em virar a mesa na tentativa de usar a mesma tática de poder. Contudo, é provável que a maior tentação consista em intimidação, que resultará em silêncio ou submissão. Ficar de cabeça baixa, fingir que não há guerra alguma à sua volta e tentar seguir com a vida normalmente. Tal atitude é insustentável. Numa revolução cultural, todos serão afetados, senão agora, depois.

Cabem aqui as célebres palavras do teólogo alemão Martin Niemöller:

Quando vieram buscar os comunistas,
fiquei em silêncio;
 eu não era comunista.
Quando vieram buscar os sindicalistas,
eu não disse nada;
 eu não era sindicalista.
Quando vieram buscar os judeus,
fiquei em silêncio;
 eu não era judeu.
Quando vieram me buscar,
 já não havia ninguém que pudesse protestar.

É verdade que os evangélicos partidários da justiça social ideológica não recorrem a essas táticas de poder da mesma maneira que o fazem seus compatriotas não cristãos. Muitos os denunciarão também. No entanto, mesmo entre os evangélicos que apoiam a justiça social ideológica, notei uma tendência preocupante entre eles de evitar o diálogo e a discussão com oponentes ideológicos, ou mesmo de romper relações.

Seguem-se alguns pensamentos sobre a maneira apropriada de responder aos adversários ideológicos:

- Seja sempre gracioso e educado, e não apenas pessoalmente, mas também nas mídias sociais.
- Dê à argumentação dos outros o benefício da dúvida. Acredite, por motivos bíblicos, que eles estão realmente empenhados em obter justiça, em lutar pelos oprimidos e se posicionar contra o racismo.
- Ouça bastante, não tenha pressa em falar. Tente sempre aprender e compreender. Tire primeiro a trave do seu olho.
- Ore. Peça a ajuda de Deus para interagir de maneiras que o honrem e o glorifiquem. Ore para que seus adversários

abandonem suas falsas crenças e se voltem para a verdade. Confie no poder sobrenatural de Deus mais do que em seus próprios argumentos ou em sua sabedoria.
- Não desista de interagir, de discutir e de dialogar, ainda que sejam essas as atitudes dos seus oponentes. Você não pode controlar a resposta deles, mas jamais seja o primeiro a romper um relacionamento. Não demore em perdoar. Reconcilie-se rapidamente. Testifique sem demora.
- Não se intimide com a pressão. Fique firme em defesa da verdade. Defenda com firmeza os princípios bíblicos e as definições da Bíblia. Existe uma ideia equivocada, hoje disseminada na comunidade evangélica, segundo a qual "amar o próximo" significa afirmar aquilo em que ele crê sinceramente, ainda que seja falso e contrário à Bíblia.
- Amar o próximo significa trabalhar sacrificialmente pelo seu bem. Corroborar suas crenças falsas pode *parecer* caridoso, mas não é, porque as falsas crenças são destrutivas. Elas nunca levam à liberdade ou ao amadurecimento.
- Não tema, confie na soberania e no poder de Deus. Nossos oponentes *são* poderosos. Eles têm forte apoio cultural nos meios de comunicação, na indústria cultural, nos órgãos do governo, em várias empresas e nas mídias sociais. Têm também, ao que tudo indica, recursos financeiros ilimitados em apoio à sua causa.

Jamais se esqueça, porém, que Deus ama lançar mão das coisas fracas do mundo para mostrar seu poder e sua glória insuperáveis. Lembra-se de Davi e Golias? De Gideão e dos midianitas? De Pedro, o pescador iletrado, perante o Sinédrio? Esse mesmo Deus está vivo e ativo hoje. Ele não foi pego de surpresa diante do que está acontecendo. Se ele é por nós, quem será contra nós (Rm 8.31)?

De que maneira Deus responde aos poderes e às autoridades seculares que tramam e planejam contra ele e contra seu povo? *Ele ri.*

Por que as nações se enfurecem, e os povos tramam em vão?
Os reis da terra se levantam, e os príncipes conspiram unidos contra o Senhor e seu ungido, dizendo: Rompamos suas correntes e livremo-nos de suas algemas.
Aquele que está sentado nos céus se ri; o Senhor zomba deles. Então ele os repreende na sua ira e os aterroriza no seu furor, dizendo: Eu mesmo constituí o meu rei em Sião, meu santo monte (Sl 2.1-6)

Preste muita atenção às seguintes palavras de Jesus:

E não temais os que matam o corpo e não podem matar a alma; pelo contrário, temei aquele que pode destruir no inferno tanto a alma como o corpo (Mt 10.28).

Bem-aventurados sois, quando vos insultarem, perseguirem e, mentindo, disserem todo mal contra vós por minha causa. Alegrai-vos e exultai, pois a vossa recompensa no céu é grande; porque assim perseguiram os profetas que viveram antes de vós (Mt 5.11,12).

Ame os que fazem oposição a você e ore por eles (Mt 5.44). O reino de Cristo prospera à medida que a verdade é proclamada e demonstrada em amor (Ef 4.15). "Não te deixes vencer pelo mal, mas vence o mal com o bem" (Rm 12.21).

MAIS DO QUE CRITICAR A CULTURA, VAMOS CRIAR CULTURA

O fato de que o evangelicalismo não tenha mais uma teologia de interação cultural forte talvez seja a principal razão para que estejamos em nosso dilema atual. As principais instituições responsáveis pelos caminhos da nossa cultura — educação, artes, cinema, literatura e entretenimento, direito e negócios — estão quase todas sob o domínio dos que operam os pressupostos da justiça social ideológica.

Não foi por acidente que isso aconteceu. Os defensores dessa cosmovisão têm uma "teologia" missionária e um zelo que eram comuns entre os cristãos de outras gerações. Nossos ancestrais na fé fundaram universidades de nível mundial em todo o globo, tais como Yale, Harvard e Princeton. Eles o fizeram para que tivessem influência na cultura em geral e por meios tais que honrassem nosso Rei e abençoassem nosso próximo. Contudo, nós nos perdemos. Paramos quase completamente de fazer esse tipo de obra. Nossa teologia da missão foi reduzida a números. Quantas almas foram salvas? Quantas igrejas foram plantadas? Quantas pessoas estiveram na igreja no domingo? Deus não se importava com a cultura. Ela era decaída e secular e estava destinada à destruição.

Os paladinos da justiça social ideológica, porém, não perderam sua visão de impacto sobre a cultura, pode-se até dizer de "discipulado" da nação. Sua estratégia consistia em influenciar os principais motores da cultura, e foram incrivelmente determinados e pacientes na realização de sua "longa marcha através das instituições". Temos de lhes dar esse crédito. Hoje colhem a recompensa de anos de perseverança diligente.

Eles foram muito determinados, por exemplo, na reforma dos nossos sistemas de ensino em conformidade com a justiça social ideológica, com especial ênfase sobre as instituições de educação, currículo e treinamento de professores, que são hoje quase inteiramente controlados pelos pressupostos da justiça social ideológica. A ideia de que a educação é "imparcial" ou "neutra" é um mito. Ela será sempre edificada sobre uma visão específica da verdade, da moralidade, da natureza humana, da história e muito mais. Perspectivas desse tipo serão sempre constituídas por um conjunto mais profundo de pressupostos ou cosmovisões. Se não for a cosmovisão bíblica, será outra qualquer.

Meu amigo e mentor Darrow Miller gosta de dizer que, "se a igreja não discipular a nação, a nação discipulará a igreja". Alguém está sempre muito empenhado em impactar a cultura. Se não forem os seguidores de Jesus, será, na falta de alternativa, os adeptos de outra visão de mundo. Se não gostamos da cosmovisão que está definindo nossa cultura, só nos resta culparmos a nós mesmos.

Já é tarde, mas creio que ainda há tempo. Nós, a igreja que cremos na Bíblia, precisamos reaprender rapidamente com nossos ancestrais como deve ser a missão cristã genuína. É preciso que recobremos aquela teologia antiga que liga de forma indissociável o evangelho, a evangelização e o discipulado, vivendo fielmente as implicações da cosmovisão bíblica em todas as áreas da vida e em todas as esferas da sociedade. Afinal de contas, Jesus não é simplesmente Rei de alguma área espiritual limitada. Ele é Rei do céu e da terra! Temos de nos lembrar disso e agir de forma consequente. Temos de voltar a nos preocupar com a formação institucional e com a criação de cultura, particularmente nas áreas da educação, das artes, meios de comunicação, direito e empresas. Temos de ser tão estratégicos, pacientes e determinados quanto demonstram ser nossos oponentes ideológicos. Nosso motivo deve ser impulsionado pela obediência a Cristo, que suscitou um povo para si para abençoar todas as nações, e amar nosso próximo como a nós mesmos. Somente a verdade e o amor bíblicos promovem a prosperidade e a liberdade, e não apenas para a igreja, mas para o cristão e o não cristão igualmente.

A justiça social ideológica é perigosa porque é falsa. Ela constrói uma cultura de ódio, divisão, um falso sentimento de superioridade moral e uma falsa compreensão de justiça. Uma cultura em que a verdade é substituída pelo poder, e a gratidão, pela ingratidão. Uma cultura em que todos buscam oportunidades de ser discriminados e postos no pódio das vítimas. Uma cultura em que as pessoas não assumem a responsabilidade por sua vida; em vez disso, culpam os outros por seus problemas. Uma cultura de libertinagem sexual e de autonomia pessoal em que "o desejo sexual é o centro da identidade e da dignidade humanas". Uma cultura em que a identidade é totalmente definida por sua tribo, e sua tribo está sempre em conflito com as outras numa disputa de soma zero pelo poder.

Nessa cultura, não há nada de "amor ao próximo", muito menos de "amor aos inimigos". Não há graça. Não há perdão. Não há humildade. Nenhuma introspecção que "tire a trave do seu próprio olho" antes de corrigir seu oponente.

Você quer viver nesse tipo de cultura, e, principalmente, quer participar de sua construção? Eu não. Quero viver numa cultura em que a verdade, a justiça e o amor sejam os bens mais elevados. Uma cultura em que Deus seja honrado como Rei, e todos, não importa a raça, o sexo ou a classe, sejam respeitados e amados como seus filhos queridos. Uma cultura em que as pessoas sejam julgadas pelo "conteúdo do seu caráter, e não pela cor da sua pele". Uma cultura em que a justiça seja baseada na lei moral imutável de Deus e os que forem acusados de injustiça sejam tratados com justiça e imparcialidade. Uma cultura que preserve o devido processo legal e o estado de direito. Um país que veja a todos como pecadores decaídos, mas que ainda assim são objeto do amor de Deus, de sua misericórdia e de seu perdão. Uma cultura em que a reconciliação e a redenção sejam possíveis. Uma cultura marcada pela gratidão humilde.

Esta cultura ainda existe nos Estados Unidos de hoje.

Em junho de 2015, o mundo viu o que de pior um ser humano pode fazer ao outro. Certa noite, o supremacista Dylann Roof, de vinte e um anos, entrou na Igreja Episcopal Metodista Africana Emanuel em Charleston, na Carolina do Sul, e alvejou nove afrodescendentes, entre homens e mulheres, que participavam de um estudo bíblico. As autoridades rapidamente o detiveram, prenderam-no e, por fim, ele foi condenado por homicídio.

Durante a audiência de Roof, muitos membros da família sobrevivente se levantaram no tribunal, não para listar simplesmente as injustiças de que foram vítimas, mas para perdoá-lo. Nadine Collier, filha de Ethel Lance, uma das vítimas, disse a Roof: "Jamais poderei abraçá-la novamente, mas eu o perdoo e tenho misericórdia de sua alma. Você me feriu. Você feriu muita gente, mas Deus o perdoa e eu o perdoo".

Anthony Thompson disse ao assassino de sua esposa: "Eu o perdoo, e minha família o perdoa. Contudo, gostaríamos de que você aproveitasse esta oportunidade e se arrependesse; Mude seus caminhos".[10]

Corrie ten Boom conta uma história parecida. Ten Boom, uma cristã holandesa, juntamente com os membros de sua família, ajudou muitos judeus a escaparem do genocídio nazista. No fim das contas, porém, a Gestapo descobriu o que eles estavam fazendo e mandaram Corrie e vários de sua família para a prisão.

---

[10] John Stonestreet; David Carlson, "'Emanuel': the untold story of the Charleston shooting", *BreakPoint*, June 12, 2019, http://www.breakpoint.org/breakpoint-emanuel/.

EXPULSANDO UMA COSMOVISÃO RUIM... 241

Sua irmã Betsie e seu pai, Casper, morreram sob custódia alemã, mas Corrie sobreviveu. A seguir, ela narra os eventos emocionantes que se desenrolaram posteriormente, ao confrontar um policial nazista na prisão onde Betsie havia morrido:

Foi em uma igreja em Munique que o vislumbrei: um homem calvo, troncudo, vestindo um sobretudo cinza, com um chapéu de feltro marrom amassado entre as mãos. As pessoas estavam saindo da sala no subsolo onde eu havia acabado de falar e passavam pelas fileiras de bancos de madeira em direção à porta nos fundos da sala.

Estávamos em 1947, e eu havia vindo da Holanda para a Alemanha, então derrotada, com a mensagem de que Deus perdoa...

Foi então que eu o vi. Ele vinha em minha direção passando pelas pessoas no sentido contrário a elas. De repente, vi o sobretudo e o chapéu marrom; em seguida, um uniforme azul e um quepe em que estavam estampados uma caveira e dois ossos cruzados.

Tudo me voltou bem depressa: a sala enorme, lâmpadas soturnas suspensas, a pilha lúgubre de vestidos e de sapatos no centro do piso, a vergonha de caminhar nua na frente daquele homem. Dava para ver os contornos frágeis da minha irmã mais à frente, suas costelas pontudas por baixo da pele de pergaminho. Betsie, como você havia emagrecido!

Betsie e eu havíamos sido presas por termos escondido judeus na nossa casa por ocasião da ocupação nazista da Holanda, durante a Segunda Guerra. Esse homem fora um dos guardas no campo de concentração em Ravensbrück, para onde fomos enviadas.

Agora, ele estava diante de mim, a mão estendida: "Que bela mensagem, Fräulein! Que bom saber, como disse, que nossos pecados estão todos no fundo do mar!".

E eu, que havia falado tão loquazmente sobre o perdão, remexia o bolso em vez de lhe estender a mão. É claro que ele não se lembrava de mim, como poderia se lembrar de uma prisioneira entre milhares de mulheres? Mas eu me lembrava dele, do chicote de couro que trazia pendurado no cinto. Era a primeira vez desde que fora libertada que me via face a face com um dos meus captores. Meu sangue parecia ter congelado.

— Você mencionou Ravensbrück na sua palestra — ele disse. — Fui guarda lá.

Não, ele não se lembrava de mim.

— Mas depois disso — prosseguiu — tornei-me cristão. Eu sei que Deus me perdoou pelas coisas cruéis que cometi lá, mas eu gostaria de ouvi-lo da sua boca também. Fräulein — disse, com a mão estendida outra vez — você me perdoa?

Fiquei ali parada, eu, cujos pecados tinham de ser perdoados todos os dias, sem conseguir perdoar. Betsie tinha morrido naquele lugar — será que bastava ele simplesmente pedir perdão para apagar sua morte terrível e lenta?

Não creio que tivesse passado muito tempo desde que me estendera a mão, mas pareciam ter se passado horas, e eu lutava contra a coisa mais difícil com que já havia me defrontado...

E ali continuei, com uma frieza que me apertava o coração. O perdão, porém, não é uma emoção — eu sabia disso também. O perdão é um ato da vontade que independe da temperatura do coração.

"Jesus, ajuda-me", supliquei silenciosamente. "Eu posso estender minha mão. Pelo menos isso posso fazer. Dá-me o sentimento depois."

Então, tal como um robô, toquei minha mão mecanicamente na mão que me estava estendida. E, enquanto o fiz, algo incrível aconteceu. Uma corrente começou no meu ombro, correu pelo meu braço e saltou para nossas mãos unidas. Em seguida, esse calor restaurador parecia inundar todo o meu ser, fazendo brotar lágrimas nos meus olhos.

— Eu o perdoo, irmão! — exclamei. — De todo o meu coração![11]

Esse tipo de amor e de perdão sobrenatural que Corrie ten Boom expressou, e também Anthony Thompson e outros na Igreja Episcopal Metodista Africana Emanuel, na Carolina do Sul, é uma verdadeira revolução. A revolução de Jesus Cristo. Eles nos impressionam porque tinham o poder de perdoar os inimigos. Esse poder veio, em parte, do reconhecimento de que também eram pecadores perdoados por Deus e objeto de sua graça maravilhosa e extraordinária.

Em vez de procurar vingança, confiaram às mãos de Deus o julgamento final. Devemos fazer o mesmo, sabendo que ele prometeu endireitar todas as coisas.

Histórias desse tipo são possíveis apenas em culturas profundamente marcadas pela História Transformadora — pela verdade da cosmovisão bíblica. Há muito poder nela. Uma beleza extrema. Ela é boa. É verdadeira.

De que maneira, nós, cristãos, respondemos à justiça social ideológica? Nancy Pearcey acerta em cheio quando diz:

A melhor maneira de expulsar uma cosmovisão ruim consiste em propor outra que seja boa, e os cristãos precisam dar um passo adiante: além de criticar a cultura, é preciso criar cultura. Foi essa a tarefa que Deus confiou originalmente aos seres humanos, e, no processo de santificação, cabe-nos recuperar

---
[11]"Guideposts classics: Corrie ten Boom on forgiveness", *Guideposts*, November 1972, https://www.guideposts.org/better-living/positive-living/guideposts-classics-corrie-ten-boom-on-forgiveness.

essa tarefa [...] Em tudo para o que fomos chamados, somos criadores de cultura, fazendo do nosso trabalho um serviço que prestamos a Deus.[12]

Este é um momento perigoso para os evangélicos no Ocidente. Nossa confusão em torno do que seja a justiça deve ser substituída pelo discernimento escrupuloso. Se continuarmos a permitir que o fermento da justiça social contamine nossa teologia numa época em que a cultura precisa desesperadamente ver a verdadeira justiça, a justiça bíblica, defendida e posta em prática, os prejuízos serão incalculáveis, tanto agora quanto na eternidade. Assim também, se jogarmos fora o bebê da justiça bíblica juntamente com a água do banho da justiça social, aqueles que se preocupam com os oprimidos nos chamarão com toda justiça de hipócritas. Não é à toa que o Senhor diz aos hipócritas: "O nome de Deus é blasfemado pelos gentios por vossa causa" (Rm 2.24, ESV).

Portanto, lutemos pela justiça neste mundo. Lutemos pelas vítimas da injustiça. Combatamos o tráfico sexual. O infanticídio feminino. Protejamos o nascituro em perigo no útero da mãe. Os perseguidos por sua fé. O cristão e o não cristão. Sejamos a voz dos que aguardam a execução injusta. Esses nossos semelhantes, portadores como nós da imagem de Deus, não são vítimas de microagressões. São vítimas de macroagressões, como tortura e morte violenta, entre outras.

Opor-se à injustiça num mundo decaído exige, é claro, coragem moral. Os que cometem injustiças geralmente estão em posições de poder. Os profetas do Antigo Testamento falavam

---

[12]Nancy Pearcey, *Total truth: liberating Christianity from its cultural captivity* (Wheaton, Crossway, 2008), p. 58 [publicado em português por CPAD sob o título *Verdade absoluta: libertando o cristianismo de seu cativeiro cultural*].

com frequência contra os poderosos, e muitos pagaram um preço elevado por isso. O livro de Hebreus se admira disso: "[...] outros experimentaram zombaria e espancamentos, correntes e prisões. Foram apedrejados e provados, serrados ao meio, morreram ao fio da espada, andaram vestidos de peles de ovelhas e de cabras, necessitados, aflitos e maltratados. O mundo não era digno dessas pessoas. Andaram vagando por desertos e montes, por cavernas e buracos da terra" (Hb 11.36-38).

Desafiar os poderes constituídos é se abrir ao sofrimento e às perdas. A tentação de ficar em silêncio é grande, mas é preciso que rejeitemos tal tentação. O Catecismo Maior de Westminster adverte contra "silenciar indevidamente em uma causa justa; manter-nos tranquilos quando a iniquidade reclama a repreensão de nossa parte, ou denunciar outrem".

Contudo, como cristãos, podemos estar confiantes de que nossa vida está segura em Jesus Cristo, e nada, nem a própria morte, pode nos separar do seu amor (Rm 8.31-38). Revestidos de poder pelo Espírito Santo, sigamos nas pegadas do nosso Salvador em busca de justiça e de misericórdia. Conforme disse o Senhor: "O Espírito do Senhor está sobre mim, porque me ungiu para anunciar boas novas aos pobres; enviou-me para proclamar libertação aos presos e restauração da vista aos cegos, para pôr em liberdade os oprimidos" (Lc 4.18).

Ampliar o domínio do reino de Deus é uma santa tarefa e, por vezes, solitária, mas nunca estamos realmente sós. Como nos lembra Greg Koukl: "Aqueles de nós que confiam nele não estão sós nas batalhas contra o mal e a injustiça. Embora haja baixas, ele está conosco, sempre, em tudo. Essa é sua promessa. 'Neste mundo vocês terão aflições, disse Jesus, mas tenham coragem, eu venci o mundo'".[13]

---

[13] Koukl, p. 155.

Podemos confiar no Deus que uniu perfeitamente na cruz a justiça e a misericórdia, certos de que ele está conosco à medida que promovemos a justiça para sua glória. Uma vez que a justiça, em última análise, é obra de Deus, seus representantes devem colocá-la em prática como Deus o faz — não se vence o mal com o mal, mas, seguindo o exemplo de Corrie ten Boom e dos membros da Igreja Episcopal Metodista Africana Emanuel, o mal se vence com o bem.

*Agora que já se disse tudo,
aqui está a conclusão:
Teme a Deus e obedece aos seus mandamentos;
porque este é o propósito do homem.
Porque Deus levará a juízo
tudo o que foi feito e até tudo o que está oculto,
quer seja bom, quer seja mau.*

— Eclesiastes 12.13,14

ÍNDICE REMISSIVO

11 de setembro   94

A

aborto   29, 30, 102, 151, 154, 156, 157, 174, 192, 196, 197, 198, 206, 221, 230. *Veja também* nascituro; *Veja também* argumento moral   30
e mulheres negras   30, 192, 198, 202
Narrativa Revolucionária   191
Abraão   88
Abrams, Stacey   29
acusações, direito de ser informado das   63
acusadores, confrontando   63, 116
afiliações, grupos de   88, 109
African Christian University   211
After the ball: how America will conquer its fear and hatred of gays in the 90s (Kirk e Madsen)   176
agência moral   88
Alá   39
Alemanha   93, 169, 241
Alexander, Michelle   182, 203
alienação do Criador   100
American Federation for Children   198
amor   18, 19, 39, 52, 57, 103, 105, 126, 159, 204, 208, 222, 237, 239, 243, 245

a Deus   83, 110
ao próximo   45, 57, 83, 110, 158, 166, 172, 179, 222, 235, 239
aos inimigos   126, 129, 161
aos que fazem oposição a você   237
convocação para o evangelho   237
de Deus   50, 111, 143
e LGBTQ+   208
obrigação   188
ancestrais   237, 238
Aniol, Scott   224
Antigo Testamento   158, 245
antissemitismo   61
A people's history of the United States (Zinn)   148
Applebaum, Barbara   182
aprovação cultural   209
Aral, Sinan   117
Aristóteles   44
artes   176, 227, 237, 239
Ascol, Tom   15
assassinato   155
assessoria jurídica, direito de ser representado por   63
Associação Americana de Psicologia   159, 177
associação, livre   210
Associação Médica de Gays e Lésbicas   140

ateísmo 60, 61
Atlantic 91, 121, 182
autonomia 29, 30, 239
   física pessoal 29, 30
   autoridade final 30, 69, 71, 84, 111, 122, 125
   e hegemonia 121
   e poder 121
   e status de vítima 120
   orientaçao bíblica 123
autoridade humana, estabelecida por Deus 122

B
Baldwin, James 91, 182
bandeira, americana 149
Bate-Seba 48
Bauman, Steve 35
Being white, being good (Applebaum) 182
Bell, Rob 173, 206
bem em oposição ao mal 93
benefício da dúvida 116, 208, 235
Bíblia 110, 118
   como provedora de identidade e de propósito 20
   como visão de mundo 20
   declínio da 20
Black Lives Matter 33, 34, 115, 182, 197, 198, 202
   declaração de missão 34
   objetivos 197
Blake, Nathanael 15, 220
Bomberger, Ryan 185
Bonhoeffer: pastor, martyr, prophet, spy (Metaxas) 169
Borysenko, Karlyn 219
branquitude 74, 91, 97, 102, 106, 148, 180, 181, 182, 204

Breshears, Gary 43
Brighouse, Harry 135
Brokeback Mountain 177
Brown, Michael 115, 180
Bundy, Ted 42
Burgess, Silas 145
burguesia 73, 74, 110
Burnley, Lawrence A. Q. 34

C
Calvário 52
Calvino, João 39
Camboja 72, 127
Campanha de Direitos Humanos 96
Campolo, Bart 206
Campolo, Tony 207
caos moral 31
capacidade de ação 145, 225
capitalismo 23, 142, 148, 151, 152, 198
   e marxismo 147
   influenciado pela Reforma 23, 151
   livre mercado 151, 198
   secularizado 151
Carey, William 172, 210
Carmichael, Amy 172, 210
Carson, Ben 185
Carta Magna 64
Cartas de um diabo a seu aprendiz (Lewis) 132
Carver, George Washington 184, 203
casamento 92, 102, 104, 105, 113, 122, 134, 140, 148, 154, 176, 177, 179, 185, 191. *Veja também* sexo e casamento
   autoridade do marido no 122
   e autoridade 122

ÍNDICE REMISSIVO 249

e procriação *113*
mesmo sexo *105, 135, 179*
Catecismo Maior de
 Westminster *245*
Chaput, Charles *119*
Chauvin, Derek *127*
China *72, 127, 132, 233*
Christakis, Nicholas *88, 89, 113*
Christianity Today *35, 178,
 204, 207*
Churchill, Winston *149*
cidade sobre uma colina *150*
ciência *30, 70, 118*
 como autoridade suprema *69*
civilidade *154, 161, 199*
civilização ocidental e os Estados
 Unidos *131, 153, 233*
 aspectos positivos *149*
 como duas culturas *150, 152*
 corrupção *232*
 e racismo *148*
 falhas *150*
 gratidão por *233*
 história *232*
 história marxista *147*
 ícones *149*
 liberdade *151, 183, 232*
 raízes judaico-cristãs *151, 152*
 secularização da *151*
 valores e tradições *211*
Claiborne, Shane *35*
Claremont Pomona
 University *147*
classe *68*
coalizão de resistência *215*
 compromissos *210*
Coates, Ta-Nehisi *91, 92, 94, 95,
 108, 109, 147, 148, 182*
Coleman, Monica *175*

Collier, Nadine *240*
Colombo, Cristóvão *149*
colonialismo *23, 142*
Colorado *140*
Colson Center for Christian
 Worldview *17, 135*
Columbia International
 University *39*
compaixão *18*
comunidade *220*
comunidade negra *194. Veja
 também* raça; racismo
 aborto *185, 192, 197, 202*
 apoio ao Partido
 Democrata *196*
 desafio para *185*
 dignidade *202*
 e brutalidade policial *191*
 educação *186*
 eleições *195*
 e taxa de criminalidade *191*
 família *185, 186*
 hipérbole sobre *202*
 Narrativa da Preservação *188*
 Narrativa Revolucionária *188*
comunidades rurais e de
 operários *168*
comunismo *65*
Cone, James H. *205*
Conferência Netroots
 Nation *138*
confiança em Deus *235, 246*
conformar *109*
conformidade *171*
 a lei moral de Deus *223*
 desconstruindo a fé *207*
 e LGBTQ+ *179*
 e mulheres *175*
 e raça *181*

opressora *139*
popularidade, razões para *210*
Congresso da Confederação *193*
conhecimento e perspectivas
  dos marginalizados *112*
  socialmente situado *112*
conservadorismo *149*
Constituição *64, 148*
controle de natalidade *156, 196*
Cornélio *111*
corrupção *62, 102*
níveis de e arcabouço
  judaico-cristão *62*
Corvino, John *113*
cosmovisão bíblica *84*
  autoridade final *84, 126*
  batalha contra injustiça
    estrutural sistêmica *231*
  dever moral *111*
  dever moral básico *83*
  e diversidade *141*
  e identidade humana *225*
  e pobreza *143*
  e racismo *229*
  falta de conhecimento
    sobre *209*
  igualdade *136*
  interação cultural *229*
  juízo final *84, 129*
  problema fundamental
    como seres humanos *82, 96*
  quem somos *82, 91*
  realidade *82, 86*
  rebelião *82, 95*
  retorno a *214*
  salvação *83*
  solução *82, 104*
  transformação cultural *229*
  valores *210*
  verdadeiro, determinando *83, 120*

cosmovisão gnóstica *225*
cosmovisão judaico-cristã *58*
cosmovisões
  definidas *76*
  determinante do
    comportamento *77*
  importância das *21. Veja
    também* cosmovisão bíblica
  incompatíveis *207*
  mudança *70*
  mudando *244*
  pressupostos *78, 81*
  trocando o falso pelo
    verdadeiro *79*
crise da AIDS *105*
cristãos ortodoxos *74*
cristianismo, perspectiva
  liberal *206, 207, 208*
cristianismo progressista *173*
Cristianismo puro e simples
  (Lewis) *41*
Crow, Jim *107, 176, 182, 183*
Cru (Campus Crusade
  for Christ) *207*
cruz *101*
  como solução para o mal
    e a injustiça *53*
Cuba *72, 233*
Cullors, Patrisse *182*
culpa *23, 26, 42, 56, 107, 109,
  110, 119, 133, 160, 181, 188,
  204, 222*
  e identidade de grupo *119*
  presumida *116*
culpa branca *107*
culto *69, 71, 161*
cultura
  controle pela justiça social
    ideológica *237*
  criar *246*

ÍNDICE REMISSIVO

cristã e as Escrituras *19*
e linguagem *18*
ligada a um mundo decaído *171*
cultura do cancelamento *233*

D
Dahmer, Jeffrey *42*
daltonismo *183, 187, 202*
Damore, James *133*
Davi e Golias *236*
Davi, rei *48*
debate civil *210*
Declaração de Independência *44, 59, 186, 193*
defender-se, direito à *63*
Del Noce, Augusto *98*
Denhollander, Rachael *55, 56, 57, 58*
denominações protestantes *170*
Departamento de Justiça dos EUA *115*
Derrida, Jacques *71*
despertar para *106*
desprezo *98*
desumanização *61, 94*
Deus
  caráter de *39*
  como três pessoas *137*
  e injustiça *49*
  e justiça *40*
  e misericórdia *51*
  ira de *48*
  pronome *159*
dever moral *104*
devido processo *19, 58, 63, 116, 150, 151, 160, 219, 240*
DeYoung, Kevin *43*
Dez Mandamentos *11, 42, 47, 70, 119, 146, 158, 223*
e justiça *43, 45*

DiAngelo, Robin *182*
Dicionário Merriam Webster *180*
dicotomia do sagrado e do profano *212*
dignidade humana *62*
e justiça *61*
direitos
  concedidos por Deus aos homens *62*
  humanos *70*
Disciple Nations Alliance *24*
disciplina *79*
discipulado *26, 80*
discípulos e sua expectativa em relação a Jesus *124*
Discurso do Estado da União (Trump) *29*
disparidades unidas à injustiça e opressão *132*
diversidade *17, 132, 136, 137, 139, 140, 141, 167*
  como apresentada na Bíblia *137*
  e celebração *139*
  e unidade *137*
dívida, por cometer injustiça *45, 52, 56*
Douglass, Frederick *184*
Douthat, Ross *31*
doutrinação *98*
Dred Scott *vs.* Sandford *195*
Dreher, Ron *98*
dualismo gnóstico *171, 209*
Du Bois, W. E. B. *182, 203*
Duncan, Ligon *200*
dúvida razoável *116*

E
Eastern Theological Seminary *22*
economistas *18*

Edina, Minnesota *231*
educação *21, 74, 75, 107, 135,*
   145, 167, 168, 172, 174, 194,
   201, 227, 237, 238, 239
Elder, Larry *185*
Elias *88*
emoções *114*
   e verdade *112*
empresas *21, 31, 62, 74, 108, 127,*
   142, 145, 167, 178, 182, 198,
   235, 239
Enciclopédia Judaica *146*
envolvimento social do
   cristão *172, 212, 214*
   recuperando o *214*
Epistemologia do Ponto
   de Vista *83, 112*
E pluribus unum *137*
equidade *141, 167*
Escola de Frankfurt *72, 73, 74, 122*
escolha pessoal *185*
escravidão *102, 107, 108, 147,*
   149, 182, 186, 192, 193, 195,
   196, 203, 221
   abolição *194*
   argumento para *30*
   interdições *193*
escravidão,
   partido que se opunha à *195*
   sociedade que se opunha à *193*
Escrituras
   comunicando *18*
   e cultura cristã *19*
   natureza transformadora das *79*
Espírito Santo *79, 101, 118, 137,*
   228, 245
Esquire *157*
estado de direito, respeito pelo *59*

Estados Unidos *131, 170*. *Veja também* civilização ocidental
   e Estados Unidos
   e diversidade *131*
   estado todo-poderoso *127*
   estupro *155*
   cultura do *217*
evangelho *161*
   central para cosmovisão
      bíblica *214*
   como transformação *230*
   como vanguarda de mudança
      social *200*
   e justiça social *211*
   falso *110, 161*
   para transformação *227*
   social *161, 170, 172, 205, 214,*
      224, 225
evangelicalismo *168*
   como instrumento de mudança
      social *228*
   esquerda evangélica *173*
Evangélicos pela Ação
   Social *22, 173*
Evans, Rachel Held *173, 175,*
   179, 206
Evans, Tony *200*
evidências *116, 118, 164, 231*
exclusão *141*
exibição de virtude *108, 201*
exploração *147*

F
Facebook *167, 209, 217*
Faculdade Oberlin *164*
falsidade *26, 117, 183, 195,*
   210, 223
falso testemunho *46, 119*

família 34, 68, 77, 92, 107, 113,
 122, 127, 135, 144, 145, 162,
 163, 164, 176, 177, 186, 191,
 200, 201, 205, 240, 241
abolição da 197
antipatia pela f. natural 68
 e falsidade 136
 estrutura nuclear 34
 fundamento da
  comunidade 201
 negra 185, 186, 192
Farrakhan, Louis 182
fatos 164
felicidade
 fonte da 146
feminismo 157, 175
 evangélico 174
 na religião 175
 segunda onda 173
 terceira onda 206
Ferguson, Missouri 115
filósofos políticos 18
Finding truth (Pearcey) 87
Firestone, Shulamith 75
firmeza 169, 235
Floyd, George 127
Food for the Hungry 21, 22
Ford, Christine Blasey 165
formação institucional 238
Forrest, Nathan Bedford 195
Foucault, Michel 19, 71, 72, 217
Founders Ministries 211
Fradet, Philippe Leonard 93
fragilidade branca 107, 182, 204
Friedan, Betty 173
fundamentalismo 171, 209, 225
 definido por aquilo a que se
  opunha 213

movimento
 fundamentalista 171, 212,
  224, 229
fundamentalismo vs.
 protestantismo 173, 209

G
Gacy, John Wayne 42
ganância 23, 147, 149, 192, 232
Garza, Alicia 33, 182
gene gay 159
genericídio 155, 157
gênero 25, 33, 68, 87, 110, 119, 159
 identidade 73, 82, 87, 92,
  149, 225
 teoria 220
genocídio 93, 147, 189, 190,
 192, 241
George Washington 149
Gibson, Tom 162, 163, 164
Gideão e dos midianitas 236
Gill, Tim 92, 142
Glee 177
Google 132, 133, 167
governar a criação 144
governo 21, 227, 235
 autogoverno 191
 defesa do estado de direito 145
 e autoridades 123
 e distribuição de riqueza 142
 e poder bruto 117
 e redistribuição de riqueza e
  poder 142
 e reformulação da
  sociedade 170
 limitado 183
 principal tarefa do 145
 programas de bem-estar
  social 196

graça 56, 57, 64, 65, 129, 152,
   205, 222
de Deus 42, 51, 111, 223, 243
falta de 99, 108, 127, 233, 239
salvação pela 110
Grace Baptist Church 211
Grace Community Church 211
gracioso 234
Gramsci, Antonio 19, 72, 73, 217
Grande Sociedade 186
gratidão 160, 233
Greeley, Horace 170
grupos
   compartilhando a humanidade 91
   marginalizados 112
Guerra Civil 187, 221
Guinness, Os 15, 19
Gunn, Grover 103, 230
Gushee, David 178, 179

H
habilitação profissional
   e organizações
   credenciadas 168
Haidt, Jonathan 120, 168, 210
Harris, Josh 206
Hathaway, Anne 96, 97, 98
Hatmaker, Jen 35
Hegel, Georg Willhelm 71
hegemonia 73, 83, 112, 122
hermenêutica 118, 209
Higgins, Michelle 33, 34
hino nacional 149
história 203, 232
   coisas para celebrar 193
   como guia 192
   Narrativa da Preservação 192, 193
   Narrativa Revolucionária 181
história, necessidade da 222

Holder, Eric 115
homossexualidade 106. *Veja
   também* LGBTQ+
Horkheimer, Max 72
hostilidade 57
   à religião judaico-cristã 68
How to be an antiracist
   (Kendi) 182
Hugo, Victor 50
humildade 42, 103, 123, 153,
   222, 239
   em relação aos
   antepassados 152
   e teoria crítica 153
humilhação 98, 99, 164
Hybels, Lynne 35

I
idealismo 71
ideias
   consequências das 19
   e suas raízes 19
identidade 82, 91, 214, 220, 222
   e grupos 91
   grupo. *Veja também* identidade
   de grupo
   grupos 225
   humana 225
   política 19
   tribal 239
identidade de grupo 89, 107
   e culpa 118
ideologia sucedânea 31, 35, 76
igreja 127
   autoridade da 123
   obra da 53
Igreja Católica 168
Igreja Episcopal 159, 168, 206,
   240, 243, 246

ÍNDICE REMISSIVO

Igreja Episcopal Metodista
   Africana Emanuel   240,
   243, 246
igreja evangélica   17, 19, 20, 24
   acomoda-se à ideologia
      reinante   169, 181
   ala da justiça social   24
   conforma-se com a ideologia
      predominante   169
   divisão interna   22, 24
   resiste à ideologia
      predominante   169
   resposta à justiça social
      ideológica   173
Igreja Presbiteriana   168
igreja woke   205
igualdade   17, 61, 136
   de resultado   132
   na Bíblia   132
   no marxismo   132
igualdade sexual   174
igualitarismo   174
Iluminismo   69, 150, 151
imperialismo   147
inclusão   17, 141, 167
Índia   172
indivíduo   94, 138
   importância de cada   88
   negação do   88
infanticídio feminino   244
injustiça   46, 224
   como problema moral   101
   culpa generalizada por causa
      de   47
   e desumanização   61
   e Deus   49
   e dívida   45
   estrutural e sistêmica   231
   microagressão   155
   razão para   101
   sistêmica   182
inocência, presunção de   63,
   116, 160
inquirição livre   210
Inquisição espanhola   149
Instagram   219
integridade   80
intelectual dark web   210
interseccionalidade   20, 109, 155,
   164, 220
   definida   93
InterVarsity Christian
   Fellowship   33, 34, 207
intimidação   164, 199, 233
intolerância alimentada pela justiça
   social   140
Irving-Stonebraker, Sarah   61

J

Jacobs, Alan   93
Janosik, Daniel   39
Japão   125
Jefferson, Thomas   193, 194
Jeong, Sarah   61
Jesus Cristo   16, 20, 26, 35, 47, 50,
   51, 52, 64, 78, 83, 84, 88, 90, 94,
   102, 110, 111, 117, 123, 124,
   125, 126, 127, 128, 158, 166,
   180, 199, 200, 201, 204, 207,
   222, 226, 227, 236, 238, 243,
   245, 246
   como Juiz   52, 128
   como Rei do céu e da terra   238
   retorno de   52, 58, 64
   sempre conosco   245
João Batista   43
Johnson, Phillip   77, 213
judeus ortodoxos   168

juiz *63*
juízo
　e verdade *45*
　final *52*, *58*, *84*, *88*, *129*
　final nas mãos de Deus *65*
　julgamento, direito a *63*
　justiça *19*, *21*, *49*, *51*
　　base das sociedades justas *65*
　　base para *59*
　　como ato de adoração *63*
　　como juízo justo e imparcial *46*
　　conformidade com a lei moral de Deus *223*
　　confundindo a j. bíblica com a j. social *165*
　　cultura construída sobre *65*
　　das massas *164*
　　de Deus e retidão *49*
　　definição bíblica *19*, *40*
　　definida *37*
　　distributiva *46*
　　e dignidade humana *61*
　　e evidências *45*
　　e igualdade *61*
　　e injustiça *45*
　　e lei superior *39*
　　e perfeito Juiz *128*
　　e verdade *39*, *46*
　　falsa *26*
　　futura *161*
　　imagem de *45*
　　imperfeita diante de Cristo *128*
　　importância na Bíblia *26*
　　na vida cotidiana *44*
　　paramilitar *127*
　　perfeita *129*
　　perfeito padrão divino de *47*
　　redefinida *67*
　　reprodutiva *29*, *155*
　　terrena *56*

justiça bíblica *19*
justiça reprodutiva *30*
justiça social *17*, *32*
　definição falsa *19*
　igualando-se à justiça bíblica *33*
　incursões na igreja evangélica *27*
　raízes marxistas *32*
justiça social ideológica *203*, *204*
　análise da, contra a injustiça *243*
　áreas da cultura opostas à *168*
　atratividade da *217*
　autoridade final *84*, *126*
　base da *61*
　bem-sucedida *167*
　caráter da *69*
　civilização ocidental e Estados Unidos corruptos *232*
　como alternativa religiosa pós-moderna *76*
　como cultura de vigilância *218*
　como próximo movimento dos direitos civis *207*
　como será a sociedade sob *166*
　controle da cultura *237*, *238*
　cosmovisão *84*
　desmascarando e derrubando sistemas opressores *131*
　despertar para *223*
　desumanização *88*
　dever moral *83*, *111*
　diversidade *141*
　e aborto *154*
　e capitalismo *141*, *142*
　e igualdade *136*
　e individualismo *138*
　e poder, obsessão com a *121*

ÍNDICE REMISSIVO

e racismo *229*
e uniformidade *137*
injustiça dos sistemas e estruturas
   sociais *230, 231*
juízo final *84, 129*
mal nas estruturas
   sociais *101, 103*
moralidade *160*
moralidade sexual *154*
opressão *82, 96, 106*
o que se perde com *161*
perigos da *239*
pressão social *208*
pressupostos *131, 164, 167, 168*
puritana *153*
quem somos nós *82, 91*
razões para conformidade
   com a *210*
realidade *84*
resposta da igreja
   evangélica *173*
revolução *82, 98*
salvação *83*
sedução da *220*
sistema de culpa e inocência
   moral *109*
solução *82, 104*
substituição do sistema e
   estrutura *228*
tática *233, 234*
verdade, determinação da *83, 120*
Justice Conference 26, 92, 203
justus 37

K
Kant, Immanuel *19, 71*
Kavanaugh, Brett *165*
Keller, Tim *44*
Kendi, Ibram X. *182*

Kennedy, Anthony *70*
Khmer Vermelho *127*
King, Alveda *185*
King, Martin Luther Jr. *38, 88, 90, 184, 187, 204, 211*
Kirk, Marshall *176*
Koukl, Greg *38, 44, 47, 245*
Ku Klux Klan *187, 195*

L
Lance, Ethel *240*
Lawrence *vs.* Texas *177*
legislador supremo,
   reconhecimento do *59*
lei *37, 239*
   comunicação interna
   de Deus *42*
   conhecimento da l. de Deus *40*
   de Deus *38*
   de Deus, Dez Mandamentos *42*
   determinação de leis justas *38*
   duas perspectivas sobre *151*
   e caráter de Deus *39*
   estado de direito, erosão de *160*
   igualdade perante a *118*
Lei dos Direitos Civis, de 1964 196
lei moral *52, 59, 223*
Lênin, Vladimir *72*
Les misérables (Hugo) *50*
Letters from a Birmingham jail
   (King) *38*
Lewis, C. S. *41, 60, 103, 132*
Lewis, Robert *19*
LGBTQ+ *73, 74, 82, 83, 87, 91, 92, 105, 115, 138, 140, 197, 206, 208*
   e conformidade *179*
   objetivos do movimento *177*

liberdade *18*, *45*, *70*, *86*, *88*, *143*,
  145, *152*, *160*, *183*, *232*, *233*,
  235, *245*
  da verdade bíblica *239*
  de associação *210*
  de consciência *150*
  de expressão *104*, *150*, *210*
  de religião *104*, *150*, *161*, *210*
  duas perspectivas sobre *151*
  individual *183*
  legado americano de *151*
liberdade de expressão *104*, *150*,
  160, *210*
liberdade religiosa *161*
líder-servo *124*
Lindsay, James A. *17*, *85*, *114*, *122*
linguagem
  e cultura *20*
  mudança de *18*
Livro da Vida *53*
Livro de Oração Comum *159*
lógica *210*
Loury, Glenn *185*
Lozada, Carlos *92*

M
MacArthur, John *211*, *212*, *213*
MacDonald, Heather *134*
Machen, Gresham J. *171*
Madonna *177*
Madsen, Hudsen *176*
mal *35*, *42*, *96*, *126*, *145*, *151*, *158*
  como consequência quando
    o humano não é tratado
    como humano *62*
  e justiça social ideológica *61*
  e o mal *126*
  em estruturas sociais *vs*.
    nos corações e em forças
    demoníacas *101*

e punição *44*
  estrutural ou sistêmico *230*
  existência do *47*
  indiferença ao *51*, *67*
  livrando-se do *128*, *129*, *161*
  origem do *35*, *93*, *96*, *101*, *170*
  racismo *180*
  solução para *52*
  vencendo *58*, *237*
  vs. bem *158*, *223*
Malcolm X *182*
Mandela, Nelson *90*
Manhattan Institute *134*
Mao, Tsé-Tung *68*, *72*, *98*, *199*
Marcuse, Herbert *72*
marido, autoridade do *68*
Martin, Trayvon *180*
marxismo *22*, *25*, *71*, *121*, *127*,
  147, *151*, *197*
  1.0 *73*
  1.0 e pobreza *141*
  2.0 *74*, *143*
  coletivismo *198*
  cultural *20*, *72*
  e capitalismo *143*
  narrativa da história ocidental *147*
marxista
  igualdade *132*
marxistas *32*
Marx, Karl *19*, *71*, *72*, *73*, *75*, *97*,
  141, *142*
masculinidade tóxica *91*, *93*, *218*
Mason, Eric *199*, *200*, *203*, *205*,
  206
Massachusetts *177*
Masters University *211*
Mathewes-Green Frederica *156*
McDonald, Laquan *155*
McLaren, Brian *173*

McLoughlin, William   172
mentiras   78, 118
Metaxas, Eric   169
Metzgar, Jayme   106
Meyers, Ken   17
mídia   167, 239
Midwestern Baptist Theological Seminary   209
Miller, Darrow   15, 24, 62, 238
misericórdia   42, 48, 49, 50, 51, 52, 53, 55, 56, 57, 58, 64, 65, 82, 84, 96, 100, 127, 129, 223, 240, 245, 246
à sombra da cruz   53
mishpat   40
missão
  em números   237
missão holística ou ministério holístico   24
Modern family   177
modernismo   69
Modern revivalism: from Charles Grandison Finney to Billy Graham (McLoughlin)   172
Moffitt   15, 24
Moisés   42, 49, 88
Moody, D. L.   47, 172
Morabito, Stella   94
moralidade   104
  criando nossos próprios códigos de   67
  distorcida   160
  objetiva e enraizada no caráter de Deus e em sua Palavra   111
  sexual   154
  sexual bíblica   157
movimento de missões protestantes   172
Movimento dos Direitos Civis   194
movimento pelos direitos dos gays   104
Ms., revista   174
MTV   177
mudança social bíblica   101
Muhammad, Elijah   182
mulheres   82, 83, 91, 110, 138, 154, 156, 173, 231. *Veja também* comunidade negra, aborto; sexismo
  autonomia física   30, 75
  dignidade das   208
  diversidade   135
  e conformidade   175
  opressão das   192
Mulheres de Origem Africana pela Justiça Reprodutiva   29
multidões   127
Murray, Douglas   181

N

Nação do Islã   182
nacional-socialismo   169
Narrativa da Preservação   184
  abordagem histórica   193
  defensores negros   199
  e natureza humana   188
  e negros   189
  programas de bem-estar do governo   196
  raízes na comunidade negra   184
  resumo   187
Narrativa Revolucionária   184
  defensores negros   199
  e aborto   192
  e brutalidade policial   191
  e negros   188
  e sistema de justiça criminal   191

e vitimologia *188*
história seletiva *192*
léxico *203*
resumo *187*
táticas *199*
temas de discussão *203*
narrativas *116, 120, 160,*
  164. *Veja também* Narrativa
  da Preservação; Narrativa
  Revolucionária
avaliação *198*
nascituro *30, 61, 155, 156, 202,*
  244. *Veja também* aborto
Underground Railroad *145*
Nassar, Larry *55, 56, 57*
abuso por *55*
natureza humana *35, 86, 87, 88,*
  90, 104, 143, 146, 188, 225, 238
Nayna, Mike *17, 85*
nazista *87, 93, 169, 241*
necessidades, quem
  atenderá as *128*
Neff, David *35*
neomarxismo *32, 72, 173*
neutralidade *187*
New York Times *31, 61, 192*
New York Tribune *170*
Nicodemos *111*
Niemöller, Martin *234*
Nietzsche, Friedrich *19, 69, 71*
Noonan, Peggy *98*
North Point Ministries *158*
Novo Testamento *50, 63, 227*

O

Obama, Barack *92, 105, 115, 194*
Obergefell *105*
Obergefell *vs.* Hodges *177*

ofensa
  à dignidade *113*
  material *113*
Olimpíadas *196*
opressão *21, 26, 49, 68, 76, 82,*
  83, 91, 93, 95, 96, 98, 106, 112,
  114, 120, 125, 131, 147, 149,
  161, 174, 182, 183, 186, 192,
  193, 194, 202, 224
  e disparidade *132*
  opressão estrutural *202*
oração *235*
orientação sexual *25, 33, 68, 92,*
  142, 159, 221
Orwell, George *98*
os fins justificam os meios,
  metodologia *68*
ouvir *235*
Owens, Burgess *145*
Owens, Candace *185*
Owens, Jesse *184, 196*

P

Padaria Gibson *163*
padrão moral *37*
Paglia, Camille *168, 210*
pais, autoridade dos *68*
Palavra de Deus *79*
palavras, importância das *18*
Paquistão *156*
Parábola do Joio e do Trigo *128*
Partido Democrata *167, 183, 187,*
  196
  e direitos civis *184*
  e oposição histórica *187*
Partido Republicano *168,*
  183, 195
Paternidade Planejada *196, 230*

ÍNDICE REMISSIVO

patriarcado *74*
Paulo, apóstolo *41, 42, 56, 57, 64,
  78, 96, 110*
Pearcey, Nancy *73, 77, 87, 112,
  114, 243*
pecado *48*
  consequências do *110*
  culpa do *110*
pecador, identidade como *222, 223*
Pedro
  apóstolo *88, 111*
Pedro, perante o Sinédrio *236*
Percepção de Corrupção da
  Transparência Internacional,
  índice *62*
perdão *48, 52, 53, 56, 84, 87, 99,
  100, 101, 103, 108, 109, 126,
  127, 129, 154, 161, 223, 233,
  239, 240, 242, 243*
  de Deus *110*
Perkins, John *200*
perseguição *221*
pessoas, como filhas da
  sociedade *17*
pessoas, como filhas de Deus *17*
pessoas transgênero *134*
Peterson, Jordan *87, 168, 210*
Pew Research Center *105*
Philips, Jack *140*
pílula *174*
Piper, John *57*
pobreza e os pobres *24, 147*
  central para a ortodoxia
    cristã *143*
  como vítimas *142, 143*
  e ardil satânico *25*
  e disparidade de riqueza *23*
  fundamentação em falsas
    crenças *143*
  impacto da igreja *24*

poder *68*
  branco *123*
  cosmovisão bíblica *124*
  desafio *245*
  e feminismo *175*
  e hegemonia *121*
  e privilégio *121*
  humildade e serviço *123*
  redistribuição do *68*
  significado bíblico *124*
  social e verdade *114*
  soma zero *121, 222*
  tática *199*
polícia
  atividade e crime *134*
  brutalidade *183*
  brutalidade e Narrativa
    Revolucionária *191*
  e perigo para comunidade
    negra *202*
  redução de subsídios
    financeiros *198*
politicamente correto (PC) *99*
pornografia *102, 151, 230*
pós-modernismo *30, 69, 70, 71,
  85, 151, 173*
linhagem *71*
"Postmodern religion and
  the faith of social justice"
  (Lindsay e Nayna) *17, 85*
Prêmio da Igualdade Nacional *97*
pré-modernismo *69*
Pressley, Ayanna *138*
prestação de contas *64, 88, 145, 225*
Price School of Public Policy
  da Universidade da
  Califórnia *136*
privilégio *26, 202*
  e poder *121*
  identidade de grupo *107*

privilégio branco   *106, 134, 203,*
    204, 219
problema fundamental como seres
    humanos   *81, 96, 100*
problemas
    internos *vs.* externos   *228*
procriação   *30, 113, 135*
Projeto 1619   *192*
proletariado   *73, 74, 75*
pronomes   *159*
propósito   *220*
protestantismo *vs.*
    fundamentalismo   *171, 209*
provérbio queniano   *144*

Q
Queda   *46*
Quillette   *217*

R
raça   *25, 68, 93, 107, 115, 138, 142,*
    155, 183. Veja também racismo
    e conformidade   *181*
    e identidade   *89*
    superioridade racial   *147*
Raça   *74*
racismo   *61, 106, 134, 187, 192,*
    196, 199, 203, 204, 217, 224,
    231. Veja também raça
    contrários ao racismo   *180*
    defender-se de   *107*
    definição   *180*
    definição verdadeira   *229*
    direita política   *183*
    discordância a respeito do   *180*
    e esquerda política   *187*
    e Narrativa Revolucionária   *195*
    é pecado   *33*
    evidência de   *231*

falando contra o   *198*
incidente padaria Gibson *vs.*
    faculdade Oberlin   *164*
inconsciente   *106, 180*
inerente   *108*
institucional   *181*
origens americanas
    fundamentais   *183, 187, 193*
sistêmico   *26, 133, 182, 221,*
    231, 232, 245
Radiance Foundation   *198*
razão   *210*
    e lógica   *117*
realidade   *70, 82, 86*
    história da   *215*
    superior e inferior   *171*
    visão pós-moderna   *85*
rebelião   *82, 95*
reconciliação   *100*
Reconstrução   *187, 195*
recursos   *143*
redefinição de termos
    cristãos   *19, 21*
redenção   *24, 52*
reeducação   *98, 99*
Reforma   *23, 150, 151*
Reforma alemã   *151*
relacionamentos desfeitos   *96, 100*
Relevant   *174*
religião, liberdade de   *210*
reparações   *108*
responsabilidade   *145, 201, 225*
    pessoal   *160, 185*
ressentimento   *160*
    estudos de   *122*
ressurreição   *50, 82, 101, 201, 227*
retidão   *40, 49, 119. Veja também*
    justiça
    falsa   *161*

ÍNDICE REMISSIVO

revelação *83*
revolução *82, 104*
Revolução Americana *148, 151*
Revolução Cultural *68, 98, 127, 199*
Revolução Francesa *151, 233*
Revolução Russa *109, 151*
Rice, Condoleezza *185*
Rich Christians in an age of hunger (Sider) *22*
Rifkin, Jeremy *85*
Riley, Jason *185*
rio Jordão *43*
riqueza *22, 141, 146*
   distribuição *141*
   e cobiça *146*
   equalização da *146*
   espiritual *143*
   redistribuição da *23, 68*
   redistribuição de *142*
   soma zero *143*
   verdades bíblicas sobre *143*
Robinson, Jackie *184*
Roe *vs.* Wade *29, 185*
romantismo europeu *71*
Ron Sider *22, 173*
Roof, Dylann *240*
Roosevelt, Franklin D. *196*
Rothman, Noah *31*
Ruanda *93*
Rute *88*
Rússia *72, 233*

S

Saint Paul, Minnesota *133*
Salon *32*
salvação *83, 110*
Salzman, Carl *139*
samaritano, bom *110*

Sanger, Margaret *196*
santificação *101*
Schaeffer, Francis *86, 227*
Scott, Tim *27, 185, 195, 224*
secularização da sociedade *152*
se desvia da missão *213*
segregação *187*
Seminário Teológico Batista Southwestern *224*
Seminário Teológico de Dallas *200*
Seminário Teológico Gordon Conwell *200*
Senhora Justiça *118*
sentimentos. *Veja* emoções
Sermão do Monte (Cristo) *47, 158*
serviço *123, 201*
servidão sacrificial *124*
sexismo *133, 229, 232*
   evidências de *231*
   sistêmico *231*
sexo *25, 142, 154*
   e casamento *104, 154*
   e escravidão *221*
   tráfico *102, 230, 244*
Sexo *74*
sexualidade *159*
shalom *43*
Shenvi, Neil *15, 80, 84, 205*
sincretismo *26, 210*
Sinédrio *111, 236*
Singer, Peter *60*
sistema de justiça criminal *183, 191, 221*
   e Narrativa Revolucionária *191*
sistemas de crença *18*
socialismo *220*
sociopata *42*

Sojourners 22, 173
   carta aberta à InterVarsity sobre o Black Lives Matter 34
Soljenítsin, Aleksander 96
solução 82, 104
Somália 156
sonho americano 145, 151, 152
Soros, George 142, 198
Sowell, Thomas 184, 186
Spears, Britney 177
Stálin, Josef 72
Stanley, Andy 158
"Statement on Social Justice and Gospel" 211
Steele, Shelby 185
Steinem, Gloria 174
Stonestreet, John 17, 135
Stott, John 79, 103, 228
Strachan, Owen 209
Sullivan, Andrew 21, 76, 183, 188, 194
supremacia branca 74, 91, 134, 149, 195
Suprema Corte americana 42, 70, 105, 165, 177, 184, 185, 195
Swain, Carol 185
Swift, Adam 135

T

tática para os cristãos 237
taxas de crime 191
taxas de criminalidade 191
tecnologia 167
Tecnologia de Massachusetts 117
tenacidade 235
ten Boom, Corrie 241, 243, 246
teoria crítica 19, 26, 27
teoria crítica da raça 181, 182, 203, 204, 206, 207, 229
teoria crítica da sociedade 15, 72, 112, 122, 153
teoria da lei natural 41
testemunhas 63, 120
testemunho 45, 63
The feminine mystique (Friedan) 174
The Gospel Coalition 203, 204, 207
The myth of equality (Wytsma) 26
The new Jim Crow (Alexander) 182
Thomas, Clarence 184, 186, 193
Thompson, Anthony 240, 243
Tides Foundation 198
tolerância 126, 129, 161
Tometi, Opal 33, 182
Torrey, R. A. 171
totalitarismo 127
Total truth (Pearsey) 77
Tracinski, Robert 112
tráfico 155
   de partes do corpo de bebês 221
transformação 25, 103
   por meio do evangelho 230
transformação cultural 229
transformação do mundo 229
treinamento da sensibilidade 99
tribunais das bruxas de Salém 149
Trump, Donald 29
tsedek 40, 43
Twitter 29, 161, 167, 217

U

Übermensch 69
União Soviética 127, 132

ÍNDICE REMISSIVO

unidade *137*
e diversidade *137*
vs. uniformidade *137*
uniformidade *132, 134, 135, 137, 141*
United Church of Christ *168, 206*
Universidade de Nova York *120, 210*
Universidade de Oxford *60*
Universidade de Toronto *210*
Universidade de Warwick *135*
Universidade de Wisconsin *135*
Universidade de Yale *88, 237*
Universidade Estadual de Wayne *113*
Universidade McGill *139*
Universidade Whitworth *34*
Urias *48*

V
verdade *46, 69, 120, 160, 164*
  como cola para a sociedade *116*
  como construção social *112*
  determinação da *83*
  e emoções *112*
  e poder social *114*
  natureza essencial da *117*
  por meio da revelação e razão e lógica *117*
vilões *115*
virtude *145*
visão do grupo *139*
vítima *82, 83, 96, 109, 110, 115*
  circunstâncias *vs.* identidade *144*
  como qualificação *139*
  crer na *165*
  culpa *133*
  dever de cuidar da *110*

e autoridade *120, 126*
e autoridade moral *125*
e injustiça *156*
falar em nome da *158*
grupo de *223*
identidade de *222*
negros como *155*
o pobre como *142, 144*
status do grupo *155*
transferir poder para *122*
vitimização *68, 93, 109, 160, 164*
  como base do poder da justiça social *125*
  cultura da *121, 126*
vitimologia e Narrativa Revolucionária *188*

W
Wallis, Jim *22, 35, 173*
Washington, Booker T. *184*
Washington Post *92, 190*
Webster, Daniel *58*
Websters Dictionary of the American Language *37, 180*
Western Seminary *43*
West, Kanye *185*
White fragility (DiAngelo) *182*
whitesplain 107
Wilberforce, William *88, 172, 210*
Will and grace 177
Willard, Dallas *18, 77, 102*
Williams, Walter *184, 186*
Willow Creek Community Church *35*
Wilson, Barrett *217*
Wilson, Darren *115*
Wilson, Douglas *211*
Wilson, Woodrow *195*

Winegard, Bo *150*
Winthrop, John *150*
Woke Church: an urgent call for Christians in America to confront racism and injustice 200
Woodson Center *198*
Woodson, Robert *184*
World Relief *35*
Wright, N. T. *227*

Wytsma, Ken *26, 92, 203*

Y
Yang, Wesley *31*

Z
Zacharias, Ravi *46, 116*
Zaqueu *111*
Zinn, Howard *148*

ÍNDICE DE REFERÊNCIAS BÍBLICAS

Gênesis
1.1 . . . . *39, 82, 84*
1.26-28 . . . . *86*
1.28 . . . . *144*
2.18 . . . . *89*
3. *49*

Êxodo
20. . . . . *47*
20.1-17 . . . . *146*
20.16 . . . . *46, 119*
31.18 . . . . *42*
34.6 . . . . *49*
34.7 . . . . *49*

Levítico
19.15 . . . . *119*

Deuteronômio
6.4 . . . . *44*
6.5 . . . . *44*
10.17 . . . . *44, 62, 119*
19.15 . . . . *63, 119*
32.4 . . . . *39*

Salmos
2.1-6 . . . . *236*
45.7 . . . . *62*
51.4 . . . . *48*
56.8 . . . . *48*

72.12-14 . . . . *49*
85.10 . . . . *50*
97.1 . . . . *40, 40*
97.2 . . . . *40, 40*
103.6 . . . . *40*
119.105 . . . . *79*

Provérbios
8.20 . . . . *40*
19.17 . . . . *143*
24.23 . . . . *119*

Eclesiastes
12.13 . . . . *246*
12.14 . . . . *246*

Isaías
53.4-6 . . . . *51*

Jeremias
32.18 . . . . *110*

Ezequiel
18.20 . . . . *110*
36.26 . . . . *101*

Amós
5.24 . . . . *100, 102, 102*

Miqueias
6.8 . . . . *42*

Mateus
3.9 . . . .*88*
5—7 . . . .*47*
5.11 . . . . *236*
5.12 . . . . *236*
5.13-16 . . . .*80*
5.17 . . . . *158*
5.38 . . . . *125*
5.39 . . . . *126*
5.39a *125*
5.44 . . . . *126, 236, 236*
7.15 . . . .*78*
7.15-20 . . . .*78*
7.16 . . . .*20*
10.28 . . . . *236*
13.24-30 . . . . *128*
13.36-43 . . . . *128*
19.26 . . . .*57*
22.37-40 . . . . *110*
25.31-46 . . . .*88*
28.18-20 . . . . *166*

Marcos
10.33 . . . . *124*
10.34 . . . . *124*
10.35-45 . . . . *124*
10.37 . . . . *124*
10.43-45 . . . . *124*
12.30 . . . .*44*
12.31 . . . .*44*

Lucas
3.11 . . . .*43*
3.13 . . . .*43*
3.14 . . . .*43*
4.18 . . . . *245*

João
3.16 . . . . *100, 222*
3.17 . . . . *100*

5.22 . . . .*64*
14.6 . . . . *117*
14.15 . . . . *110*
16.13 . . . .*79*
18.37 . . . . *117*

Atos dos Apóstolos
10.34 . . . . *110*
17.30 . . . .*64*
17.31 . . . .*64*

Romanos
1.18 . . . .*48*
1.20 . . . .*83*
1.21-23 . . . .*96*
1.28-31 . . . .*96*
2.5 . . . .*56*
2.11 . . . . *119*
2.14 . . . .*41*
2.15 . . . . *41, 83, 118*
2.24 . . . . *244*
3.10 . . . .*48*
3.22-26 . . . .*51*
3.23 . . . . *48, 95, 110*
6.23 . . . . *110*
8.31 . . . . *235*
8.31-38 . . . . *245*
10.9 . . . .*83*
10.13 . . . .*83*
12.2 . . . . *78, 160*
12.19 . . . .*57*
12.20 . . . .*57*
12.21 . . . . *57, 236*
13.1 . . . .*64*
13.1-7 . . . . *145*

1Coríntios
13.5 . . . . *126, 126*
13.7 . . . . *126, 126*

2Coríntios
5.17-20 . . . . *33, 33*
5.21 . . . . *51, 51*
10.5 . . . . *79, 79*
11.14 . . . . *165, 165*

Gálatas
1.8 . . . . *110*
3.26-28 . . . . *90*
3.28 . . . . *110*

Efésios
2.8 . . . . *110*
2.9 . . . . *110*
4.15 . . . . *236*

Filipenses
2.5-8 . . . . *222*
2.6-11 . . . . *123, 123*
4.8 . . . . *160*
4.19 . . . . *128*

Colossenses
1.15-20 . . . . *226*
1.16 . . . . *86*
1.17 . . . . *86*
2.8 . . . . *19, 78*
2.14 . . . . *56, 109*

2.15 . . . . *109*
3.13 . . . . *126*

2Timóteo
3.13 . . . . *83*

Hebreus
4.13 . . . . *88*
11.36-38 . . . . *245*

Tiago
2.1-9 . . . . *119*
2.8 . . . . *45, 223*

1Pedro
1.17 . . . . *63*
3.18 . . . . *51*

2Pedro
3.9 . . . . *52*

1João
1.9 . . . . *101*
3.17 . . . . *143*

Apocalipse
7.9 . . . . *110*
20.11-15 . . . . *53*
21.5 . . . . *227*

Esta obra foi composta em Adobe Caslon Pro, impressa em papel offset 75 /m², com capa 250 g/m², na gráfica Imprensa da Fé, em março de 2022.